中世的身分秩序と
家格の形成

金　玄耿

思文閣出版

中世的身分秩序と家格の形成

序　章　古代から中世への転換と家格の問題

はじめに

本書は、日本の古代から中世への移行期といわれる平安時代、なかでも摂関期と院政期における身分秩序の転換、そして家格が成立する過程について論じる研究である。日本の古代には、律令を支配の基本とする国家が成立し、その国家を統治するための組織として律令官僚制が構築された。そして律令国家の支配体制が弛緩すると、新たな支配体制が模索されるようになり、律令官僚制も貴族社会の変動に合わせて再編された。

序章では、まずは律令国家以後の国家体制と中世成立期の時代区分に関する議論を把握する。本書の分析を通じて、古代から中世への画期についても新たな論点を提供できるであろう。続いて、貴族社会と官僚制に関する先行研究に触れて、身分と家格の問題を題材にして論じることの必要性について述べる。その後、本書の構成を紹介することによって、各章が平安時代における身分・家格の問題を取り扱ううえでいかなる問題意識と論点を持っているかを示すことにする。

第一節　中世への転換とその画期をめぐって

石母田正は、一九四六年に発表した『中世的世界の形成』[1]で、東大寺に代表される貴族・寺社の権門を古代的なものとし、古代家族による私営田経営が古代性を脱却して中世的な領主制に転化したという中世への転換の様相を述べた。そして、一九五〇年代には、領主制の理論に基づいて一〇世紀を「古代の転換期」と捉える見解を示した。この見解によれば、古代政治は社会の矛盾と危機を解決するために摂関政治を成立させ、その後、天皇制の転化した形態として院政が出現したが、いずれも国家の危機をますます深刻にし、古代国家は没落する過程にあった[2]。また、林屋辰三郎は、摂関政治から受領層の院近臣を実質勢力とする院政へ、さらに武士の政権へと転移する過程が、古代から中世への大きな歴史的変革の一環をなすとみた。摂関政治・院政を「古代国家の崩壊過程」とみている点は石母田説と類似している[3]。一方、竹内理三は、藤原氏が律令的高位高官と外戚の地位を独占することによって摂関政治を確立したとし、律令国家の構造の中から摂関政治や院政が成立したことを述べた[4]。つまり、一九四〇～五〇年代には、平安時代を古代の律令国家の延長線上に置いて、律令国家が崩壊・没落していく時期とみなすような理解が存在した。

一九五〇～六〇年代からは平安時代の国家を「王朝国家」と定義する議論が提起されるようになった。高尾一彦は「王朝国家」という用語を初めて使用し、九～一二世紀、中小土地を所有する貴族領主による連合政権と規定した[5]。その後、「王朝国家」の語を引き継いで国家の支配構造を説明したのが戸田芳実である。戸田は、古代の国家体制の中から富豪層が台頭し領主制が形成される過程を論じ、一〇世紀初頭を境にして、それまでの律令国家が維持していた土地制度や税制が破綻し、国家の役割の本質的な転換が始まったとみた。そしてその律令国家とは異質の国家を「王朝国家」と称したのである[6]。坂本賞三はこの王朝国家論を受けて、摂関政治・院政という概念とは別に、律令国家の支配体制が崩壊していく一〇世紀からの国家体制を「王朝国家体制」と規定した。坂本は一〇世紀初頭から一一世紀四〇年代までの支配体制を「前期王朝国家体制」といった。律令制下では荘園の不輸の認定や検田などの国内支配が太政官の名において行われるのが基本原則であったが、律令国家の体制が行き詰まってから国司が支配の実権を委任され、「名」体制で国内の人民を支配するようになったという。そして、一一世紀中葉からは後期王朝国家体制に移行するが、国司支配に対する人民の抵抗による別名制の公認と郡郷制の改編がその重要な動因とされる[7]。要するに、戸田の研究以後、平安時代を単に古代国家が没落する時期とみるのではなく、国家の役割や体制が転換した時代として捉える見方が提案されたのである。

これに対して、永原慶二は、戸田の富豪層論を批判し、在地領主と荘園領主の土地所有を同質のものとみる見解に異議を唱えて、摂関政治・院政を古代的な貴族の権力形態とみた[8]。坂本により前期王朝国家体制への転換の指標とみなされた免除領田制の成立についても、泉谷康夫は、免除領田制が律令制の原則に固執したところから生まれたもので、その成立を中世への変化の画期とみるのは難しいと批判した。律令制的土地制度の消滅に明確な画期が存在しないとすれば、後期王朝国家体制の形成時期も論証し難いという[9]。森田悌も、免除領田制の導入による一〇世紀初頭の時代区分はできないとし、藤原忠平が実権を握って律令政治とは大いに異なる政策体系が採用された延長年間（九二三～九三一）をもって時代区分すべきであると主張した[10]。

それでも、政策や国家体制の変化を中心に、中世への転換が進行する時期として平安時代を説明する王朝国家の議論は平安時代に関する研究に影響を与えた。一九八〇年代からは、地方支配や税制の政策転換の問題以外でも、荘園と訴訟の問題を含めて、中央財政と収取制度、村落・都市、軍制、政治機構や政治過程など、様々な研究分野で王朝国家体制論が展開され、議論の対象となった[11]。

しかし、一九九〇年代以後、一〇世紀初頭を王朝国家成立の画期とみる見方に対する異見も出された。大津透は、平安時代を評価するうえで前の時代の律令制についての理解を重視し、律令国家が再編された摂関期は貴族連合体制にあたるとみた。一〇世紀後半には国家の収取制度が再編され、貴族社会を支える経済的な枠組みが完成し、一二世紀前半から中葉にかけて貴族連合の崩壊を経て、院政期には専制権力へと変化したという見解を示した。[12]

大津説が一〇世紀を律令国家の延長線上に置いて論じたものであるのに対して、権門体制論と関わって一〇世紀後半を中世への転換期とみる意見も提示された。黒田俊雄により一九六三年に唱えられた権門体制論では、荘園の最高領主である権門勢家の総体が国政を支配するという権門体制が、古代の律令国家に対する中世の国家体制として提案されたが、その権門政治がいつから成立したかについて、摂関政治・院政との関連性が論じられた。黒田は、九世紀後半から一〇世紀前半の前期摂関政治期にはまだ権門政治というべき形態が成立しておらず、安和の変（九六九年）以後の後期摂関政治期には藤原北家の門閥的地位が確立し、律令体制の枠内での最大限の権門政治が展開したといい、院政は権門政治の決定的な段階を画するものとみた。[13]

吉川真司は、後期摂関政治を前期摂関政治とは本質的に異なるものとして「初期権門政治」と把握することを提唱した。日本の国家や社会が古代から中世へと移行する過程の中で、天皇家や摂関家など権門勢家を中心とする政治が動き始めた権門体制の出発点にあたるというのである。[14]また、佐藤泰弘は、一〇世紀後期から一一世紀にかけての時期において律令国家の中から新しい社会関係が生まれ、官僚制・公民制が大きく変容し、多元的で相互依存的な中世社会が生成したとみた。この時期は、流動的であるため体制と名付けて呼ぶのは難しいものの、古代末期から中世初期への変化の画期として位置づけることができるという。[15]上島享は「初期権門政治」という吉川の国政理解には異論を唱えたが、一〇世紀初頭における古代国家の模範としての唐の崩壊の影響を受けて新しい社会・王権が形成される時期を一〇世紀中葉以後と捉えた。[16]ただし、財政構造の改革が起きた時期を九世紀末～一〇世紀初頭と把握し、一〇世紀後半を画期とみる見解を批判する下向井龍彦の意見もあった[17]。

要するに、日本の社会が古代から中世へと転換する画期については、最近では一〇世紀初頭と一〇世紀後半で意見が分かれてきたといえる。その画期を規定する基準としては、国政を運営する体制の変化、新しい国家体制を支える税制や荘園制の定着、そして国家の支配層にあたる平安貴族社会の編成と律令官僚制の再編があると考えられる。

第二節　平安貴族社会の編成と家格

なかでも本書で注目したいのは、平安貴族社会の編成である。天皇と官人の関係に基づいた律令官人社会に対し、それから生まれた平安貴族社会では、天皇家や摂関家のような権門が最上層として存在し、中下級貴族層の官人、最下層の家人・雑任らが権門に奉仕するという上下の相互依存関係が構築されていた。こうした階層化が進むことによって、社会関係は固定化し、その結果、貴族の家格が成立するようになる[18]。天皇との関係によって官人個人の位置が決定され、律令に基づいて位階や官職を与えられた古代の律令官人のあり方に対して、平安貴族社会における家格の成立は、出自によって個人の位置が決められるという貴族官人の新しい仕組みの構築を意味し、中世的な要素であったといえる。そこで、平安時代における、貴族社会の身分秩序が固定化し、階層の区分が明確になる時期、ひいては家格が成立する時期を捕捉することで、中世への転換の画期を確かめることができると考える。

貴族社会の身分を論じるうえで、まず念頭に置かなければならないのは位階の制度である。竹内理三によれば、律令制度の位階には政治的・経済的・身分的特権が伴われ、三位以上の貴・五位以上の通貴は他の位階と区別されていた。官位における階級性は、蔭位の制による官僚世襲と「貴」なる社会的身分層の醸成の要因を含んだという。[19] 石母田正も、国家権力を掌握したのは有位者集団の中でも通貴以上で、位階制度の中に身分的差別が設定されたと述べた。[20] こうした律令官人層の位階とそれに関わる特権について、野村忠夫は位階制の変遷と出身法、考選法などを詳しく研究した。[21]

前述のように、律令国家の貴族官人の地位や身分は、位階によって表された。位階は官職に先行し、官職は官位相当制によって位階とリンクした。ところが、天皇と群臣との関係に基づいた律令制の官人秩序が天皇家をはじめとする諸家の主従関係で成り立つ貴族社会の秩序に変化すると、官職の方が位階より重視されるようになる。[22] また、九世紀には令外の官として蔵人所と検非違使が出現し、特定の氏族が特定の官職に世襲的に就任する傾向が見えてきた。[23] 同時期には議政官の枠内で参議の官職の位置づけも確立し、参議を含む公卿が国政を運営する平安貴族の中核をなした。そして、公卿への昇進者には歴任する官職が決められ、様々な昇進ルートが成立することになり、それを軸としてしだいに家格が成立したのである。[24]

家格とは家の格式のことであるが、平安貴族社会における家の概念については、氏との関係を中心に、様々な研究が行われてきた。橋本義彦は、平安中期における藤原北家の政治的・社会的繁栄の独占と藤氏長者の統制力の衰退によって、平安末期には藤原氏の諸流が分立し、曩祖建立の寺院を中心にそれぞれの門流が形成されたとみた。そのような情勢のもとで、家柄としての摂関家も成立したという。[25] 弁官局の官務小槻氏のように、特定の氏または家が職と結合し、実務官人の官職が世襲され家業化する。曽我良成は官務家の成立時期を一一世紀と推定し、実務官人は一一世紀中葉を境に特定の氏族により寡占的に構成され、各博士家の家業の認識に直結したと述べた。[26]

その一方、家族史の観点では、父系出自集団の氏に内包した経営単位としての家族、すなわち中世的「家」[27] の成立が議論された。服藤早苗は、一〇世紀末には官職就任や位階授与における祖先への墓参りが成立し、それが官職継承を媒介とする家の成立の証拠であるとみた。また、『小右記』に見える「氏」「一門」「一家」の表現を分析し、一一世紀の「一家」は父系親族で構成される集団で、官職はその「一家」単位の家格として形成されたと主張した(28)。京樂真帆子は、私寺を紐帯とする平安時代の親族集団が「院政期におこった家格の形成とそれによる諸家の分立」に伴ってその内部に新しい「家」を形成するようになったと述べた(29)。それに対して高橋秀樹は、最高官位者を長として氏的継承原理を有した家とは異なる、嫡子による継承を基本原理とする中世的「家」が一二世紀に成立したとし、一二世紀における家格の形成の影響は継承原理の本質を変えるものではなかったと主張した(30)。これらの研究における「家」の規定はそれぞれ若干異なるものの、院政期に家格が形成されたという見方はほぼ一致している。

そうした院政期における家格の形成を論じたのは橋本義彦であった。各種の官途の成立を主軸として家格が形成されたという見解は前述したが、摂関と外戚の分離を前提に、白河院政期には摂関家が家格として成立し、太政大臣が輩出する「清華」の家格や頭弁ルートを軸とする「名家」、頭次将ルートを軸とする「羽林」の家格も院政期に生まれたと述べた(31)。玉井力も、鳥羽院政期には摂関家・清華家・羽林家・名家のような家格、そして局務家・官務家のような中世的な家業の骨格が完成し、後白河院政期には羽林家の大部分が定着したとみた。ただ、これらの家格は公達・諸大夫・侍という大枠のもとで細分化されたものであり、一〇世紀末〜一一世紀頃になると公達・諸大夫の称号が家格として出現しており、藤原頼通の時代には家格の成立と官職の世襲化が大きく展開したという(32)。佐伯智広は、鳥羽院政期を中世貴族社会の家格の成立時期と捉える従来の通説に対し、家格相当の昇進ルートが確立し、家格が定着する時期は、後鳥羽院政期にあたると主張した(33)。

第三節　本書の問題意識

以上、貴族社会の家格の成立に関する諸研究を取り上げたが、これらの研究に基づいて、本書が問題として意識している点について述べることにする。まずは、家格と官職、家格と家業との関係について触れたい。家格は、公卿への昇進ルートに関わる官職と、実務官人の職能としての家業という二つの要素をもって議論されてきたといえるが、大臣・公卿に到達する家柄にとっての大臣・公卿の世襲もある種の家業として把握できる。つまり、上級貴族の家柄より公卿の高位高官が輩出し、高位高官の人々は議政官の構成員として国政に携わる職掌を有して、その職掌が家業のように認識されたといえるのである。もっとも、そうした公卿の家業が家格の成立に直結するわけではない。

ここで家格をどのように定義するかという問題も出てくる。多くの論者は、摂関家・清華家・羽林家・名家の類を指して「家格」と呼んでおり、各家の始祖が相当の官職に任命され、家ごとに極官や昇進ルートが定着した時期を、家格の成立期とみた。すなわち、父祖の代に続いて一定の昇進ルートに沿って、ある官職に任じられるようなことが予定される親族集団に対して、極官や官途を基準にその家柄の格式が意識されたのである。佐伯智広は「昇進が政治状況に左右されず、出自によって半自動的に昇進過程と上限が決定され、それが子孫に継承される」(34)という状況を家格の定着と捉えたが、構成員個人の昇進は不安定であっても家柄・出自によって期待される昇進や極官が想定される状況自体が、家格の成立を示唆するものと考えられる。

古代から中世への転換の視座から家格の成立を見ることについては前述したが、これまでの家格に関する研究では家格の概念を中世の時代区分と結び付けて議論してはいなかったように見受けられる。もちろん、中世への転換の問題が諸研究の中で意識されなかったわけではない。たとえば、玉井力は摂関家による弁官・検非違使・

外記・史などの官職と家司の組織化が一一世紀中頃以降の王朝国家の政策転換と関わるものとして、家格の形成の段階を王朝国家論と結び付けた[35]。それでも、家格の成立は貴族社会の再編の結果としてやや付随的に言及されてきた傾向がある。したがって、本書では、貴族社会の家格を中世化の指標として位置づけて、古代における身分や社会秩序との関係とその断続性を意識しながら、中世への転換の様相を考察していきたい。

第四節　本書の構成

本書では、身分や家格を題材として、中世社会の形成過程について論じる。その研究材料として、出自や家柄に関わる身分・地位の表現、そして家格の名称に注目したい。「清華家」「羽林家」のような家格の名称そのものは鎌倉時代以後に発生したものとされるが、「公達」「諸大夫」などの言葉については、一〇世紀末～一一世紀には家格に関わる形で史料上に出現したという指摘がなされている。ほかにも、ある官人の子孫として一定の官職を継承する人物に対する呼称とみられる表現が史料からいくつか確認される。こうした身分や家格に関連する史料用語、特に「貴種」「公達」「良家」という三つのキーワードの検討を通して、朝廷の貴族社会を中心に僧侶や武士も含めた平安貴族社会の身分秩序の展開を理解する。

第一部「「貴種」と種姓観念」では、「貴種」をはじめ、「種」で表現される身分関連用語をキーワードとして、中世の身分観念として取り上げられる種姓観念を論じた。

第一章「古代の「種」観念とその変遷」では、古代の史料に見られる「貴種」「将種」のような言葉で表現される「種」観念について検討する。古代の貴族官人のうち、高位高官に就く家の出身者や武将の子孫など、特定の職掌を継承する家柄の人物を「○種」と表現する例が見られる。一方、中世においては、個人の出生によって身分が決定されているという種姓観念が存在したと論じられ、「種」「種姓」「貴種」のような史料上の表現が注目されてきた。ここで、古代から中世を通して、同じ「種」の字を使う言葉が確認されるわけであるが、古代の「種」表現と中世のそれが必ずしも同じ意味や性格を持つものであるとはいえない。前者の用例が出現していた状況がいつ、どのように変化し、後者の表現が一般的に使用されるようになったかを検討することによって、貴族の階層や家格に関する概念や身分意識が形成される時期を把握し、中世への転換の一面を発見できると考える。

第二章「平安貴族社会と「貴種」」では、史料に見える「種」表現の中でも「貴種」の語に着目した。貴種は様々な分野の先行研究において学術用語として多く使用されてきた。中世の身分構成の中で王家・摂関家をはじめとする権門の身分は、史料上の表現に基づいて「貴種」と称された。また、武士社会における武家の棟梁の家柄も『吾妻鏡』に見える「貴種」の語をもって説明され、河内源氏の貴種性について様々な議論が行われた。その一方、古代史では天皇の血統に関わる存在を貴種と呼ぶ傾向があり、皇統より出たということで賜姓源氏を貴種と規定し、藤原氏を皇統に準じる貴種とみるような意見が提示された。そして、古代の史料に見える「貴種」表現にそのような解釈が当てられている。このように、古代史・中世史の各分野では、史料から抽出した「貴種」という言葉を学術用語として使用しているわけであるが、古代と中世の史料に両方見える「貴種」の語について整合性を取るような議論は行われず、言葉の恣意的な使用によって史料用語としての「貴種」と学術用語の貴種との区分は難しくなっている。そこで、古代から中世前期までの「貴種」の史料上の用例を検討し、「貴種」の意味とその対象の変化を把握したうえで、貴族社会の中で「貴種」と呼ばれるような家柄が出現する時期と、その出現の背景を考察する。この作業によって、一一世紀中葉における大臣・公卿の家の形成、その家々に対する家格としての「貴種」の登場を確認する。

補論一「「蔭子孫」から「貴種」へ」では、「貴種」の語が出現する前に、貴族層の身分名称が現れてくる経過に触れる。古代の律令制においては、位階を持つものに対して政治・社会・経済的特権が与えられ、その位階を子孫に継承させる方法のひとつとして蔭位が設定されていた。そこで、蔭位は貴族の地位の世襲性を象徴するような要素として認識された。しかし、位階は個人としての官人に付与されるものであり、蔭位の対象とされた蔭子・蔭孫そのものが貴族の地位を表すための表現になったとは言い難い。位階との関わりを持ちながら、高位高官を継承するような貴族層に対する表現として「貴種」の語が出現する背景を考察する。

第三章「藤原頼長の「凡種」観」では、種姓観念に関わる用語として、「貴種」とは対照的に低い身分を表す言葉に該当する「凡種」に着目した。この語の用例は、特に摂関家出身の上流貴族である藤原頼長の日記（『台記』『台記別記』など）に集中して見られる。その用例の分析を通して、平安貴族社会における貴族の階層意識がいかなるものであり、どのような背景をもって顕著になるかを論じる。

第二部「「公達」と「良家」」では、「貴種」のほかに、当時の貴族社会の身分・階層を表すために使用された「公達」「良家」という用語に注目する。

第四章「家格としての公達の成立」では、「貴種」と同じく上級貴族の家格の名称として理解されてきた「公達（君達）」について再検討する。公達は、一〇世紀には家格に関わる形で史料に現れたとされ、平安時代における家格の形成を論じるうえで重要なキーワードの一つといえる。ところが、家格の成立時期については説が分かれており、院政期以降を家格の成立期と捉える説に従えば、公達が家格的な性格を帯びるようになった時期についても再検討の余地があると考えられる。そこで、史料に見える「公達」の用例から、その意味と性格が変化を見せる場面を確認し、そのような変化を起こす要因とその背景に触れて、家格の成立時期を判断する一つの手がかりとしたい。

補論二「実務官僚系院近臣の登用は身分秩序の打破か」では、史料上の身分用語を直接取り扱うような研究ではないが、院政期における院近臣の台頭と、平安貴族の身分秩序への影響について考察する。院政期、特に白河院政期は、清華家や名家の家格が形成される時期として、身分秩序が確立していく様相を呈していたとされる。その一方、この時期には、公卿への進出が難しかった諸大夫層出身の貴族が院の寵愛を受けて、院近臣として破格の昇進をし、それまでの固定的な身分秩序を打破したともいわれている。こうして一見相反するように見える院政期の理解に対しては、当時の身分秩序が本当に「打破」されたのか、そして院近臣の中でも人材として登用されたといわれる実務官僚系近臣をどう評価するかを検討すべきであろう。院近臣の登用の実態を把握することによって、家格の形成期としての院政期の歴史像を求める。

中世の権門体制論では、複数の権門勢家が中世国家の秩序を構成していたとされるが、権門の類型は大きく公家・寺家・武家の三つに分けられる[36]。第一章から第四章までは、公家の権門を中心とする貴族社会について議論を進めたが、第五章と第六章は寺院・武士社会における身分秩序と貴族社会の階層・家格との関係に触れる。

第五章「平安時代の南都寺院社会と「良家」――興福寺維摩会研学竪義を中心に」では、寺院社会における身分秩序について論じる。平安時代に入って、貴族層出身の人々が出家するようになり、寺院社会では貴族社会での地位を保ったままで優遇された上級貴族層の僧侶が多く出現した。その僧侶たちは出身の家柄によって「貴種」「良家」に分類されたが、第二章で述べるように「貴種」の名称はもともと貴族の地位に関わる表現であり、「良家」も高位高官の家柄を指す言葉として古代の史料上に散見している。ただ、古代では「貴種」と「良家」の厳密な区分はなされていないように思われ、寺院社会の貴種僧と良家僧を区別するという先行研究の見解に対して、そのような区分がいつから始まっているのかを確認する必要がある。ここでは「貴種」と「良家」の範囲と両者の関係を念頭に置いて、平安時代の寺院社会における良家僧の出現と対象範囲について考察する。

最後に、第六章「平安後期における武士の階層移動――越後城氏の事例を中心に」では、貴族としての武士の身分、武士社会における階層秩序、そして内乱期前後における階層・身分の変動について検討する。越後城氏に関する先行研究では、城氏が「貴種」として幕府を開く可能性を持つ存在とされたり、史料上に「良家子」を自称したとあることから「良家」すなわち諸大夫層の豪族的武士に規定されたりした。「貴種」「良家」のような、貴族社会における家格の名称として使用された言葉は、武士社会の階層や身分を説明する時にも持ち込まれるわけであり、越後城氏は武士社会での階層秩序を論じるうえで好材料になると考える。また、家格の形成期としての院政期のうち、白河・鳥羽院政期を第四章で扱うのに対して、第六章ではそれに続く後白河院と平家政権の時期に触れて、鎌倉幕府の樹立に至るまでの中世社会の個人の身分、特に武士の地位や階層が流動的な状況であったことを明らかにする。

(1)　石母田正『石母田正著作集　第五巻　中世的世界の形成』（岩波書店、一九八八年）に収録。
(2)　石母田正「古代末期の政治過程および政治形態――古代世界没落の一考察」（同『石母田正著作集　第六巻　古代末期の政治過程および政治形態』岩波書店、一九八九年、初出一九五〇年）、同『古代末期政治史序説』（未来社、一九五六年）。
(3)　林屋辰三郎『古代国家の解体』（東京大学出版会、一九五五年）。
(4)　竹内理三「貴族政治とその背景」（同『竹内理三著作集　第五巻　貴族政治の展開』角川書店、一九九九年、初出一九五二年）。
(5)　高尾一彦「荘園と公領」（歴史学研究会・日本史研究会編『日本歴史講座　第二巻　古代・中世』東京大学出版会、一九五六年）。
(6)　戸田芳実『日本領主制成立史の研究』（岩波書店、一九六七年）。
(7)　坂本賞三『日本王朝国家体制論』（東京大学出版会、一九七二年）。
(8)　永原慶二『日本中世社会構造の研究』（同『永原慶二著作選集　第三巻　日本中世社会構造の研究』吉川弘文館、二〇〇七年、初出一九七三年)。
(9) 泉谷康夫「書評　坂本賞三著『日本王朝国家体制論』」(『史林』五六―一、一九七三年)。
(10) 森田悌『平安時代政治史研究』(吉川弘文館、一九七八年)。
(11) 王朝国家体制論の展開については、森田悌『研究史　王朝国家』(吉川弘文館、一九八〇年)、佐藤泰弘「序論　移行期としての平安時代」(同『日本中世の黎明』京都大学学術出版会、二〇〇一年)を参照。
(12) 大津透「平安時代収取制度の研究」(同『律令国家支配構造の研究』岩波書店、一九九三年、初出一九九〇年)、同「摂関期の国家構造――古代から中世へ」(同『日本古代史を学ぶ』岩波書店、二〇〇九年、初出一九九六年)。
(13) 黒田俊雄「中世の国家と天皇」(同『黒田俊雄著作集　第一巻　権門体制論』法藏館、一九九四年、初出一九六三年)。
(14) 吉川真司「摂関政治の転成」(同『律令官僚制の研究』塙書房、一九九八年、初出一九九五年)。
(15) 佐藤泰弘「平安時代における国家・社会編成の転回」(同『日本中世の黎明』京都大学学術出版会、二〇〇一年、初出一九九五年)。
(16) 上島享『日本中世社会の形成と王権』(名古屋大学出版会、二〇一〇年)。
(17) 下向井龍彦「平安時代史研究の新潮流をめぐって――一〇世紀後半画期説批判」(『日本古代・中世史　研究と資料』一五、一九九七年)。下向井は最近の論考(「古代・中世の転換点をどう見るか」『歴史評論』八四一、二〇二〇年)では、国家財政の問題を題材に、後期律令国家への第一の転換点(八世紀末~九世紀初頭)と前期王朝国家への第二の転換点(九世紀末~一〇世紀初頭)を定めている。
(18) 吉川注(14)前掲論文、四一二~四一七頁。
(19) 竹内理三「律令官位制に於ける階級性」(同『竹内理三著作集　第四巻　律令制と貴族』角川書店、二〇〇〇年、初出一九五〇年)。
(20) 石母田正「古代官僚制」(同『石母田正著作集　第三巻　日本の古代国家』岩波書店、一九八九年、初出一九七三年)。
(21) 野村忠夫『律令官人制の研究』(吉川弘文館、一九七八年、増訂版、初出一九六七年)、同『官人制論』(雄山閣出版、一九七五年)。
(22) 吉川真司「律令官人制の再編過程」(同『律令官僚制の研究』塙書房、一九九八年、初出一九八九年)。

(23) 佐藤進一『日本の中世国家』(岩波書店、一九八三年)一一～六二頁。佐藤は、特定氏族による官司請負制が成立した一二世紀初中期を王朝国家の成立期とする。
(24) 橋本義彦「貴族政権の政治構造」(同『平安貴族』平凡社、一九八六年、初出一九七六年)。
(25) 橋本義彦「勧修寺流藤原氏の形成とその性格」(同『平安貴族社会の研究』吉川弘文館、一九七六年、初出一九六二年)、同「藤氏長者と渡領」(同書、初出一九七二年)。
(26) 佐藤注(23)前掲書、四一～六二頁。曽我良成「官務家成立の歴史的背景」(同『王朝国家政務の研究』吉川弘文館、二〇一二年、初出一九八三年)、同「実務官人の「家」と家業」(同書、初出一九八五年)。
(27) 義江明子「古代の氏と共同体および家族」(『歴史評論』四二八、一九八五年)。
(28) 服藤早苗「序　平安時代の氏――家と女性」(同『家成立史の研究――祖先祭祀・女・子ども』校倉書房、一九九一年)、同「摂関期における「氏」・「家」――『小右記』にみられる実資を中心として」(同書、初出一九八七年)。
(29) 京樂真帆子「平安時代の「家」と寺」(同『平安京都市社会史の研究』塙書房、二〇〇八年、初出一九九一年)。
(30) 高橋秀樹「祖先祭祀に見る一門と「家」――勧修寺流藤原氏を例として」(同『日本中世の家と親族』吉川弘文館、一九九六年、初出一九九五年)、同「貴族層における中世的「家」の成立と展開」(同書、初出一九九一年)。
(31) 橋本注(24)前掲論文、一〇五～一一〇頁。
(32) 玉井力「「院政」支配と貴族官人層」(同『平安時代の貴族と天皇』岩波書店、二〇〇〇年、初出一九八七年)。
(33) 佐伯智広「中世貴族社会における家格の成立」(上横手雅敬編『鎌倉時代の権力と制度』思文閣出版、二〇〇八年)。
(34) 佐伯注(33)前掲論文、五頁。
(35) 玉井注(32)前掲論文、八八～八九頁。
(36) 黒田注(13)前掲論文、一七頁。

第一部　「貴種」と種姓観念

第一章　古代の「種」観念とその変遷

はじめに

日本中世の基本的な身分は種姓観念に基づくものといわれる。黒田俊雄によれば、中世当時には個人の出生によって貴賤の身分が固定的に決まるという観念が存在し、それが家族・血統・氏族などを意味する仏教経典の漢訳語である「種姓」で表現されたという。文献上には「種姓」の他にも「種性」「種」「貴種」などの表記が見られ、いずれも当時の知識人たちが仏教の用語を用いてインドのカースト社会に似た中世社会の側面を表したものとされる[1]。こうした種姓観念ないし「種」の観念は、日本中世の身分問題を論じる際に重要な要素として受け入れられ、これまで意識されてきた[2]。

確かに、日本の中世社会はインドのカースト社会と類似した性格を持っていたと論じられており[3]、中世における「種」「種姓」の表現には仏教的色彩が強く残されている[4]。ところが、こうした種姓観念に基づくとされる用語の中には古代の史料にもすでに出現しているものがある。たとえば、「種姓」に関わる表現として黒田俊雄により挙げられた「貴種」の語は九世紀の史料に見え始め、その言葉は古代中国の文献に見える表現に由来する[5]。

詳しくは第二章で論じるが、「貴種」の表現には仏教用語との関連性は見られず、むしろ古代から連続する概念としての側面があるように思われる。そこで、中世の種姓観念が芽生える前に、必ずしも仏教と関連しない古代の「種」観念の存在が想定されよう。

保立道久は、中世史料に見える種姓が実際「姓・氏姓」の意味で使用され、「品・品秩」なる言葉との共通性が見られることから、種姓の概念を「古代以来の伝統的な氏的国制を前提にしたもの」と捉えた[5]。しかし、それは中世の種姓観念の性質に触れた議論であり、古代における「種」「種姓」の実例の確認には至っていない。一方、九世紀の軍事官僚に関する研究では「将種」なる言葉に着目してきた。明石一紀は、九世紀中葉を境として「将種」「累代将家」の語が見られることから、官職・業種の積み重ねにより将帥の血統が重視される「将種」観が現れたと述べた[6]。藤田佳希も古代の「武士」に関する議論の中で「将種」について言及し、将軍の家に出自を持つ者である「将種」は坂上氏や小野氏などの氏族を指すとみた[7]。「将種」は古代の「種」観念を把握するための絶好の材料であるが、「将種」を含む「種」の概念を総合的に理解するという試みはまだ行われていないように思われる。

本章では、日本古代の「種」観念がどのような背景から形成され、いかなる性質を持っていたか、そしてそれがいかにして中世の種姓観念へとつながるのかを解明することにしたい。特に、これまで種姓の仏教的要素が強調されてきたことに対して、「種」観念の非仏教的側面に焦点を当てて論じていきたい。これによって、日本の古代から中世への転換期における社会秩序とその構成原理の変化の様相を把握するための新たな視角が提示できると考える。

第一節　夷狄・異国の「種」

九世紀において「貴種」や「将種」といった表現が見られることは前述したが、そのような言葉がいつ頃から出現したのか、その起点を明確にすることが求められる。それにより古代における「種」観念の形成を考察することができよう。平安後期に成立したとされる字書『類聚名義抄』法下には「種」の字に「タネ、クサ、シク(シナ?)、カス、ワセ、シケシ、トモカラ」「ウフ」などの訓が記されている。「種」は植物のたねや作物、植えることや草が茂っている様、種類や等級などの意味を持つが、同類の人々(ともがら)といった人間集団に対する表現としても使われる。『類聚名義抄』には記されていないが、「種」には、ほかにも生まれや子孫といった意味も含まれている。ここでは人間集団や血統・子孫に関する語義に限って論じることにする。まずは九世紀までの傾向を把握するために、六国史に見える「種」表現を検討したい(表1参照)。

表1　六国史に見える「種」表現

№.	分類	書名	年(西暦)	月	日	内容
1	A	紀	敏達一〇(五八一)	閏二	—	臣等**蝦夷**……若違㆑盟者、天地諸神及天皇霊絶㆓滅**臣種**㆒矣。
2	B?	紀	白雉五(六五四)	二	—	**別倭種**韓智興・趙元宝……。
3	A	紀	斉明五(六五九)	七	戊寅	**蝦夷幾種**　類有㆓**三種**㆒。
4	A	続紀	宝亀一一(七八〇)	三	丁亥	伊治呰麻呂、本是**夷俘之種**也。
5	A	続紀	延暦八(七八九)	七	丁巳	勅㆓持節征東大将軍紀朝臣古佐美等㆒曰、……今不㆑究㆓其奥地㆒、称㆓其**種落**㆒、……。
6	B	後紀	延暦一六(七九七)	二	己巳	撰㆓続日本紀㆒、至㆑是而成。上表曰、……遂使㆘仁被㆓**渤海之北**㆒、**貊種**帰㆑心㆖。
7	A	類史	延暦二一(八〇二)	四	庚子	**夷**大墓公阿弖利為・盤具公母礼等率㆓**種類**五百余人㆒降。

8	A	後紀	弘仁二（八一一）	一二	甲戌	陸奥国乃蝦夷等……幽遠久薄伐、巣穴乎破覆之弖、遂其種族乎絶弖、復一二乃遺毛無。
9	B	続後	承和五（八三八）	正	辛巳	諸蕃帰化之余種也。
10	B	続後	承和六（八三九）	一一	癸未	是百済王之種、飛鳥戸等之後也。
11	A	続後	承和一〇（八四三）	二	甲戌	元夷種也。
12	C	続後	承和一二（八四五）	七	己未	後世疑謂二巫覡之種一。
13	A	文徳	斉衡二（八五五）	正	丙申	奥地俘囚等、彼此接レ刃、殺二傷同種一。
14	D	三実	貞観元（八五九）	四	一八	縁二皇太后御願一、置二安祥寺年分度者三人一。願文曰、……衆生種性、大小不レ同。
15	A	三実	貞観一二（八七〇）	一二	二	令レ教二喩夷種一曰、折二取夷種一、散二居中国一。
16	C	三実	元慶二（八七八）	六	八	而臣族非二将種一、門謝二兵家一。
17	A	三実	元慶二（八七八）	七	一〇	津軽夷俘、其党多種、不レ知二幾千人一。
18	A	三実	元慶二（八七八）	一〇	一二	但義従俘囚等申云、奉レ従二国家一、為二賊所一レ怨。若不二殄滅一、後必相報。仇家多種、何得レ不レ恐。
19	A	三実	元慶三（八七九）	正	一一	渡嶋夷首百三人、率二種類三千人一詣二秋田城一。
20	A	三実	元慶四（八八〇）	二	二五	昔時叛夷之種、与レ民雑居。
21	C	三実	元慶五（八八一）	一一	九	坂氏之先、世伝二将種一。

〔凡例〕○A：蝦夷、B：異国、C：職掌、D：仏教用語
○紀：『日本書紀』、続紀：『続日本紀』、後紀：『日本後紀』、続後：『続日本後紀』、文徳：『日本文徳天皇実録』、三実：『日本三代実録』、類史：『類聚国史』

『日本書紀』敏達天皇一〇年（五八一）閏二月条によれば、「蝦夷」の魁帥綾糟らは、これから子々孫々清明なる心を用いて朝廷に仕えることを誓い、もし盟約を違えれば天地諸神と天皇の霊が「臣種」を絶滅するであろうと語ったという（表1、No.1）。

古代中国の文献を繙くと、漢代以後、匈奴や羌など夷狄の集団に対する「種」の表現が確認される。たとえば、

羌集団の首長たちは「諸羌種豪」、各集団の人々は「種人」と呼ばれていた[8]。他にも「雑種諸蕃夷」「胡夷異種[9]」など、夷狄集団を指す「種」表現は多く見られ、「西羌八種」「烏丸三種[10]」のように集団を数える単位としても使われた。一方、斉明天皇五年（六五九）、坂合部石布らが道奥蝦夷男女二人を連れて唐に渡り、彼らを唐の天子（高宗）に示したが、伊吉連博徳書によれば、「蝦夷幾種」という天子の質問に対して使者は「類有三種」と答えたという（表1、No.3）。この問答から、蝦夷も夷狄として「種」で表現されていたことがわかる。したがって、No.1の「臣種」は夷狄としての「蝦夷」を意識した言葉と考えられる。もっとも、No.1の記事は泊瀬の中流や三諸岳など大和を舞台としており、氏族伝承に後世の蝦夷のイメージを投影して潤色したものとされるが[11]、遅くとも『日本書紀』編纂時には蝦夷が夷狄として設定され、それが「種」で表現されていたといえる。

白雉五年（六五四）の記事に見える「別倭種」の語（表1、No.2）については、『釈日本紀』に「コトヤマトノウチ」と訓され、近世の注釈書には「蕃別人」「此方人於レ彼所レ生之種」と解釈される[12]。それに対して「別倭種」を「別に倭種」と読んで、韓智興・趙元宝が名前こそ異国風ではあるが日本人であることを示すために「倭種」の語を使ったという見解もある[13]。もし「別倭種」または「倭種」を「日本人との混血児[14]」と捉えるならば、それは中国の史書に見える「倭種」「倭国之別種[15]」とも関連し、やはり異国に対する「種」の表現として考えられよう。

その後、夷狄に対する「種」は主に蝦夷を対象として使われることになる。表1のNo.4～8の例もそれに該当する（ただし、No.6の「貊種」は渤海国に関わる）。『令義解』賦役令10辺遠国条に見る「夷人雑類」の語に「謂、夷者、夷狄也。雑類者、亦夷之種類也」という注が付いているのも、夷狄への「種」表現の一例として挙げられる[16]。つまり、九世紀以前には、夷狄や異国に対する「種」の概念が古代中国より日本に持ち込まれ、特に蝦夷に対して「種」表現が使用されたのである。

こうした「種」表現は、弘仁二年（八一一）の記事（表1、No.8）以後、二十数年間『日本後紀』『続日本後紀』には見られなくなる。史料の残存状況による空白とも考えられるが、弘仁二年をもって蝦夷征討がいったん終結し、夷狄に対する表現としての「種」もそう頻繁には使われなくなったという側面もあろう。

九世紀中葉になると、再び人間集団や血統に関する「種」の表現が登場するようになる。以下、その用例を検討することにしたい。

【史料1】『続日本後紀』承和五年（八三八）正月辛巳条（表1、No.9）

辛巳、摂津国豊嶋郡人正六位上豊□□嗣・民部史生同姓吉雄等廿八人、改二本居一貫二附右京二（某坊脱カ）条一。□〔嗣〕継、諸蕃帰化之余種也。

【史料2】『続日本後紀』承和六年（八三九）一一月癸未条（表1、No.10）

（前略）左京人正六位上御春宿禰春長等十一人、改二宿禰一賜二朝臣一。是百済王之種、飛鳥戸等之後也。（後略）

【史料3】『続日本後紀』承和一〇年（八四三）二月甲戌条（表1、No.11）

甲戌、播磨国餝磨郡人散位正七位下叫綿麻呂賜二姓春永連一。元夷種也。

まずは、右の三件の史料がいずれも京貫や改賜姓に関わる記事であることに注目したい。八世紀末から九世紀前半までの間に改賜姓が集中し、新氏族が多く現れたことは、先行研究でもかつてより注目されてきた[17]。九世紀には地方氏族の改賜姓と京貫が連動しており、地方氏族の本拠地からの離脱と中央への進出が政策的に行われた[18]。特に承和初年を前後する時期には、遣唐使人への恩恵、家譜・系譜の真偽問題や氏族の再編などと関わって改賜姓・京貫の動きが盛んになっていた[19]。こうした改賜姓・京貫に際して氏族の出自や系譜が取り上げられた[20]。「種」表現はそのような氏族の出自に関連して再登場している。

史料3の場合は「夷種」すなわち蝦夷出身の人を指しており、それまでの「種」表現との違いはないように思われる。ところが、史料1を見てみると、□嗣（または□継）[21]らは「諸蕃帰化之余種」とされる。その氏姓は「豊」の字しか見えないものの、『新撰姓氏録』に登場する摂津国の豊津連と推定されている。豊津連の出自は諸蕃に分類され、任那国人左李金（佐利己牟）の後裔とあるので、諸蕃出身という史料1の記述と符合する。[22]続いて、史料2の御春朝臣（宿禰）は百済王の「種」であり、飛鳥戸らの「後」であるという。『新撰姓氏録』によれば、飛鳥戸造は百済の比（毗）有王または末多王（東城王）の後裔とされる。[23]任那・百済のような韓半島諸国出身の人も「種」と呼ばれたのである。

韓半島諸国はかつて古代中国側から「種」の呼称で呼ばれていた。たとえば、韓には馬韓・辰韓・弁韓の「三種」があり、三韓諸国の王は「馬韓種人」を先祖としたと記されている。また、百済は高句麗とともに「扶余之別種」とされ、その滅亡も「百済之種遂絶」と表現された。[24]日本の史料に諸蕃の異国に対する「種」表現が用いられたのも、やはり古代中国における「種」の用例に影響された可能性が高い。

つまるところ、九世紀に入ってから改賜姓・京貫が活発に行われ、なかでも蝦夷や渡来系の氏族の出自を表すための「種」表現が見られたのである。ただ、九世紀における「種」表現はそれよりもっと大きな変化を見せている。

第二節　氏族・家の職掌と「種」観念

九世紀には、夷狄や異国を対象としない、いわゆる内国人への「種」表現が初めて登場するようになる。六国史の記事の中では表1の№12が挙げられる。その内容について詳しく見てみよう。

【史料4】『続日本後紀』承和一二年（八四五）七月己未条（表1、No.12）

己未、右京人中務少録正七位下巫部宿禰公成・大和国山辺郡人散位従六位下巫部宿禰諸成・和泉国大鳥郡人正六位上巫部連継麻呂・従七位下巫部連継足・白丁巫部連吉継等、賜二姓当世宿禰一。公成者、神饒速日命苗裔也。昔属二大長谷稚武天皇（雄略）時一、公成始祖真椋大連、奏レ迎二筑紫之奇巫一、奉レ救二御病之膏肓一。天皇寵レ之、賜二姓巫部一。後世疑謂二巫覡之種一。故今申改レ之。

史料4によれば、真椋大連は筑紫の巫を迎えることを奏して雄略天皇の病気を治した功績により巫部という姓を賜った。しかし、その子孫たちはのちに姓のせいで「巫覡之種」と疑われることになったので、改姓を求めたのである。

古代の氏族は、王権に奉仕した始祖の由来を持ち、その「祖の名」を継いで始祖以来の奉仕を継承する集団であった[25]。祖先伝承に現れる王権への奉仕の職掌が氏の名にも反映されたのは周知の通りであるが、律令官僚制の導入とその発展により、個人の官職は氏族の伝統的職掌とはあまり関連しなくなり、旧来の氏の名が象徴する職掌に束縛されないように氏姓を改めようとする動きが見え始めた[26]。もっとも、巫部氏は本来の氏族の職掌が巫の仕事とは無関係であると主張していたが[27]、氏の名の性質がそのような誤解を招いたのは確かである。つまり、「巫覡之種」は巫の職掌を有する氏族およびその構成員を意味する。ここにいう「種」は氏族の祖業としての職掌に関わる概念にあたる。

九世紀後半には「将種」という言葉が見られるが、これもまた職掌に関わる概念といえる。『日本三代実録』に見える「将種」の例は二件（表1、No.16・21）確認される。

【史料5】『日本三代実録』元慶二年（八七八）六月八日条（表1、No.16）

（前略）大納言正三位兼行左近衛大将陸奥出羽按察使源朝臣多上表、請レ解二按察使一曰、（中略）往年降レ詔、以二臣本官一、兼二督陸奥出羽諸軍事一。惟彼両地、異類群居、暗二昧是非一、簡二略礼義一。頃者、梟声転大、猥〔狼〕心益狂、殺二我人民一、焼二我城邑一。臣実須下脚践二沙漠之地一、身臨二胡虜之庭一、致二其腰領之誅一、肆中其爪牙之鋭上。而臣於〔族〕非二将種一、門謝二兵家一。聚レ米為レ山、更迷二指画之趣一、単〔箪〕醪投レ水、誰表二迎飲之誠一。（後略）

【史料6】『日本三代実録』元慶五年（八八一）一一月九日条（表1、No.21）

（前略）従四位下行大和守坂上大宿禰滝守卒。滝守者、右京人、従四位下鷹養孫、而正六位上氏勝之子也。幼好二武芸一、便二習弓馬一、尤善二歩射一。坂氏之先、世伝二将種一。滝守幹略、不レ堕二家風一。（後略）

史料5は、源多が陸奥出羽按察使の免職を申し出た上表文にあたる。陸奥・出羽は「異類」すなわち蝦夷の群居する地であり、当時には蝦夷が殺人や放火をしていたという。多は、自分が両国の軍事を担当する按察使として直接その地に臨んで、討伐を行い軍の威厳を示すべきであるが、「将種」の族でもなく、兵の家でもないため、指揮も上手くできず軍も自分に従わないであろう、という理由で解官を希望している。史料6の坂上滝守の卒伝には、坂上氏の祖先が代々「将種」を伝え、滝守の才能や計略も「家風」を失わなかったとある。坂上忌寸老が壬申の乱の時に軍功をあげて以来、大国―犬養―苅田麻呂と、坂上氏の人々は代々武官として活躍してきたので、[28] 代々「将種」を伝えた、という卒伝の記述に当てはまる。滝守は苅田麻呂の曽孫にあたり、武将の子孫が次々と出る「家風」に合う人物であった。以上の二件の例から、「将種」は武将の職掌を継承する家柄の子孫を意味することがわかる。

右の事例とほぼ同時期に出現する言葉が「貴種」である。『本朝文粋』巻二、天長四年（八二七）六月一三日太政官符所引の文章博士都腹赤牒が「貴種」の初出史料であり、その牒は弘仁一二年（八二一）から天長二年（八二五）までの間に作成されたものと考えられるが、[29] 史料4の「巫覡之種」（八四五年）や史料5の「将種」（八七八年）よりも早い用例である。都腹赤牒の「貴種」は三位以上ないし公卿の子孫を意味する。一見職掌とはあまり関係のない言葉のように見えるが、別の史料から「貴種」と職掌との関連性がうかがわれる。菅原道真が昌泰二年（八九九）に作成した本人の右大臣辞職表には「臣地非₂貴種₁、家是儒林」「将相貴種」という表現が見られる[30]。曽祖父の古人以来、道真の父祖は数代にわたって儒行を祖業として継承してきた[31]。儒学を職掌とする道真の儒林の家に対して、大臣になれる将軍・宰相の「貴種」が意識されており、それは道真と同時に大臣に任じられた藤原時平をはじめとする藤原氏の人々を対象とした。議政官組織に立脚して王権を輔弼した祖先の功績により、藤原氏は代々内臣に任じられ、大臣・公卿が輩出したことから、参政の祖業を継承したといえる[32]。三位以上の「貴」に相当する官職の大部分が議政官にあたる点を考慮すれば、高位高官の家柄にとっての政治に携わるという職掌が「貴種」の語に表現されたことになる。

八世紀末から九世紀前半にかけて古代の氏が変質し、九世紀に家の成立の萌芽が見られることは、すでに先行研究により指摘された[33]。最近、家の成立時期を七世紀と想定する見解も提示されたが、それでも平安初期は氏が分立し再編され、氏と家門が並立する時期として把握される[34]。その中で旧来の祖業とそれを象徴する氏の名を抹消する一方、独立した祖業を新たに構築することも行われた[35]。伝統的な氏族の職掌を確認しながら、比較的新しく成立した家業をも意識した当時の状況が、氏族・家の職掌としての「種」観念を生む背景となったのである。島田忠臣が長男仲平の及第を祝いに来た諸客に奉謝して詠んだ詩には「吾家不₂是登龍種₁／何事花時雲雨囲」という句が見えるが[36]、ここにいう「登龍種」は立身出世が代々続く家柄のことである。「種」の語は、氏や家の区分なしに、血縁集団の職掌の継承性を表しているといえよう。

夷狄・異国に対する「種」表現が中国の史書に見られることについては前述したが、氏族や家の職掌に関わる「種」表現はどうであろうか。史料5の源多の上表文は文章生出身の都良香が作成したものであり[37]、都腹赤・菅原道真・島田忠臣も同じく文章道関係の文人官僚であった。やはり「○種」という表現は文人官僚たちが中国の文献上の言葉を再発見して使用したものと考えられる。実際、古代中国の文献ではそのような用例は昔より多く存在し、陳勝が残した名言「王侯将相寧有レ種乎」の「種」はその代表的な例である(38)。承平二年（九三二）藤原仲平の左大臣辞職上表に対する勅答は大江朝綱により作成されたが、そこに「縦云二侯王無一レ種、已知二公卿有一レ門」という文章が見られることから(39)、当時の文人官僚たちもそのような言葉を十分認識していたと考えられる。「将種」の語も同様で、たとえば『史記』巻四九、外戚世家には、前漢の呂后が宴会で朱虚侯劉章に酒吏を命じると、劉章が「臣、将種也。請得下以二軍法一行上レ酒」と語った場面が出てくる。『魏書』巻八一、李琰之伝にも「琰之雖下以二儒素一自業上、而毎レ語レ人言、吾家世二将種一、自云三猶有二関西風気一」とある。文人官僚による「将種」などの表現の出典は、まさに古代中国の文献に求められるべきである。

要するに、九世紀には職掌や家業が氏族や家ごとに決まっているという考え方が強く意識されるようになり、そのような観念を表すために新しい「種」表現のパターンが出現した。それは夷狄や異国に限られるものではなく、国内一般の人々を対象とした。また、「種」表現自体は古代中国の言葉に由来しており、仏教的色彩を帯びるようなものではない。こうした職掌に関わる出自や血統意識が古代の「種」観念といえるのである。

第三節　貴賤の「種」と仏教的再解釈

一〇世紀に入って、職掌に関わる「種」の表現は史料から姿を消した。「種族」「種胤」のような血筋や子孫を意味する言葉は使われても(40)、「将種」「貴種」などの表現は全くといっていいほど見られなくなった。ところで、一一世紀中葉になると「貴種」の語が再び史料上に出現することについては第二章で詳しく述べるが、その最も早い例のひとつを見てみると「伝二貴種一而重二儒術一、北海之劉睦同レ誉(41)」とあるように、貴種は儒術のような特定の職掌と対照し、九世紀の「種」表現の延長線上に置かれていたものと考えられよう。ほかにも「槐棘之貴種」「槐棘累代之貴種」「槐門貴種」[42]などの例から、大臣・公卿といった高官を継承する家柄の性格が「貴種」の語に含まれていたことがうかがわれる。

しかし、「貴種」を除く他の職掌に関わる「種」表現（たとえば「将種」）は、一一世紀中葉以後にも依然として見られない。それに対して、一二世紀には「凡種」という言葉が出現していることに注目したい。以下、いくつかの例を取り上げる。

【史料7】『台記』久安六年（一一五〇）一二月二四日条

（前略）今夕除目下名。三善康光任二皇后宮権大属一。其人雖二凡種一、能知二諸国調庸等一。感二其事一、所二奏任一也。（後略）

【史料8】『台記』仁平元年（一一五一）正月二七日条

廿七日己亥、晴。早朝、朝隆（藤原）朝臣内二覧除目申文一。（中略）余（藤原頼長）見二両三通一返給。朝隆結二申三通一。其最初、自取二得有成（藤原）朝臣。申文一。余使二朝隆奏一曰、有成朝臣、位在二四品一、年及二七旬一。其家甚貧、其種不レ凡。今懇二望日向一、何無二哀憐一。（後略）

【史料9】『台記別記』仁平元年（一一五一）二月二一日条

（前略）蔵人勘解由次官顕遠（藤原）持二来折紙一。法皇（鳥羽）手書曰、（中略）刑部卿平忠盛兼。仰レ之。刑部卿当レ任否、宜二計奏一者。対曰、若論二其種一、可レ謂二凡劣一。然而位叙二正四位上一、官帯二内蔵頭・殿上侍臣一、経二播磨守一。所レ帯所レ経、悉以貴重[43]。拝任之処、誰謂二非拠一乎。法皇然レ之。（後略）

史料7によれば、三善康光は「凡種」ではあるが、諸国の調庸などのことをよく知っていたために皇后宮権大属に任じられたという。一方、史料8に登場する藤原有成は、その種が平凡ではなく、日向守を希望してもおかしくないとされた。史料9では藤原頼長が平忠盛の種を凡劣だと評価しており、その凡劣な種が忠盛の刑部卿任官のネックとされていた。つまり、特定の官職に就くことのできない家柄の出身が、「凡種」と呼ばれている（「凡種」については本書第三章で詳論する）。そして、顕官への昇進が可能な家柄には「貴種」の語が凡種の対義語として当てられたものと思われる。このように、進出可能な官職の高下、それによって規定される家格と身分の貴賤が「種」表現に含まれるようになった。

「凡種」と同様、一二世紀頃には「凡下」という語も史料上に見え始める。凡下は中世身分の一つであり、有位有職の人に対して、官職を持たない者を指す[44]。黒田俊雄は、この凡下が「語源としては仏教にいう「聖」と「凡」、「極聖」と「凡下」の語に由来」し、貴種も含めて、仏教により理論づけられる種姓的身分にあたるものとみた[45]。以上をまとめて考えると、一二世紀に登場した貴賤の「種」は仏教の影響を受けた用語であり、それは中世の種姓観念を反映したものになる。

ここで二つの疑問が生まれる。

a．なぜ一〇世紀からは職掌の「種」表現が見えないのか。

b．なぜ一二世紀に入って仏教的色彩を帯びる貴賤の「種」が登場するのか。

まずはaから考察することにしよう。九世紀に「将種」と称された坂上氏ら諸氏族は、一〇世紀には文官に転じて「兵の家」にはつながらなくなった[46]。明石一紀は、九世紀に文章生出身者が台頭して文武分離が進むなかで「文章経国路線から弾き出された存在」として将種が現れたとし、将種の諸氏族は高官には昇進できず、中小貴族として中央で生き残るために文人路線への転換を選んだと述べた[47]。それでは文人官僚はどうであったかというと、一〇世紀から文章経国思想が大いに衰退し、彼らの多くは不遇の身となり、文章経国は叙位や任官を申請する個人的な動機に基づく空洞化したものになっていった[48]。このような現象は、一〇世紀における貴族社会の変化と律令官人制の再編に伴うものでもあった。

一〇世紀半ば以後、諸道の職を固定的に世襲する氏族が出現するが、それ以前に数代にわたって世襲が続いた氏族はこの世襲固定氏族にはつながらないという。また、摂関期には同祖関係に基づかず官職の制限もない自由な改姓が個人単位で行われていたとされる[49]。改賜姓に関わる形で氏族や家の職掌が意識された時代は終わり、官人の氏族が新しく編成されることにより、職掌を表す「種」の概念も注目されなくなったのではないか。一〇世紀末〜一一世紀頃には官職の世襲化が大きく進み、公卿のほとんどが藤原北家と源氏で占められるようになった[50]のも、こうした表現や概念の変化に関係していると考えられる。

ｂについては、実は遅くとも九世紀には種姓に関する仏教用語がすでに使用されていた点に注意すべきである。天長年間（八二四〜八三四）撰述とされる空海の『十住心論』[51]巻二では、唐の不空が訳した『仏為優填王説王法政論経』[52]を引用して、王の過失一〇種の一つ目として「種姓不ㇾ高」を、大王の功徳一〇種の一つ目として「種性〔姓〕尊高」を取り上げている。下類として生まれた一般の臣下が王位を簒奪すれば、その王の種姓は高くなく、国王が善根を積んで大願力により王族を生み、その王族に王位を継がせれば、その王の種姓は尊貴だというのである。国王と臣下の種姓が生まれにより区別され、種姓の高下が論じられるのは、まさに種姓観念に通じるものといえる[53]。古代中国はもちろん、新羅でも国王の種なる概念が認識されていた[54]ことを考え合わせると、日本にも様々な仏教知識とともに種姓の概念が流入していたのであろう。『将門記』によれば、平将門は自ら「刹帝苗裔」すなわち刹利（クシャトリヤ）の子孫と称し、国王の種を意識しているようにみられる。『将門記』の成立時期については諸説あり、将門本人が本当にそのように考えていたかは疑わしいが、少なくとも執筆に関わる人をはじめ、成立当時の人々はその認識を共有していたと考えられる。

しかし、九世紀において種姓の概念が文人官僚による「種」表現に直結することはなかった。職掌の「種」表現と仏教用語としての種・種姓は、一一世紀後半までしばらく並行して使用されていたと考えられる。両者の交錯をうかがわせるのが大江匡房の撰した『本朝神仙伝』の記事である。

【史料10】『本朝神仙伝』9　弘法大師

（前略）常称曰、弘二仏法一、以二種姓一為レ先。故彼宗、親王公子相継不レ絶。寛平法皇（宇多天皇）受二灌頂於此宗一後、仁和寺最多二王胤一、円融天皇又御レ地。誠是一宗之光華也。（後略）

匡房は空海が常に「仏法を広めるには種姓を先となす」と語り、そのために真言宗には親王や上級貴族の子弟が相次いだとし、とりわけ仁和寺と宇多・円融の例を挙げている。ここにいう種姓は、王胤や上級貴族の家柄という出自に関連し、一一世紀中葉における「貴種」の再発見と相まって、「種」表現の種姓的な再解釈の片鱗が垣間見える。

「種」表現に対する仏教的再解釈の背景には文人貴族の信仰事情があったとみなければならない。文人貴族は社会的に不安定な位置に立たされ、経済的に困窮しており、文章経国の衰退を認識せざるを得なかった。そこで、現世を否定し来世での救済を願う浄土信仰へと傾倒するようになった[55]。一〇世紀後半、文人貴族と天台僧は交流の場として勧学会を開き、来世願望の高まるなかで往生者の伝記を編集した往生伝が出現する。ただし、この段階では、勧学会には念仏結社としてまだ不徹底な部分もあった。最初の往生伝である慶滋保胤の『日本往生極楽記』は来世願望の切実さを欠き、文人貴族の知的観念が残っているものとされる[56]。大江匡房の『続本朝往生伝』も、浄土信仰への傾斜によるものというより、文人保胤の業績を継承する意味が大きかった[57]。それでも三善為康の往生伝に信仰の内面化と信心の重視が見られる[58]など、院政期に入って文人貴族の信仰は深化していった。特に、仏教経典に対する文人貴族の関心が高まり、彼らによる浄土教学の論著と内典・外典の注釈が多く出現した[59]。仏教知識が深まるにつれて、文人貴族は貴族社会の身分秩序を種姓の概念で理解し、既存の「種」表現を貴賤の種姓として再構築したと考えられる。

要するに、九世紀における「種」観念は貴族社会の再編過程の中で薄れていき、職掌に関連して使われていた「種」表現は浄土信仰や仏教知識の影響を受けた文人貴族により種姓に基づく貴賤の「種」へと移り変わった。貴賤の「種」は一一世紀後半には芽生え始め、一二世紀には貴種―凡種という明確な構図で形成された。平安貴族の浄土信仰が文人貴族に限らず上級貴族の間でも広まっていたように(60)、貴賤の「種」も文人貴族のみによる表現に止まるわけではなかった。前述の「凡種」の用例が藤原頼長の日記によく見られることからも、一二世紀にはそのような表現が貴族たちの中で通用していたと推測される。そして、貴賤の「種」で表現される中世の種姓観念も、同時期に貴族社会一般に広まっていたことがうかがわれるのである。

おわりに

以上、史料に見える「種」表現の検討を通じて、古代における「種」観念の形成と、中世の種姓観念への変遷をたどってみた。最初は蝦夷をはじめとする夷狄や異国に対する名称として「種」の語が使用されていた。九世紀における新しい「種」の用例は、古代の氏族の政治的地位の変化と律令官人としての再編に伴って出現した、職掌に関わる「種」観念を表すものであった。その後、平安貴族社会は、進出できる官位や昇進ルートが各家柄において確定し、身分秩序が固定化していく方向に展開した。個人の出自により貴賤が決定されるという社会的状況に基づいて形成された仏教的な種姓観念は「種」表現にも反映された。こうして社会変動の節目に「種」の表現が登場したのは、文人官僚（文人貴族）に負うところが大きいといえる。

ただ、九世紀前半において夷狄に対する「種」表現がすべて職掌の「種」に取り替えられたわけではない。九世紀後半にも元慶の乱など蝦夷問題は続いており、移配された俘囚も依然として存在していたため、夷狄に対する「種」表現も使用されつつあった（表1、№17～20）。摂関期以降の史料には夷狄の「種」がほとんど見られなくなっているが、そのような傾向が蝦夷認識や政策といかに関連しているかは明らかでない。

また、氏族や家の職掌を表す「種」が一〇世紀以降見られないことは前述したが、その時期から六国史のような正史の編纂が行われなくなり、古記録が主な史料として残存している状況も考慮しなければならない。正史の文章は純漢文に近いものであり、非常用の漢語や漢文の修辞が積極的に使われていたが、変体漢文における漢文調では相対的に非日常の漢語があまり使用されない傾向を示している(61)。「貴種」「将種」などの表現も普段では使われ難く、中国に出典がある漢語にあたるので、古記録などの史料から見られなくなった可能性も考えられる(62)。

一方、佐藤進一は、一〇世紀中葉以後、除目申文に「家業」「箕裘」の語が見られるようになり、家業を継承する観念が普遍化したことを指摘した(63)。もちろん、家業の論理が特定の官職の世襲につながるという家業と官職の関係については批判の見解(64)も提示されているが、当時の諸道の貴族たちにより家業の継承が意識されたのは確かであり、それは官司請負制の背景になっているものと考えられる。村井章介は官司請負制を「《種》の観念の社会的ひろがりを示すもの」と把握するが(65)、一〇世紀以後の家業は、はたして九世紀における「〇種」と称される家柄の職掌の観念とのつながりを持つのか。本章では一〇世紀における貴族社会の変化を重視し、両者は一定の断絶を見せるとみたが、その関係の解明には、職掌や家業に関する概念の総合的な研究が求められよう。

（1）黒田俊雄「中世の身分制と卑賤観念」（同『黒田俊雄著作集　第六巻　中世共同体論・身分制論』法藏館、一九九五年、初出一九七二年）二〇五～二〇七頁、同「中世の身分意識と社会観」（同書、初出一九八七年）二五一頁。

（2）髙橋昌明「中世の身分制」（同『中世史の理論と方法――日本封建社会・身分制・社会史』校倉書房、一九九七年、初出一九八四年）一一五・一三一頁、村井章介「比較史上の天皇・将軍」（同『中世の国家と在地社会』校倉書房、二〇〇五年、初出一九九二年）一九五～一九八・二〇一～二〇三頁、北爪真佐夫「鎌倉期の武士身分内の身分について」（同『中世前期の身分制と村落共同体論』青史出版、二〇〇九年、初出二〇〇八年）二～三頁、三枝暁子「中世の身分と社会集団」（『岩波講座日本歴史　第七巻　中世二』岩波書店、二〇一四年）一八五・一九〇頁。

（3）大山喬平「ゆるやかなカースト社会」（同『ゆるやかなカースト社会・中世日本』校倉書房、二〇〇三年、初出二〇〇二年）。

（4）たとえば、『愚管抄』巻七に「日本国ノナラヒハ、国王種姓ノ人ナラヌスヂヲ国王ニハスマジト」とある。

（5）保立道久「日本中世の諸身分と王権」（永原慶二等編『講座・前近代の天皇三　天皇と社会諸集団』青木書店、一九九三年）六五～六七頁。

（6）明石一紀「将家・兵の家・党」（民衆史研究会編『民衆史研究の視点——地域・文化・マイノリティ』三一書房、一九九七年）六一～六二頁。

（7）藤田佳希「王権から見た武士——武士・将種・兵」（『早稲田大学大学院文学研究科紀要』五九、第四分冊、二〇一四年）九〇～九一頁。

（8）『漢書』巻六九、趙充国伝。

（9）『後漢書』巻三八、度尚伝。巻一〇三、五行志、服妖。

（10）『後漢書』巻七〇、鄭太伝。『三国志』巻一、魏書、武帝紀、建安一八年（二一三）五月丙申条。

（11）坂本太郎「日本書紀と蝦夷」（同『坂本太郎著作集　第二巻　古事記と日本書紀』吉川弘文館、一九八八年、初出一九五六年）二八一～二八二頁。

（12）『釈日本紀』巻二〇、秘訓五、第二五。谷川士清『日本書紀通証』巻三五。河村秀根・河村益根編著『書紀集解』巻二五。

（13）北村文治「伊吉連博徳書考」（同『大化改新の基礎的研究』吉川弘文館、一九九〇年、初出一九六二年）七〇～七一頁。

（14）坂本太郎等校注『日本古典文学大系　日本書紀　下』岩波書店、一九九三年、新装版）三二三頁。

(15)『三国志』巻三〇、魏書、東夷伝、倭。『旧唐書』巻一九九上、東夷伝、日本。
(16)「夷狄種類」については「夷狄の種々の類」と解釈する見解もある。今泉隆雄「律令における化外人・外蕃人と夷狄」(同『古代国家の東北辺境支配』吉川弘文館、二〇一五年、初出一九九四年)一四八頁。しかし、ここでは夷狄集団の部類という意味で読み取ることにする。表1のNo.7参照。
(17)宇根俊範「律令制下における改賜姓について」(『史学研究』一四七、一九八〇年)一一頁、義江明子「氏名の成立と展開」(同『日本古代系譜様式論』吉川弘文館、二〇〇〇年、初出一九八八年)一三九頁など。
(18)市川理恵「京貫記事の基礎的考察」(同『古代日本の京職と京戸』吉川弘文館、二〇〇九年、初出一九九八年)一七三頁、土橋誠「京貫官人をめぐる二三の憶説」(『朱雀』一二、二〇〇〇年)一八～一九頁。
(19)佐伯有清「承和の遣唐使をめぐる賜姓と移貫」(同『日本古代氏族の研究』吉川弘文館、一九八五年、初出一九八三年)二四八～二五四頁。
(20)ただし、京貫記事の場合、出自の記載が見えないのが一般的であり、承和年間の事例から出自を記載するケースが見られるという。市川注(18)前掲論文、一六三頁。
(21)国史大系本などでは「□継」が弥継と推定されているが、定かではない。
(22)『新撰姓氏録』摂津国諸蕃、任那。
(23)『新撰姓氏録』右京諸蕃下、百済。河内国諸蕃、百済。
(24)『後漢書』巻八五、東夷列伝、三韓。『旧唐書』巻一九九上、東夷伝、高麗・百済国。
(25)吉田孝「律令時代の氏族・家族・集団」(同『律令国家と古代の社会』岩波書店、一九八三年)一二七～一三一頁、熊谷公男「「祖の名」とウヂの構造」(関晃先生古稀記念会編『律令国家の構造』吉川弘文館、一九八九年)一四一～一四三頁。
(26)直木孝次郎「土師氏の研究――古代的氏族と律令制との関連をめぐって」(同『日本古代の氏族と天皇』塙書房、一九六四年、初出一九六〇年)一一九～一三〇頁、長谷部将司『日本古代の地方出身氏族』(岩田書院、二〇〇四年)六三頁。
(27)巫部という氏名については「神の心を音楽や舞でなごやかにして神意を求めることに携わった」伴造氏族の由来を表すという見解がある。佐伯有清『新撰姓氏録の研究　考証篇第二』(吉川弘文館、一九八二年)二一八頁、同『新撰姓

氏録の研究　考証篇第四』（吉川弘文館、一九八二年）二九六頁。

(28)『続日本紀』文武天皇三年（六九九）五月辛酉・天平勝宝八歳（七五六）五月乙亥・天平宝字八年（七六四）九月乙巳・同年一二月乙亥条など。

(29) 彦由三枝子「淳和天皇朝初政に於ける大学寮教育」（『政治経済史学』三七〇、一九九七年）二八五頁、本書第二章、注(8)。

(30)『菅家文草』巻一〇、表状、辞右大臣職第一表・重請解右大臣職第二表。『本朝文粋』巻五、表下、菅贈大相国辞右大臣第一表・菅贈大相国同第二表。

(31) 今正秀『摂関政治と菅原道真』（敗者の日本史三、吉川弘文館、二〇一三年）一四～二二頁。

(32) 吉川真司「藤原氏の創始と発展」（同『律令官僚制の研究』塙書房、一九九八年、初出一九九五年）一二八頁、中村英重「藤原氏の形成と家」（同『古代氏族と宗教祭祀』吉川弘文館、二〇〇四年）二一〇～二一一頁。

(33) 義江明子「古代の氏と共同体および家族」（『歴史評論』四二八、一九八五年）三〇～三一頁、服藤早苗「平安時代の氏――家と女性」（同『家成立史の研究――祖先祭祀・女・子ども』校倉書房、一九九一年）二一頁。

(34) 中村英重「律令国家と家」（同注(32)前掲書、初出一九九五年）二二一～二二三頁、同「家族と家・氏」（上原真人ほか編『列島の古代史　ひと・もの・こと　三　社会集団と政治組織』岩波書店、二〇〇五年）三六頁。

(35) 長谷部注(26)前掲書、六三頁。

(36)『田氏家集』下、暮春花下奉謝諸客勧酒見賀仲平及第。この詩は、仲平が省試に及第した貞観一五年（八七三）頃に詠まれたとされる。金原理「嶋田忠臣伝考」（同『平安朝漢詩文の研究』九州大学出版会、一九八一年、初出一九六五年）一三七頁。

(37)『都氏文集』巻三、為源大納言譲陸奥出羽按察使第一表。

(38)『史記』巻四八、陳渉世家。『漢書』巻三一、陳勝項籍伝には「侯王将相寧有レ種乎」とある。

(39)『本朝文粋』巻二、勅答、後江相公答枇杷左大臣辞職表勅。

(40)『権記』長保六年（一〇〇四）二月二八日条。石清水田中家文書「源頼信告文」（『大日本古文書』家わけ四、石清水文書一、三一一号）。

(41)『本朝続文粋』巻九、詩序中、明衡朝臣蔭花調雅琴詩序一首。『詩序集』下（複製本は宮内庁書陵部編『詩序集』宮内庁書陵部、一九七五年）作品番号三六。
(42)『詩序集』下、作品番号五・三〇。『中右記』承徳二年（一〇九八）一〇月一二日条。
(43)「悉」の字は、宮内庁書陵部所蔵の桂宮本（江戸中期写、函架番号三五三・一七〇）・九条家新写本（函架番号二六二・二六）と国立公文書館所蔵内閣文庫本（請求番号一六一―〇〇五三、一六一―〇〇五八など）および史料大成本には「坐」となっているが、「坐」では文章の意味が通じない。宮内庁書陵部所蔵鷹司本（江戸中期写、函架番号三五〇・二二九）には「悉」になっているので、鷹司本に従った。
(44)田中稔「侍・凡下考」（同『鎌倉幕府御家人制度の研究』吉川弘文館、一九九一年、初出一九七六年）三八七～三八九頁。
(45)黒田注(1)前掲論文「中世の身分制と卑賤観念」二一〇～二一一頁。
(46)元木泰雄『武士の成立』（吉川弘文館、一九九四年）一三～一七頁、明石注(6)前掲論文、六二～六三頁、藤田注(7)前掲論文、九一～九三頁。
(47)明石注(6)前掲論文、六二～六三頁。
(48)小原仁『文人貴族の系譜』（吉川弘文館、一九八七年）三〇～三九頁。
(49)告井幸男「摂関・院政期における官人社会」（『日本史研究』五三五、二〇〇七年）六～七・一八～一九頁。
(50)玉井力「「院政」支配と貴族官人層」（同『平安時代の貴族と天皇』岩波書店、二〇〇〇年、初出一九八七年）八二～八九頁、坂田桂一「解説　『公卿補任』の成立過程と形式」（同『公卿補任図解総覧』勉誠出版、二〇一四年）一四頁。ただ、玉井は、一〇世紀末～一一世紀に「公達」「諸大夫」の語が家格と関わった形で史料に見られることから、同時期に中世における家格の区分が成立したと論じたが、本書では若干意見を異にしている。本書第四章参照。
(51)密教文化研究所弘法大師著作研究会編『定本弘法大師全集　第二巻』（高野山大学密教文化研究所、一九九三年）所収。
(52)『大正新脩大蔵経』一四、経集部、No.五二四。
(53)他にも『日本三代実録』貞観元年（八五九）四月一八日条（表1、No.14）に「衆生種性」なる語が確認されるが、ここにいう「種性」は衆生に潜んでいる仏になる本性のことで、種姓観念とは若干遠い意味を持つ。
(54)『三国遺事』巻三、塔像第四、皇龍寺九層塔には新羅の善徳王が「天竺刹利種」と称されている。刹利種とはクシャトリヤ（Kshatriya）すなわち王侯の家柄のことである。
(55)速水侑『平安貴族社会と仏教』（吉川弘文館、一九七五年）三六～三七頁、小原注(48)前掲書、四〇頁。
(56)速水侑「往生伝と来世願望」（同『平安仏教と末法思想』吉川弘文館、二〇〇六年、初出一九九四年）六一～六二・六六～六八頁。
(57)小原注(48)前掲書、一八二～一八四頁。
(58)速水注(56)前掲論文、七七頁。
(59)山崎誠「平基親撰「往生要集外典鈔」考」（同『中世学問史の基底と展開』和泉書院、一九九三年）四四五頁。
(60)速水侑「『源氏物語』と浄土思想」（同注(56)前掲書、初出一九七八年）四三頁。
(61)峰岸明『変体漢文』（東京堂出版、一九八六年）一六八～一七五・三一四頁、佐藤全敏「宇多天皇の文体」（倉本一宏編『日記・古記録の世界』思文閣出版、二〇一五年）一三一～一三三頁。
(62)ちなみに、『大和物語』『宇治拾遺物語』のような物語文学には身分の低い者の意味として「下種」の語が見られる。他の作品には「下衆」とも書かれるが、「種」の字を使う「下種」の表記については「種」観念の変化に関連付けて検討する余地があろう。
(63)佐藤進一『日本の中世国家』（岩波書店、一九八三年）四五～四七頁。
(64)細井浩志「古代・中世における技能の継承について――技能者における家」（『九州史学』一〇四、一九九二年）、井上幸治「家業と官職の関係」（同『古代中世の文書管理と官人』八木書店、二〇一六年、初出二〇〇九年）など。
(65)村井注(2)前掲論文、一九六頁。

第二章　平安貴族社会と「貴種」

はじめに

日本中世の身分構成を論じる際に用いられる学術用語のひとつに貴種がある。黒田俊雄は、中世の身分系列の一例として公家・寺社・武家といった権門の家産支配秩序を取り上げ、国家権力を分掌する諸権門の身分は公的には「権門体制」という国家体制のもとに序列化すると考えた。その身分系列に基づいてまとめられた中世の基本的な身分構成が、貴種・司（侍）・百姓・下人・非人である。その中で第一の身分である貴種は、王家・摂関家をはじめとする尊貴な家柄に属するもので、権門として政治権力を掌握する階級の身分として把握された。第二の身分の司・侍は貴種の家産機構や権力組織に属して奉仕するもので、貴種と司・侍の間には、四・五位あたりを境に明確な区別が存在したという(1)。高橋昌明はこれを踏まえて、官職昇進コースの固定化が貴族社会の中世的な家格を決定する要素であり、それは国家機構の存在を前提とした位階・官職に基づくとみた。そして、家格形成の画期のひとつである一一世紀中葉には、貴族社会の諸家が、貴種と呼ばれる公卿・諸大夫（殿上人・地下）とそれ以下の侍の家に分化したとされる(2)。つまり、先行研究によれば、中世の貴種は貴族社会において国家の官位を基準として規定された身分である。

もっとも、黒田は中世史料に現れる「貴種」の語を用いて権門体制における諸権門の上流貴族の身分を表しており、その言葉は純粋な史料用語とはいえない。「貴種」はすでに九世紀の史料にも見られ、実は古代史の研究においても以前から言及されてきた言葉である。たとえば、橋本義彦は、皇親出身で賜姓された源氏がその出自のために最高の貴種として優遇されたとみた。(3) 宇根俊範は、源氏の誕生と官界への進出により他の氏族とは隔絶した地位を持つ源平の貴種氏族が登場し、それに伴い九世紀には血の論理に基づく貴種の観念が生まれたと指摘した。(4) こうした天皇の血を引くものを貴種と捉える見解に従えば、藤原氏は源氏とは逆に、律令官僚の家柄として貴族社会に優位を占め、源氏の貴種氏族のレベルまで押し上げられたことになる。(5) そして「天皇の権威を媒介に貴種性を獲得する」行為として親王元服に擬制した藤原時平の元服叙爵が行われ、時平・忠平が源氏の人々と同じ年齢で参議に列せられたことから、九世紀末より藤原氏が天皇の血筋に準じて貴種になったと理解されるのである。(6)

しかし、古代史における貴種の概念には天皇の血統が重視されており、先に指摘した官位秩序に基づく中世身分の貴種とは一貫性がないようにみえる。古代の貴種がいかにして中世権門の貴種につながるのかはあまり明らかになっておらず、一一世紀中葉に貴族の諸家が貴種とそれ以下の侍に分化するという髙橋の指摘についても、古代史側からの言及は見当たらない。古代から中世への転換期という日本史上の重要な時期を論じるうえで、「貴種」は有効な分析視角になり得るため、古代・中世の「貴種」に対する整合的な理解が必要と考える。

本章では、一般的に通用する術語の貴種に対して、史料上の表現およびそれに基づいた概念を「貴種」と表記する。これまで「貴種」についての専論は全くないといってよく、しかも日本の古代文学で扱われる詩序を用いた議論はなかったように思われる。そこで、詩序を含む平安時代の史料に散見する「貴種」に注目し、それが指す階層集団の性格を明確にしたい。本章で論じるように、「貴種」の語は初出以来、指示対象の集団に変化が見出せるので、その歴史的変遷が当該期における社会の変容と密接に結びついたことを解明していきたい。貴種は「種」すなわち血筋・家柄に関わる言葉であるだけに、本章の検討を通して、中世の家や家格についても新しい知見を得ることができよう。

第一節　九世紀の「貴種」

(1)　初出例の検討

「貴種」の歴史的変遷をたどるにあたって、まずは史料上に出現する「貴種」の用例として最も早いものに着目し、その語義を確認することにしよう。それは天長四年（八二七）六月一三日太政官符に引用された都腹赤牒である。

【史料1】『本朝文粋』巻二、官符、天長四年（八二七）六月一三日太政官符

太政官符

応下補二文章生幷得業生一復中旧例上事　格

右得二式部省解一偁、大学寮解偁、文章博士正五位下都宿禰腹赤牒偁、天平二年（七三〇）三月廿七日格偁、文章生廿人、簡二取雑任及白丁聡恵〔慧〕一、不レ須レ限二年多少一者。而省去弘仁十一年（八二〇）十二月八日符偁、太政官去十一月十五日符偁、案二唐式一、照〔昭〕文・崇文両舘学生、取二三品已上子孫一、不レ選二凡流一。今須下文章生取二良家子弟一、寮試二詩若賦一補レ之、選二生中稍進者一、省吏覆試、号為二俊士一、取二俊士翹楚者一、為中秀才生上者。今謂二良家一、偏拠二符文一、似レ謂二三位已上一。縦果如二符文一、有レ妨二学道一。何者、大学尚レ才之処、養レ賢之地也。天下之俊咸来、海内之

英並萃。游夏之徒、元非二卿相之子一。楊馬之輩、出レ自二寒素之門一。高才未二必貴種一、貴種未二必高才一。且夫王者之（ママ）用レ人、唯才是貴。朝為二厮養一、夕登二公卿一。而況区区生徒、何拘二門資一。窃恐悠悠後進、因レ此解体。（中略）望請、（中略）選二文章生一、依二天平格一。謹請二処分一者。寮依二解状一、申二送省一。省依二解状一、請二官裁一者。
（後略）

天平二年（七三〇）当時、文章生は定員二〇人で、雑任および白丁の中から聡明で知恵のある人が選ばれることになっていた。しかし、弘仁一一年（八二〇）、三品以上の子孫を採って凡流を選ばないという唐の昭文・崇文館の学生選抜基準に則って、文章生も「良家子弟」を採るように基準が変更された。「貴族化政策」ともいわれる(7)、貴族による文章科の独占の試みに対して、その翌年文章博士に就任した(8)都腹赤は異を唱えた。弘仁一一年官符に見える「良家」は三位以上にあたり、三位以上の高位高官の子弟に限って文章生を選抜することは学問の道を妨げると腹赤は述べている。なぜなら大学に集まる俊英たちは必ずしも卿相の子ではなく、卑しい家柄の出身者もいるからである。つまり、高い才能を持つ人は必ずしも「貴種」ではなく、「貴種」の人は必ずしも高い才能を持ってはいない。君主はただ才能を貴ぶのみであり、才能があれば卑しい役目の人でも公卿にまで昇れるのであるから、学生の門資にこだわる必要はないという。そこで腹赤は、文章生の選抜基準をもとに戻すことを主張しながら「貴種」の語を使用したのである。

史料1に見える「貴種」は卿相の子にあたり、良家子弟、すなわち三位以上の子弟を意味するといえる。弘仁一一年における政策変更の根拠となった唐の昭文（のちに弘文に改名）・崇文生に関する記述を見ると、弘文・崇文生は「縁二是貴冑子孫一、多有レ不レ専二経業一」とされ(9)、三品以上の子孫から選ばれた彼らは「貴冑子孫」と称されたことがわかる。「貴冑」とは貴い家柄の子孫のことで、三品以上の官人に対する「貴冑」の表現は史料1の「貴種」と共通している。三品（三位）以上と「貴」の関係から、名例律7六議・議貴条の「六議、議レ貴。

謂、三位以上。」という条文を連想することもさほど難しくない。要するに、腹赤のいう「貴種」は、三位以上または公卿（卿相）といった高位高官の子孫を指す言葉であった。

腹赤は文章生出身で文章博士になった経歴を持ち、古代中国の歴史書や詩文に精通していたことを思えば、彼が使用した「貴種」の語はやはり古代中国の文献に見える表現を受け入れたものと推測される。(10)その用例を見てみると、匈奴の呼衍氏・蘭氏・須卜氏の三姓は大臣の官職を世襲する「貴種」と称され、(11)後漢以来高官を代々出し続けた名門太原王氏出身の王慧龍は「真貴種矣」と褒め称えられた。(12)これは高位高官の家柄またはその出身者を指しており、いずれも君主の姓ではない貴族の家であることに注目したい。もっとも、異民族の首長や異国の君主の家柄を「貴種」と呼ぶ例も見られる。たとえば、西突厥可汗を出した阿史那氏は「陰山貴種、代雄㆓沙漠㆒」とされ、(13)靺鞨酋長の家の出である李多祚は「三韓貴種、百戦余雄」と称えられた。(14)それでもこれらの例は中国の皇帝に臣従する異民族や異国出身の人に限られており、皇帝や皇族を「貴種」と称した例は全くといってよいほど見当たらない。つまり、古代中国の文献に見える「貴種」は臣下の貴族の家柄、高位高官の子孫に関わる概念である。腹赤による「貴種」の用例もまた同様なのである。

腹赤と同じく文章生出身で文章博士を歴任した菅原道真も「貴種」の語を用いて作文していたことは、注目に値する。その用例から、「貴種」が都腹赤という一個人による表現に止まるのではなく、やはり中国文献に対する知識を背景とする文章道関係者たちによって、同じ意味合いで使用されたと推測できるからである。昌泰二年（八九九）道真が右大臣に任じられた時に奉った一回目の辞職表を見てみよう。

【史料2】『菅家文草』巻一〇、表状、辞右大臣職第一表(15)

臣道（真）｜言。伏奉㆓今月十四日詔旨㆒、以㆑臣任㆓右大臣㆒。仰戴㆓天慈㆒、不㆑知㆑所㆑措。中謝臣地非㆓貴種㆒、家是儒林。

偏因㆓太上皇（宇多天皇）往年抜擢之恩㆒、自至㆓諸公卿今日昇進之次㆒。無㆑寝無㆑食、以思以慮、人心已不㆓縦容㆒、鬼瞰必加㆓

睚眦。伏願、陛下高廻㆓聖鑑㆒、早罷㆓臣官㆒。非㆓唯不㆑奪㆓志於匹夫㆒、亦復得㆑従㆓望於衆庶㆒。不㆑堪㆓懇款屏営之至㆒、上表以聞。臣道(真)―誠惶誠恐、頓首々々、死罪々々。謹言。
昌泰二年(八九九)二月廿七日　正三位守右大臣兼行右近衛大将臣菅原朝臣

道真は、自分の門地が「貴種」ではなく、家は儒林なのに、往年宇多天皇から抜擢の恩を受けたために、今は諸公卿の昇進次第に到達したという。寝ず食わずで考えてみれば、自分の大臣就任は世間に受け入れられないはずなので、と辞職を申し出ている。もちろん、辞職表なるものは高官への就任に際して形式的に出されることが多く、道真が本心で史料2の内容通りに辞職を希望していたとは限らない。それにしても、道真は大臣任官に対する世間の目をある程度は意識しており、大臣として不適格である理由として「貴種」ではないことを挙げている。道真のいう「貴種」は大臣という高官に就任するにふさわしい家柄のことであって、前述した「貴種」の概念とほぼ一致するのである。

米田雄介は、道真の右大臣就任の日に藤原時平が左大臣に任じられたことを指摘し、道真は時平の家柄を念頭に置いて「貴種」の表現を用いたと述べた。ただし、米田は、ある家が貴種になるためには「皇統に準ずるような血統を有する」必要があるとし、藤原氏が「源氏と同じ年齢で参議に列せられ」る時平・忠平の代に至って貴種になったとみた[16]。この見解によると、天皇の血統、またはそれに準じる血統性の確保が貴種の判断基準となるが、はたしてそうであろうか。辞職表が提出翌日に返されて五日後、道真は二回目の辞職表を出したが、ここには「貴種」の意味がより明確にされている。

【史料3】『菅家文草』巻一〇、表状、**重請解右大臣職第二表**[17]

臣道(真)―言。去月廿八日、中使従四位上修理大夫兼行左近衛中将・備前権守在原朝臣友于至、奉㆓宣恩旨㆒、返㆓臣上表㆒。天無㆑不㆑覆、為㆑臣何約㆓其周㆒。日無㆑不㆑臨、為㆑臣何韜㆓其照㆒。(中謝)臣初挙㆓秀才㆒、後為㆓博士㆒。頻遷不レ止、俄忝二崇班一。曩者孫弘高弟、韋賢大儒、至下其居二専統一而属中具瞻上、則年已耆与二学逾明一也。以レ年言レ之、臣少二於弘一二十年。以レ学論レ之、臣不レ及レ賢千万里。況復当時納言居二臣下一者、将相貴種、宗室清流。皆是臣抱二書巻一遊二黌門一之日、位望先貴、冠蓋自高。臣若不レ獲レ已、可レ就二朝列一、猶踞二炉炭一以待二焼亡一、履二治氷一而期二陥没一矣。（中略）伏惟、陛下追廻二寵命一、賜下解二臣官一、改授二其人一、俾中賢得上レ路。不レ任二戦越兢惕之至一。謹再奉レ表、陳乞以聞。臣道（真）誠惶誠恐、頓々首々、死々罪々。謹言。
　昌泰二年（八九九）三月四日　正三位守右大臣云々

道真は、自分が秀才で登用されて博士となり、しきりに昇進を重ねてにわかに高位高官に到達したが、博士出身として七七歳で丞相になった公孫弘に比べて年齢もまだ若く、大儒と呼ばれた韋賢より学才もない。しかも現在自分の部下となる納言たちはみな「将相貴種、宗室清流」で、自分が学生であった頃には、みな高位高官に就いていたという。このまま大臣職に居続ければ危険な状況に立たされるので、再び解官を願い出たのである。ここで「貴種」に「将相」という言葉が付いていることに注目されたい。「将相貴種」は将軍や宰相を出す高貴な家柄のことで、皇族出身を指す「宗室清流」なる表現とは対比をなしている。昌泰二年当時の納言には、大納言の藤原高藤・源光、中納言の藤原国経・源希がいた[18]。仁明天皇の皇子である源光、そして嵯峨天皇の孫である源希が「宗室清流」にあたるとすれば、藤原北家出身の高藤・国経は「将相貴種」と称されたことになる。藤原氏は、鎌足や不比等といった先祖たちの勲功によって、八世紀には子孫から高位高官が相次ぎ、代々公卿を出し続けていた[19]。延暦一二年（七九三）には「累代相承、摂レ政不レ絶」とされ、他氏族に優越した地位を認められるほどであった[20]。したがって、官位秩序に基づく高位高官の「貴種」の概念に変わりはなく、藤原氏は時平以前に、すでに「貴種」であったと考えられる。

これまで見てきたように、三位以上ないし公卿の子孫であることが「貴種」の条件となる。ただし、道真はやや変則的な言葉の使い方をしている。道真は史料2で自分の家柄を「貴種」ではないと述べたが、実際は祖父清公も父是善も公卿に列し、最終的には従三位に叙され[21]、前述した「貴種」の条件を満たしている。それでも道真が「貴種」を自称しなかったのは、おそらく藤原氏との対比を念頭に置いたゆえであったろう。菅原氏は藤原氏に比べて改賜姓の時期も遅く、公卿への進出の歴史も浅かったため、肩を並べるほどではなかったし、累代高位高官として国政を担当する「貴」の家柄に対して、学問を専門とする儒林の家というコントラストをつけたと推測される。

（2）王臣家との関係

道真の変則的な言葉遣いの例はもうひとつ挙げられる。道真は皇女に対しても「貴種」の表現を使用しているのである。

【史料4】『菅家文草』巻七、議、皇帝為族曽祖姑太皇太后製服并令天下素服議

検二開元礼一曰、皇帝本服、大功以上親喪、皇帝不レ視レ事三日。又曰、緦麻三月。成人正服、為二族曽祖姑在レ室者一報曽祖之姉妹。。皇帝所レ絶、傍親無レ服者、皇帝皇子、為レ之降二一等一。又案二本朝令一曰、皇帝二等以上親、若散一位喪、皇帝不レ視レ事三日。三等以上親、百官三位以上喪、皇帝皆不レ視レ事一日。義解曰、不レ視レ事三日者、唯為二三月以上服一故也。然則太皇大〔太〕后者、皇帝之族曽祖姑、天子之宜レ無二服制一者也。故本朝不レ列二五等之親一、々遠也。唐制猶絶二三月之服一、々軽也。明知、皇帝廃レ事、証拠无レ文、天下素服、因循不例。唯太皇后之尊名、内親王之貴種、礼制雖レ無二正文一、同家宜レ有二別議一。

元慶三年（八七九）三月二十五日

従五位上式部少輔兼文章博士菅原朝臣某定（道真）

元慶三年（八七九）三月二三日、太皇太后の正子内親王が亡くなった。[22] 嵯峨天皇の皇女である正子内親王は当時在位中の陽成天皇にとって曽祖父の姉妹（族曽祖姑）にあたるが、日本には族曽祖姑の死に対する天皇の服制の規定がなかった。この問題を検討した道真は、確かに族曽祖姑の死に対する天皇の廃務および喪服の規定や先例は見当たらないが、正子内親王が太皇太后の尊号を持ち「内親王の貴種」であったので、別に議論すべきであるとの意見を述べた。

前述のように「貴種」は皇族を含まない異姓の高位高官の家柄を指す言葉である。内親王は天皇家出身の女性なので「貴種」と称されないはずである。それにもかかわらず、道真は貴族の秩序に基づいて「貴種」の語をもって皇女の内親王をも表現した。天皇家の一員が高位高官の子弟と同列に「貴種」として扱われるのはどのような意味を持つのか。

「貴種」の語が日本の史料に現れたのは九世紀前半のことであるが、奇しくもその時期には「院宮王臣家」なる勢力が旺盛な活動を展開していた。「貴種」が三位以上の子孫であることは前述したが、その三位以上の官人には家令職員令によって「家」という家政機関が認められた。ところで、家令職員令には一品から四品までの親王・内親王の家についても規定が見られる。このような親王および三位以上の諸王・諸臣の家を王臣家という。王臣家は「王臣勢家」[23]と呼ばれるほど権勢をふるい、文章道のような学問の世界にも王臣家の勢力が及ぶようになったのではなかろうか。

秀才・進士科に対応するために登場した文章道は、公文書の漢文を解読する上での教科内容の実用性から貴族の関心を集めたし、八世紀後半～九世紀前半には、文章生が官吏登用試験に応じずに直接内官に任じられる出身体系が確立したとされる。[24] 文章生選抜基準を三位以上の子弟とした弘仁一一年（八二〇）の「貴族化政策」は、まさに任官ルートの確保の面で文章生に目を付けた王臣家による文章科の独占の試みであったと考えられる。三位以上の「良家」というのはすなわち王臣家のことであり、腹赤は、王臣家の文章道への進出の実体を表すために「貴種」の語を使用したことになる。九世紀における「貴種」の出現は王臣家の勢力と関連しており、道真がその勢力の一員にあたる内親王を「貴種」と呼んだのは、あながち不思議なこととは言い切れまい。

要するに、九世紀前半に出現した「貴種」の語は、天皇の血を引くかどうかを基準とした語ではなく、三位以上という位階（とそれに連動する官職）を基準とした文人たちによる他称表現であるが、それは当時の実態においては王臣家の子弟を指す言葉として機能していた。院宮王臣家の活動は九世紀以降にも続き、その子弟は高い地位を維持して平安貴族社会の最上層を構成した。そして王臣家はやがて権門へと発展していく。そうした側面からみれば、「貴種」は古代から権門の身分に関わる概念として提示されたものといえよう。

第二節　一一世紀後半以後の「貴種」

(1)　史料上の再登場

九世紀の「貴種」は、文章生出身の文人貴族により作成された文書にのみ見られ、それ以外の例は確認できない。そして、一〇世紀から一一世紀前半にかけては「貴種」が史料に一切見られなくなる。その後史料に再び登場するのは、それから約一五〇年を経た一〇五〇〜六〇年代のことである。藤原明衡により執筆された詩序の文章がそれである。これについては、後で詳しく見てみることにする。

「貴種」の史料上の再登場に関して注意されるのは、一一世紀末からは貴族の日記にも「貴種」の語が散見されるようになるという点である。もちろん、史料の残存状況によるバイアスの可能性もあり得ようが、比較的に古記録が多く残されている摂関期に「貴種」の用例が確認されないのは興味深い。もし一一世紀末から貴族の日記における「貴種」の出現が認められるとすれば、この時期に「貴種」という言葉が貴族社会の中でより広く用いられて定着したことになろう。本節では、その背景にはいかなる社会的な変化を想定できるかについて考察していきたい。まずは貴族の日記における初出である史料5を見てみよう。

【史料5】『中右記』承徳二年（一〇九八）一〇月一二日条

（前略）秉燭之後、探題法印権大僧都覚真〔信〕被レ参之後、改二勅使座一、則移着。講読師退下、竪者参礼仏。読二上短冊一登二高座一。次分二短冊一。一問已講頼厳重一。及二四一、次々問如レ例。竪者名覚樹年二十、東大寺。三論。故六条右府〔源顕房〕息、右少将顕雅〔源〕同母云々弟〔弟云々〕。故法印慶信弟子也。論義骨法尤得二其道一。誠是仏日之光華、法水之舟檝者。已列二三論之学徒一、定為二一宗之棟梁一歟。抑云二探題一、云二竪者一、共是槐門貴種也。法会之面目、学道之英雄也。堂中僧侶皆以感歎。（後略）

この記事は維摩会第三日に行われた竪義について述べられたものである。大僧都覚信が探題の任にあたり、竪者は右大臣源顕房の子覚樹であった。記主の藤原宗忠は、探題の覚信も竪者の覚樹もみな「槐門貴種」であると記している。これは仏教界、特に三論宗における学問の優越性に対して、世俗の血統の尊貴性を謳った表現といえる。同月三〇日、加持を行って中宮篤子内親王の病気を治した天台座主仁覚は「一門之棟梁、累葉之貴種」と称えられたが、(25)ここでも仏教界の地位との対比として世俗の出自に「貴種」の語が用いられている。

ここで「槐門」という言葉に注目したい。「槐」は三公、すなわち大臣を指し、「門」は門地だから、槐門とは大臣の家柄のことであろう。九世紀の「貴種」は直接的には三位以上や「将相」の子弟を指して、父ないし祖父の官位が基準とされた。それに対して、史料5に見える「貴種」は「槐門」なる家柄の存在が意識されている。いわゆる大臣の家に生まれたことに焦点が当てられるのである。

表2　『詩序集』の「貴種」用例

作品番号	詩題	詩会の開催年	開催者	作者	内容
1	秋日同賦湖山聞旅雁	大治二年(一一二七)前後～同五年(一一三〇)	中務権少輔　源師能	藤原永光	中書侍郎、風槐之孫枝、露棘之貴種也。
4	九月十三夜同賦月下多軒騎	保安二年(一一二一)	前加賀権守　藤原忠基	弾正少忠　平光俊	員外刺史、早出㆓槐風棘露之枝葉㆒、更韜㆓楊金荊玉之光輝㆒。貴種声価不㆑光㆑古乎。
5	秋夜同賦月明妓女家	長承元年(一一三二)	左少弁　藤原公行	越前少掾　菅原在業	尚書左少丞、出㆓槐棘之貴種㆒、好㆓洙泗之遺流㆒。
6	秋夜同賦月明貴賤家	嘉承二年(一一〇七)～保安元年(一一二〇)	左親衛次将　藤原忠宗	藤原茂明	次将、稟㆓貴種㆒而仕㆓羽林㆒、遥朝㆓東漢三輔之良家㆒。
13	秋夜同賦南北月光明	元永二年(一一一九)前後	治部少輔　源俊隆	藤原惟俊	源侍郎、以㆓槐棘之遺芳㆒、賞㆓叢条之美景㆒。貴種之兼㆓材名㆒也、慕㆓風誉於舜之十六族㆒。
14	暮秋同賦秋景満辺塞	元永二年(一一一九)～保安二年(一一二一)	中務少輔　源忠宗	文章得業生　藤原永範	中書侍郎者、出㆓槐庭棘路之貴種㆒。
15	初冬同賦林園落葉軽	大治二年(一一二七)～同四年(一一二九)	筑前守　藤原公章	民部大丞　藤原忠理	刺史、貴種稟㆑局、既為㆓九棘之孫枝㆒。
16	初冬同賦落葉満楼台	元永元年(一一一八)	散位　藤原某	前文章得業生　藤原国能	藤二千石、伝㆓貴種於紫棘之家㆒。
30	冬日同賦氷為行客鏡	永長～長治年間(一〇九六～一一〇六)前後	少納言　藤原某	主計助　大江家国	藤給事中、出㆓槐棘累代之貴種㆒、期㆓栄晋㆒以不㆑遠。
36	春同賦蔭花調雅琴応教	天喜五年(一〇五七)～康平四年(一〇六一)	参議左中将　源俊房	藤原明衡	相公……伝㆓貴種㆒而重㆓儒術㆒、北海之劉睦同㆑誉。

「『詩序集　下』解題」の表、佐藤道生「『詩序集』成立考」の〔表〕をもとに、一部修正して作成。作品番号は上記の表による。

　こうした様相は同時代の詩序からも確認できる。平安中期から上級貴族の邸宅では詩宴が開催されることが多くなったが、詩序はそうした宴会で詠まれた詩群の序文であり、詩宴の主催者の意向に従って、おおよそ文章生出身の儒者により作成された[26]。したがって、詩序には主催者の上級貴族を褒め称える文言が必ずといってよいほど現れた。「貴種」はそのうちのひとつなのである。たとえば、平安後期の詩序を集大成した『詩序集』[27]（現存するのは下巻のみ）を見てみると、下巻に収められた四六篇の詩序のうち「貴種」の語が見られるものは一〇篇である（表2参照）。一〇五〇～六〇年代に成立した作品番号36を除けば、いずれも一一世紀末～一二世紀初葉に作られたものである。各例の文章を確認すると、「風槐之孫枝、露棘之貴種」（1）、「槐棘之貴種」（5）、「槐庭棘路之貴種」（14）、「貴種稟レ局、既為二九棘之孫枝一」（15）、「伝二貴種於紫棘之家一」（16）「槐棘累代之貴種」（30）など、ほとんど槐（＝大臣）・棘（＝公卿）の語が伴われたことがわかる。特に「紫棘之家」「槐棘累代之貴種」のように、公卿の家、大臣や公卿を代々出してきた家柄の出身者を指す表現が目立つ。これらの表現は前述の「槐門」に通じるものがある。つまり、一一世紀末以後にはいわゆる大臣・公卿の家門の存在が確認でき、その家柄の子孫が「貴種」と称されたといえよう。

　このように見ていくと、36の詩序に出てくる「貴種」もやはり同様に大臣・公卿の家柄の子孫といえるのではなかろうか。実は、この36こそ本節の冒頭で取り上げた史料上の再登場の例である。史料6を見よう。

【史料6】『詩序集』下、36「七言春陪淳風坊水閣同賦蔭花調雅琴応教詩一首幷序」[28]

七言春陪二淳風坊水閣一同賦
蔭花調二雅琴一応教詩一首以レ春一 幷序

淳風坊裏有二一名区一。泉石之幽奇、甲二于天下一之勝境矣。蓋乃源亜相（源師房）賞二風月一翫二花鳥一之地也。爰左親衛相（源俊房）公以二彼家督一、占二棲居於水閣一、開二賞（賓）席於林亭一。雲客風人、乗レ堅駆レ良。依二其招引一、忽以会通。（中略）者艾之輩、各相語曰、相公居二武職一而好二詩章一、東漢之鄧禹比レ名。伝二貴種一而重二儒術一、北海之劉睦同レ誉。（中略）明衡学二藜床一而臨レ老、競二寸陰（ママ）一幾年。沉二李部一而隔レ栄、逢レ春何日。慙課二魯愚一、猥染二楚筆一云尓。

この詩序は文章生出身で文章博士を歴任した藤原明衡が天喜五年（一〇五七）から康平四年（一〇六一）までの間に執筆したものである。[29]明衡は「耆艾之輩」の話を引いて、俊房が「貴種」を伝えながら儒術を重んじて「北海之劉睦」と誉れを同じくしたという。劉睦は北海王に封じられた後漢の宗室であり、[30]村上天皇より三世で具平親王の孫である俊房は天皇の後裔として「貴種」を伝えていると表現された。ここにいう「貴種」は三位以上の子孫というよりも、天皇の血を引いて大臣・公卿を出した村上源氏の家柄を指すものといえる。俊房の孫にあたる師能は「風槐之孫枝、露棘之貴種」（1）といわれ、大臣・公卿の家柄の出身が強調されている。このような理解が正しければ、「貴種」の語が再登場する一一世紀中葉には、大臣・公卿の家門が形成されつつあり、その家柄の子孫が「貴種」と称されるようになったとみることが可能であろう。

（2）「貴種」の家

それでは、当時「貴種」とされた大臣・公卿の家門には具体的にどのような人々の家があったのかを確認していきたい。史料5に登場する覚信は関白藤原師実の子で、[31]覚樹は村上源氏で右大臣源顕房の息子である。『詩序集』下巻に「貴種」と称された詩宴開催者のうち、名前と家系が確認できる人物は八名である。以上の一〇名の家系をまとめて表したのが図1（五八・五九頁）である。彼らは大きく二つのグループに分けられる。ひとつは藤原師輔の子孫、もうひとつは村上天皇の子孫にあたる村上源氏および三条源氏である。前者の場合、最終官位が正二位・右大臣であった藤原師輔以来、数代にわたって三位以上の公卿に到達した人々が続いている。後者も源師房（最終官位は従一位・右大臣）と源基平（最終官位は従二位・参議）に始まり、その子孫も公卿へ進出した。

しかし、大臣・公卿の家とはいっても必ずしもすべての家の構成員が公卿に成り得たわけではなかった。たとえば、藤原公章の父通輔は五位蔵人のまま三六歳で亡くなり、[32]源俊隆の父師隆は正四位下・大蔵卿に止まっていた。[33]こうして公卿への進出が父の代に途絶えた人でも依然として大臣・公卿の家の「貴種」と呼ばれたのは、注目すべき点である。

一方、藤原氏の人々が九世紀に「貴種」と称されたことについては前述したが、この時期には藤原氏の中でも「貴種」と呼ばれる家とそうでない家が分かれていた。後者の諸家の面々を見せてくれるのが史料7である。

【史料7】『玉蘂』安貞二年（一二二八）正月一日条

（前略）右府（九条教実）依レ召参二御所一、謁二女房一。云々〔々カ〕持二参女院拝礼事始一邂逅。美福院（藤原得子）〔門脱カ〕拝礼鳥羽院崩之後。法性寺殿（藤原忠通）不二参給一。七条院（藤原殖子）拝礼、故禅閤（九条兼実）不二参給一。是非二貴種一之国母、上皇無二御同宿一之時、必不レ可レ参故云々。仍此両年併遅参不参也。関白（近衛家実）同不レ被レ参歟。而今年有レ所レ思之上、建春門院（平滋子）拝礼、上皇御熊野之間一所拝礼、故入道（九条兼実）為二右大臣一参給、准二拠佳例一也。加之、北白川院（持明院陳子）雖レ非レ可レ貴。又〔脱有カ〕高倉院崩御後、建礼門院（平徳子）拝礼、故内府（平宗盛）被参、故入道殿御計也。公卿歟〔参カ〕美福・建春・七条・修明（藤原重子）〔門脱カ〕等院等。但前執政人猶不レ可レ参歟。崇重之故也。引二検先例一処、保元三年（一一五八）美福門院拝礼、六条摂政（近衛基実）被レ参。于レ時鳥羽院崩御之後也。

この記事は安貞二年（一二二八）元日に右大臣九条教実が御所に行って女房に会った時、女房が持参した女院への拝礼の先例に関して記したものである。栗山圭子はこの史料に触れて、院政期における女院拝礼の条件は「国母たることと同時に、院との同宿関係にある院正妻であること」であったと論じた。[34]しかし、史料を見てみると、国母が「貴種ではない」点がまず問題とされ、その次に上皇との同宿の如何により、女院拝礼が決定されている。院政期の女院拝礼は院との同宿も重要な条件ではあるが、その前に国母の「貴種」性が重視されたのである。

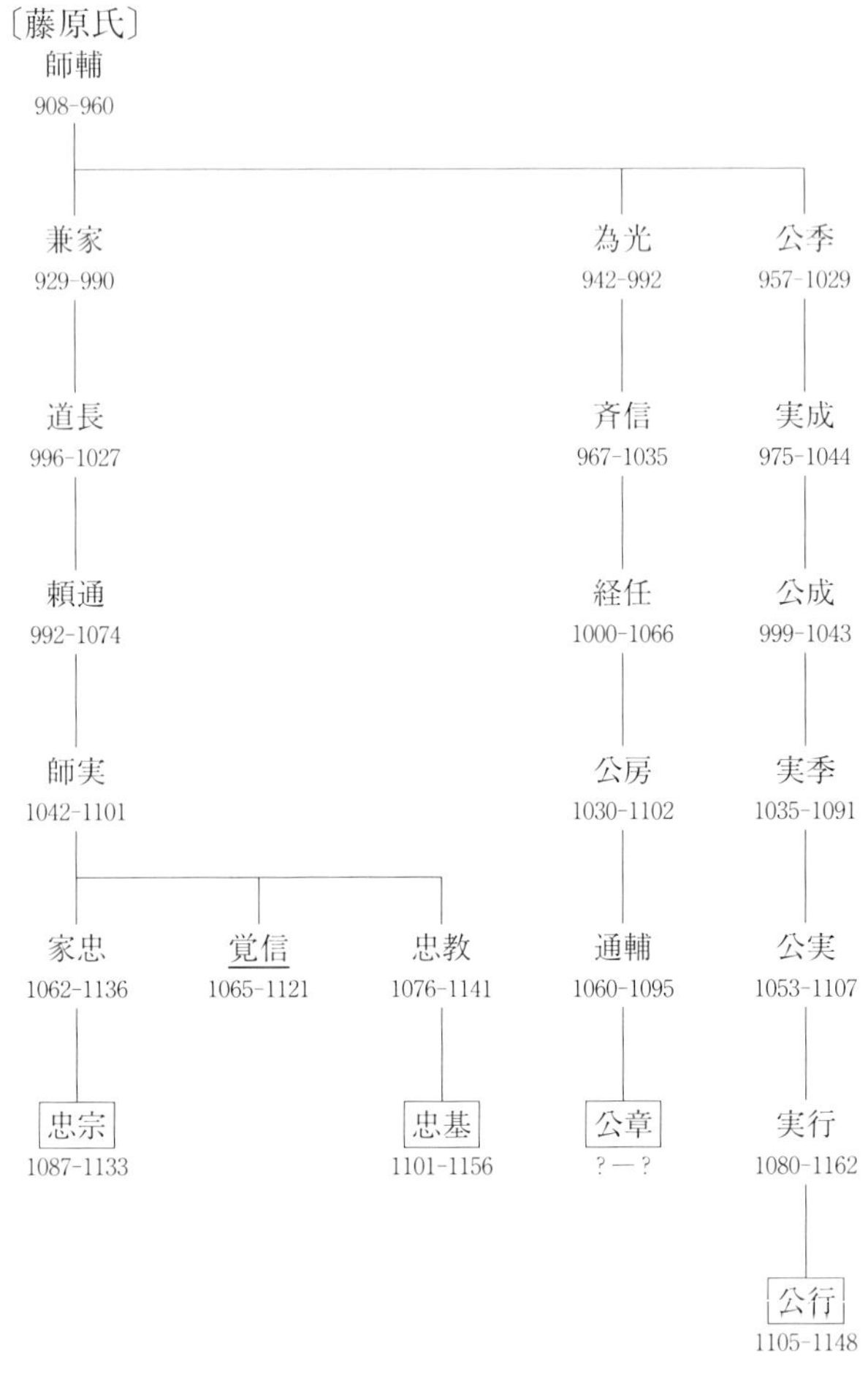

（四角は表２、下線は第二章の史料５に見える、「貴種」とされた人物）

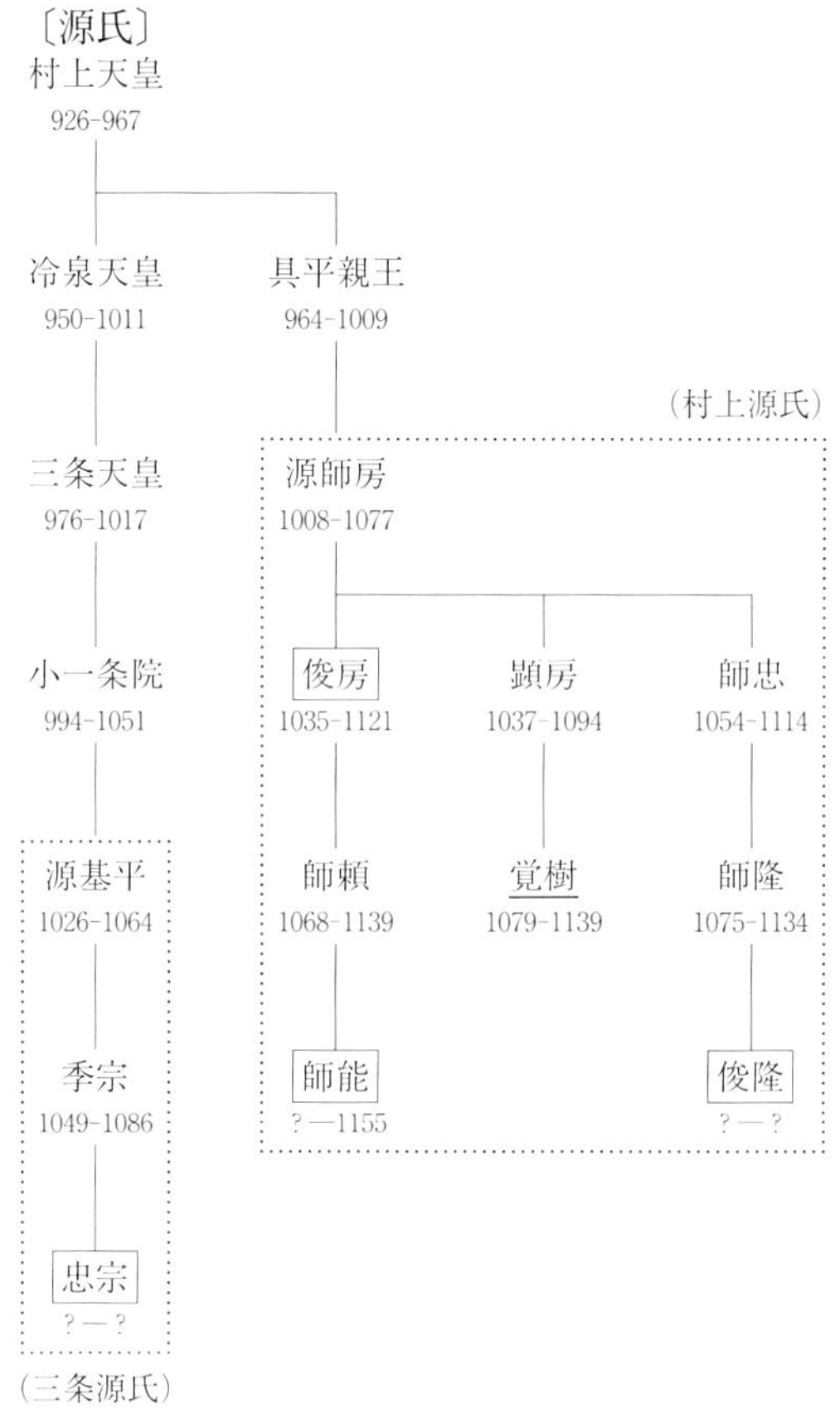
〔源氏〕
村上天皇
926-967
冷泉天皇
950-1011
具平親王
964-1009
(村上源氏)
三条天皇
976-1017
源師房
1008-1077
小一条院
994-1051
俊房
1035-1121
顕房
1037-1094
師忠
1054-1114
源基平
1026-1064
師頼
1068-1139
覚樹
1079-1139
師隆
1075-1134
季宗
1049-1086
師能
?—1155
俊隆
?—?
忠宗
?—?
(三条源氏)

図1　「貴種」関連系図

先例によれば、鳥羽院崩御後の美福門院への拝礼の時、関白藤原忠通は不参したという。また、七条院が国母であった時の拝礼には関白の九条兼実が不参した。国母が「貴種」ではないうえ、上皇と同宿していなければ、拝礼には参らないことになっていたからである。したがって、当時国母であった北白河院に対しても、ここ両年は関白が拝礼に遅参または不参した。ただし、建春門院拝礼と高倉院崩御後の建礼門院拝礼の例に準拠して、安貞二年には拝礼が考慮された。以上で挙げられた人々は、いずれも「貴種」ではないとされた。建春門院・建礼門院は桓武平氏であり、美福門院・七条院・北白河院は藤原北家の人々である。美福門院は末茂流の出身で、「諸大夫女」[35]と呼ばれたように諸大夫の家柄にあたる。一方、道隆流の七条院と頼宗流の北白河院は、系統をたどれば師輔の子孫にあたる。同じ師輔の子孫の中から「貴種」と呼ばれる家とそうでない家が分岐していったのである。

もしそれまで「貴種」と称されなかった家の出身者が公卿に昇り、その子孫が公卿の地位を継承した場合には、新たに「貴種」の称号を獲得することはできたのであろうか。史料8からその状況が推測されよう。

【史料8】『三長記』建久六年（一一九五）一〇月六日条

六日、晴。後聞、今夜日野入道中納言資長（藤原）。入滅。賢息（藤原兼光）昇二黄門一、嫡孫（藤原資実）帯二蘭台一。非二貴種一之外、存日見二此栄光一、且無二先例一。雖レ為二寿幸人之命一、皆有レ終、可レ悲。

藤原資長は北家真夏流に属する日野家の人である。父実光の最終官位は従二位・権中納言[36]であり、父はすでに公卿に列していた。資長も養和元年（一一八一）出家当時正二位・民部卿に達していた[37]。そして、資長の子兼光は寿永二年（一一八三）参議、文治二年（一一八六）権中納言に任じられ、孫の資実は建久元年（一一九〇）には右少弁、同五年には左少弁になった[38]。こうした子孫の栄光を生存中に見ることは「貴種」以外には先例がないとされたのである。この記事によれば、資長は「貴種」ではなく、父の代から息子まで数代にわたって公卿が出されても「貴種」とは称されなかった。

以上、一一世紀後半以後の史料に見える「貴種」の事例から、再び出現した「貴種」の性格の変化を読み取ってみた。九世紀の「貴種」が、三位以上または公卿という父祖の官位を基準とする概念であったのに対し、この時期の「貴種」は特定の家々に限られた。新たに公卿進出の道を開いた家でも「貴種」に仲間入りすることはなかった。「貴種」の地位を固定的に確保した彼らの家系こそ、「「貴種」の家」と称されるにふさわしい家柄であった。

第三節　「貴種」の概念の転換期

「貴種」の家はいつ、どのようにして成立したのか。残念ながら、一〇世紀から一一世紀中葉にかけての史料には肝心の「貴種」の語はほとんど見られず、変化の様相を看取することは難しい。そのため、本節では「貴種」の家の事例をより具体的に分析することによって、「貴種」の家とそうでない家との分岐点、そして「貴種」の新しい概念への転換について、解明することにしたい。

とりあえず、父が公卿に到達していないにもかかわらず「貴種」と呼ばれた藤原公章と源俊隆の例を見てみよう（図1参照）。藤原公章の祖父公房の極官は参議であり、師輔から為光―斉信―経任―公房へとつながる五代の間には大臣または公卿が出現している。[39] ところが、公章の父通輔は五位蔵人のまま二六歳で早世した。公章は五位の子息でありながら依然として「貴種」と称され得たので、為光流は遅くとも公房が参議になった承保二年（一〇七五）頃には「貴種」の家として確立したといえる。源俊隆の場合にも、曽祖父の師房の極官は右大臣で、祖父師忠は大納言に到達した[40]ので、村上源氏の一門が「貴種」の家となった時の下限も、師忠が参議に任じられた承保元年（一〇七四）頃になる。つまり、「貴種」の家の成立は一一世紀中葉と考えられる。

続いて、「貴種」でない家の成立時期を確認したい。史料7によれば、七条院と北白河院は「貴種」でないとされていることが判明する。したがって、七条院と北白河院の家系に注目すべきである（六四・六五頁、図2参照）。

まずは七条院の道隆流から見てみよう。道隆は永観二年（九八四）従三位に叙されて公卿に列し、永祚元年（九八九）には内大臣に任じられた[41]。道隆の子息のうち、伊周は内大臣に任じられ、隆家は正二位・中納言にまで達した[42]。ところが、長徳二年（九九六）花山法皇に矢を射かけた事件や、私に大元帥法を行ったことなどにより、伊周と隆家は左遷されてしまった[43]。二人はその後朝廷に復帰したものの、その子孫から大臣・公卿の輩出は続かなかった。伊周の子道雅は従三位から昇進できず、その子二人は出家した。隆家の子では良頼と経輔、孫には良基が公卿に列したが、それから四位以下を最終官位とする子孫が現れた[44]。経輔の子師信は丹後守・播磨守を歴任したが、正四位上のまま死亡した[45]。師信の子経忠は公卿に列して従二位まで昇ってはいたが、以前に周防守・安芸守・近江守など受領の職を歴任している[46]。その後も信輔は因幡守、信隆は因幡守・伊予守に任じられるなど[47]、道隆流の人々は受領の経歴を重ねていった。おそらく経輔の子息の代、およそ一一世紀中葉には、「貴種」の家から外れた系統が現れたであろう。

次に北白河院は頼宗流より分かれた持明院家の出身である。頼宗は道長の次男で、最終官位は従一位・右大臣である。その子息である兼頼・俊家・能季らは公卿に列したが、俊家の子孫を除いては、子や孫の世代で公卿への進出は続かなかった[48]。俊家の子でも宗俊の家系が代々大臣・公卿を出すのみで、基頼は「嗜二弓馬一、好二鷹犬一、達二武略一」する人物で、陸奥守・鎮守府将軍などに任じられた[49]。子の通基は正四位下・能登守で、通基の子通親や通重も受領に任官した。同じく通基の子で北白河院の父である基家は、公卿になる前には能登守・美作守を経た[50]。基家から始まる持明院家は馬芸・鷹飼・小弓を家業としたというが[51]、これは基頼に由来するものといえる。したがって、北白河院が非「貴種」の国母とされたのは、その家柄が一一世紀中葉において「貴種」から落伍したことによる。

こうしてみると、一一世紀中葉において、大臣ないし公卿を出し続けたことによりそれまで「貴種」と称されてきた家柄の中から、公卿への進出が難しくなった一門は、「貴種」のグループより離脱したといえる。そして、この時期に「貴種」と呼ばれていた「貴種」の家は、公卿への昇進が続かない場合にもその地位を失わなかった。つまり、「貴種」の家から非「貴種」が分離する一一世紀中葉は、「貴種」が家格としての性格を明確化した時期なのである。

何故に「貴種」の家は一一世紀中葉に確定され始めたのか。当時の貴族社会の編成からその経緯を推測してみよう。摂関政治体制の形成に伴って、摂関の子弟を中心とする藤原氏諸流と一部の源氏が、近衛府の上級官職などを経る公卿への昇進ルートを独占したため(52)、「貴種」と呼ばれ得る公卿の子弟も、摂関の子孫と諸源氏に限られるようになった。ところが、摂関・外戚の地位が道長の家系に限定され、天皇の外戚関係とは関係なしに公卿の地位を継承する人々が増えていった(53)。摂関の地位から排斥された道隆流のような家柄の公卿進出は難しくなった一方、摂関と外戚の分離により、外戚関係を持たずに摂関の地位を継承する摂関家、そして外戚として太政大臣への官途を確保する諸家が出現した。公卿進出の様相が変わり、家格が成立して貴族社会が再編されるという状況の中で、摂関家を中心とする大臣・公卿を継承してきた諸門流は、他の上級貴族の家柄とは区別される「貴種」の家と認識され、その家柄にのみ「貴種」の語の使用が限定された。ここで「貴種」は家格の概念へ転換したのである。

そのような意識の発露とみられるのが「凡種」の出現である。「凡種」については第一章でも論じたし、第三章で詳論するが、久安六年（一一五〇）皇后宮権大属に任じられた三善康光に対して、藤原頼長が日記に「其人雖㆓凡種㆒、能知㆓諸国調庸等事㆒、感㆓其事㆒、所㆓奏任㆒也」と記している(54)。これが貴族の日記における「凡種」の初

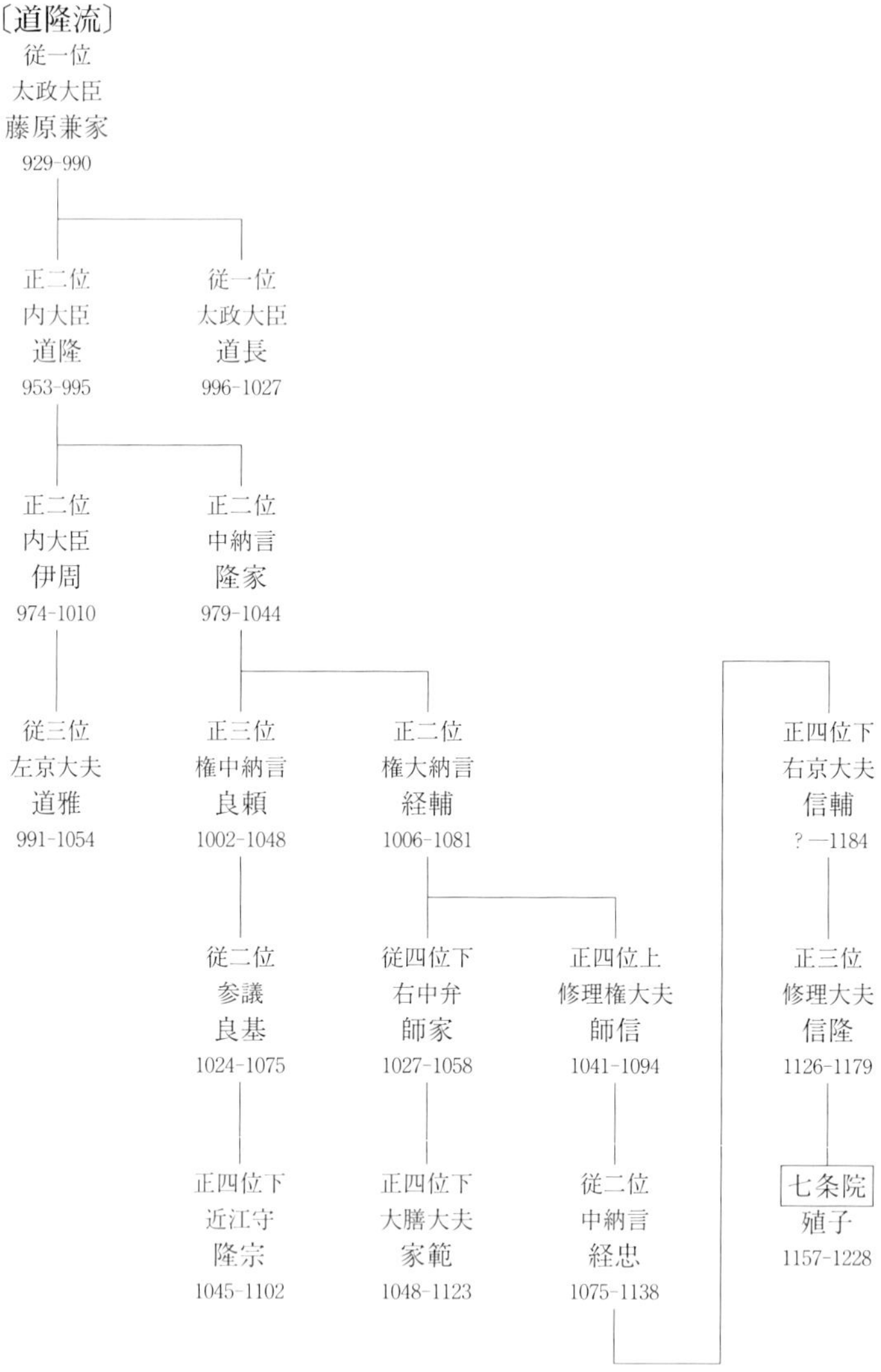
〔道隆流〕
従一位
太政大臣
藤原兼家
929-990
正二位
内大臣
道隆
953-995
従一位
太政大臣
道長
996-1027
正二位
内大臣
伊周
974-1010
正二位
中納言
隆家
979-1044
従三位
左京大夫
道雅
991-1054
正三位
権中納言
良頼
1002-1048
正二位
権大納言
経輔
1006-1081
正四位下
右京大夫
信輔
?—1184
従二位
参議
良基
1024-1075
従四位下
右中弁
師家
1027-1058
正四位上
修理権大夫
師信
1041-1094
正三位
修理大夫
信隆
1126-1179
正四位下
近江守
隆宗
1045-1102
正四位下
大膳大夫
家範
1048-1123
従二位
中納言
経忠
1075-1138
七条院
殖子
1157-1228

頼宗流略系図

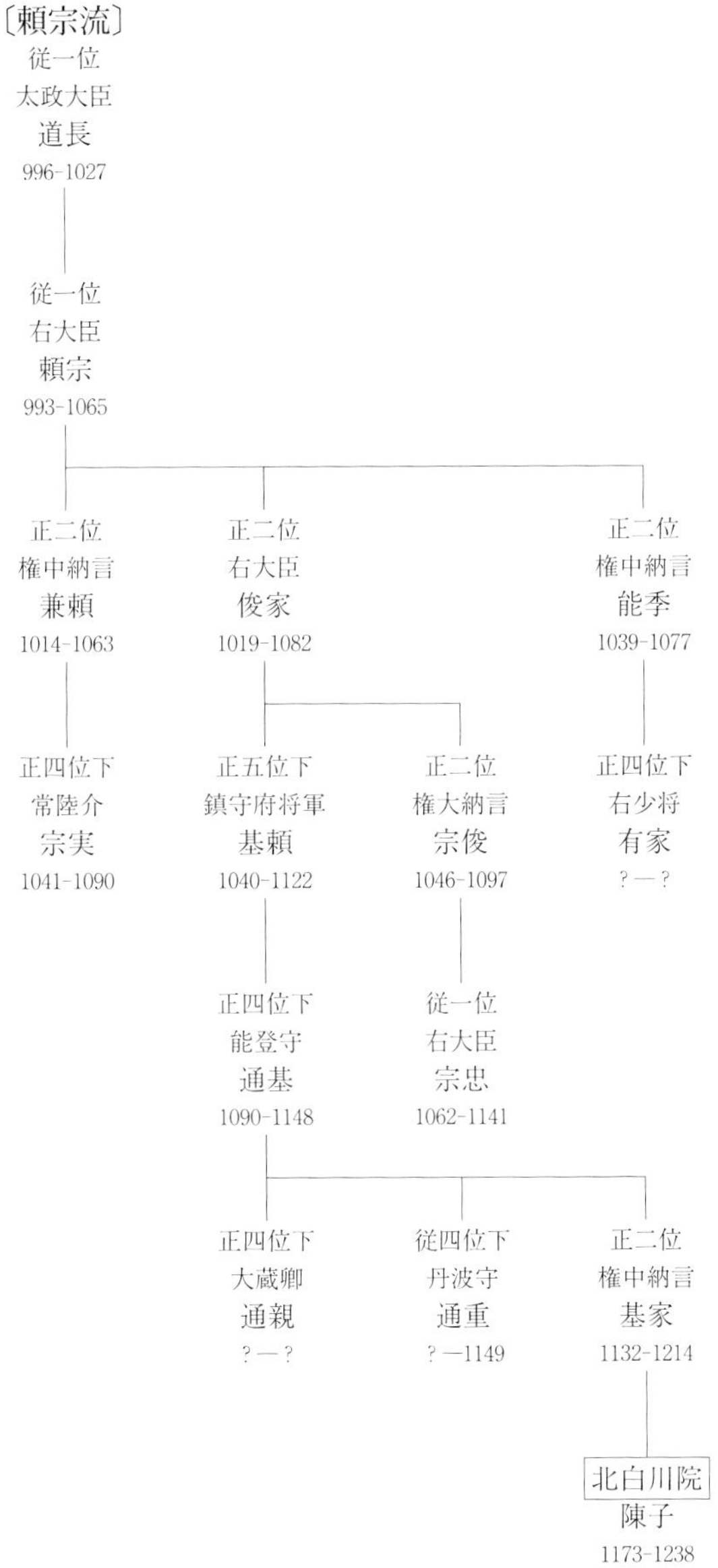
〔頼宗流〕
従一位
太政大臣
道長
996-1027
従一位
右大臣
頼宗
993-1065
正二位
権中納言
兼頼
1014-1063
正二位
右大臣
俊家
1019-1082
正二位
権中納言
能季
1039-1077
正四位下
常陸介
宗実
1041-1090
正五位下
鎮守府将軍
基頼
1040-1122
正二位
権大納言
宗俊
1046-1097
正四位下
右少将
有家
？—？
正四位下
能登守
通基
1090-1148
従一位
右大臣
宗忠
1062-1141
正四位下
大蔵卿
通親
？—？
従四位下
丹波守
通重
？—1149
正二位
権中納言
基家
1132-1214
北白川院
陳子
1173-1238

図２　道隆流・

出と思われる。「貴種」の家の縮小化に続いて「凡種」の語が出現し、さらにそれが摂関家の頼長により用いられている点は、注目すべきである。また、久寿二年（一一五五）、頼長が左大臣・内覧などの辞職表を奉った時、行列には家司の中原広季・藤原知経、職事の源雅亮・藤原憲忠が参加したが、行列での位置は位階を基準とすれば広季・雅亮・憲忠・知経の順になるのを、広季が「凡種」と称して後ろに行く結果となった(55)。このように凡種という家柄が個人の官位より優先される状況がうかがわれる。「凡種」と対をなす一二世紀の「貴種」が、家柄の系統をより強調するものになったのも推測できる。

僧侶の俗世での出身を表すために「貴種」の語が使用されたことについては前述したが、僧侶の「貴種」の初出例として史料5に登場する覚信は、摂関家の子弟であった。覚信は承保元年（一〇七四）一〇歳で興福寺に入り、のちに一乗院院主となったが、その経歴は「摂籙御子御二下-向于当寺一之最初也」「一乗院貴種始」とされた(56)。大治二年（一一二七）「摂政殿（藤原忠通）禅師君（恵信カ）」の法華会竪義について、藤原宗忠は「就レ中末代之仏法、以二貴種一可レ為二貫首一歟。無二其威一者、難レ保之故也」と評したが(57)、ここでも僧侶の貴種は摂関家出身の人を中心に論じられた。一一世紀中葉における「貴種」の家の成立に伴って転換された「貴種」の概念は、ほぼ同時期に、同じく摂関家を中心として、興福寺をはじめとする寺院社会にも持ち込まれたといえる(58)。

すると、ここで「貴種」の家の原型が一一世紀以前に遡って存在した可能性も考えられる。『釈家官班記』には「貴種」すなわち皇子・皇孫・摂関子孫・大臣子孫の昇進次第が臨時受戒・一身阿闍梨・僧綱の順に記されているが、「貴種」の人が一身阿闍梨になる濫觴を尋禅に求めた。尋禅は藤原師輔の男であり、天延元年（九七三）一身阿闍梨になり、同二年には大臣の子の中では初めて僧綱になった(59)。もっとも、『釈家官班記』は文和四年（一三五五）に成立したものなので、一四世紀の史料を根拠に一〇世紀における「貴種」の家を想定するのは難しい。それでも、尋禅を「貴種」の初例として取り上げた『釈家官班記』の記述は、摂関期を中心とする「貴種」

の家の系統が藤原師輔の子孫から芽生えたということを示しているように思われる。

要するに、「貴種」の語が上級貴族の家格を意味し、特定の門流に限られるようになったのは、一一世紀中葉以後のことであった。「貴種」の家の成立は忠平以降の藤原北家による摂関の継承に端を発し、その原型は一〇世紀中葉にまで遡及することもできよう。こうした概念の転換は摂関家の動向と密接に関わっていたのである。

おわりに

以上、本章では「貴種」という言葉の出現と歴史的変遷について検討してみた。「貴種」は王臣家の台頭と時を同じくして九世紀に初めて出現した。それは、臣下としての貴族官人の官位秩序に基づいて、三位以上ないし公卿の子弟を意味する表現であった。親王・内親王や源氏も「貴種」と呼ばれていたが、それは天皇の血を引くことにより付けられた称号ではなかった。つまり、「貴種」は古代から始まり、平安貴族社会の形成に伴って現れた概念であった。

一〇世紀に入って王臣家の勢力は初期権門に発展し、藤原氏と源氏を中心とする平安貴族社会が編成され、公卿に昇る人々もほとんど藤原氏と源氏に集中されていった。一一世紀中葉以後、「貴種」の語は家格としての性格を帯びるようになり、摂関家をはじめとする限られた少数の家柄のみが「貴種」と称された。中世貴族層の家格とされる公達・諸大夫に比べてみると[60]、「貴種」の家は諸大夫層を含まないのはもちろん、公達家の範囲とも一致しないことがわかる。公達と公達家については第四章で詳論するが、この時期の「貴種」は、王家や摂関家など中世権門貴族の身分として定着するのである。権門の身分としての「貴種」は、貴族社会のみならず、他の権門勢力でも共有される身分構成の要素であったと考えられる。寺院社会における僧侶の「貴種」の存在からも、その様相がうかがわれる。ただ、ここで武家権門の貴種が問題となる。
貴種の語は武家の棟梁・将軍や武士の身分を論じる際に頻繁に使用される言葉でもある(61)。武家権門は中世権門体制を構成する勢力のひとつで、その成立は古代から中世への転換期の中で重要な出来事である。これまでの研究では、武家の貴種を貴族社会の秩序とは無関係のものとみなしたり、貴族の身分に依拠しながら相対化された概念として理解したりしてきた。これもまた、貴族社会の貴種との関係を十分に考慮して、総合的な理解を求めるべきである。

ところが、本章の検討によれば、平安時代を通して「貴種」と称されるような武士は存在しなかったといえる。実際、平安時代の史料には武士を「貴種」と称した例は見られず、平家や源氏将軍家も、貴族社会の基準からすれば「貴種」の名称を得ることはできない。武家の棟梁や将軍の家柄の尊貴性が貴族社会の身分秩序とは異なる相対的な基準によるものであるとすれば、中世社会における武家権門の位置づけ、そして、将軍家の家格、他権門との身分関係についても考察する必要がある。これらの問題点は今後の課題として検討していきたい。

（1）黒田俊雄「中世の身分制と卑賤観念」（同『黒田俊雄著作集　第六巻　中世共同体論・身分制論』法蔵館、一九九五年、初出一九七二年）一九一～一九五頁、同「中世の身分意識と社会観」（同書、初出一九八七年）二四四～二四七頁。
（2）髙橋昌明「中世の身分制」（同『中世史の理論と方法――日本封建社会・身分制・社会史』校倉書房、一九九七年、初出一九八四年）一三〇～一三二頁。
（3）橋本義彦「源氏物語の舞台」（同『平安貴族』平凡社、一九八六年、初出一九七五年）一四頁。
（4）宇根俊範「律令制下における改賜姓について――朝臣賜姓を中心として」（『史学研究』一四七、一九八〇年）一三頁。同「氏爵と氏長者」（坂本賞三編『王朝国家国政史の研究』吉川弘文館、一九八七年）六七頁。
（5）橋本義彦「貴族政権の政治構造」（同注（3）前掲書、初出一九七六年）一〇二～一〇四頁、宇根注（4）前掲論文「律令制下における改賜姓について」一三頁。

(6) 服藤早苗「元服と家の成立過程――平安貴族の元服と叙位」（同『家成立史の研究――祖先祭祀・女・子ども』校倉書房、一九九一年、初出一九八九年）二八七頁、米田雄介「貴種になった藤原氏」（『本郷』四一、二〇〇二年）二八頁。

(7) 桃裕行「平安時代初期の大学寮の状態」（同『桃裕行著作集一　上代学制の研究〔修訂版〕』思文閣出版、一九九四年、初出一九三七年）九三頁、古藤真平「文章得業生試の成立」（『史林』七四―二、一九九一年）六六頁。

(8) 『内裏式』の末尾に、弘仁一二年（八二一）正月三〇日付で「文章博士従五位下兼行大内記桑原君公腹赤」（弘仁一三年桑原公より都宿禰に改姓）とある。前任の文章博士菅原清公が同年式部大輔に転じた（『続日本後紀』承和九年〈八四二〉一〇月丁丑条）ことから、腹赤は弘仁一二年正月に就任したと推定される。ちなみに、腹赤は天長二年（八二五）に亡くなった（『日本紀略』天長二年七月七日条）ので、牒は八二一～八二五年の間に作成されたことになる。

(9) 『唐会要』巻七七、貢挙下、宏文崇文生挙、開元二六年（七三八）正月八日勅。

(10) 「高才未㆓必貴種㆒、貴種未㆓必高才㆒」という文章表現の出典は不明であるが、『文選』に「高才而無㆓貴仕㆒」（巻五四、論四、劉孝標「辯命論」）「有㆓大才㆒而無㆓貴仕㆒」（巻一〇、紀行下、潘安仁「西征賦」）という文章が見られるので参考になる。ここにいう「貴仕」は高い官職に就くことを意味し、やはり高位高官に関わる表現である。

(11) 『史記』巻一一〇、匈奴列伝。

(12) 『魏書』巻八八、王慧龍伝。太原王氏の名門大族としての性格については、守屋美都雄『六朝門閥の一研究――太原王氏系譜考』（日本出版協同、一九五一年）二八～二九頁参照。

(13) 『旧唐書』巻八九、狄仁傑伝。

(14) 『旧唐書』巻一〇九、李多祚伝。

(15) 『本朝文粋』巻五にも収録された。

(16) 米田注(6)前掲論文、二七～二八頁。

(17) 『本朝文粋』巻五にも「同第二表」の題目で収録された。

(18) 『公卿補任』昌泰二年（八九九）条。

(19) 『藤氏家伝』下巻、武智麻呂伝。『続日本紀』天平宝字元年（七五七）閏八月壬戌条。

(20)『日本紀略』延暦一一年（七九二）九月丙戌条。
(21)『扶桑略記』元慶四年（八八〇）八月三〇日条。『続日本後紀』承和六年（八三九）正月庚申条。『日本三代実録』貞観一四年（八七二）八月二五日・元慶三年（八七九）一一月二五日条。
(22)『日本三代実録』元慶三年（八七九）三月二三日条。
(23)『日本後紀』大同元年（八〇六）八月壬午条。
(24)桃注(7)前掲論文、八五～八六頁。岸野幸子「文章科出身者の任官と昇進――蔵人との関係を中心に」（『お茶の水史学』四二、一九九八年）八三頁。
(25)『中右記』承徳二年（一〇九八）一〇月三〇日条。
(26)佐藤道生「詩序と句題詩」（同『平安後期日本漢文学の研究』笠間書院、二〇〇三年、初出一九九八年）一七三～一七四頁。
(27)宮内庁書陵部所蔵。下巻のみの残欠本で、貞和五年（一三四九）の写本である。収録された作品の執筆時期の下限である長承元年（一一三二）秋からさほど隔たらない頃に成立したとされる。影印本が宮内庁書陵部により一九七五年公刊された。『詩序集』については、影印本巻末の解題および、佐藤道生「『詩序集』成立考」（佐藤注(26)前掲書、初出一九八五年）を参照。
(28)『本朝続文粋』巻九、詩序中にも「明衡朝臣蔭花調雅琴詩序一首」の題で収録されている。
(29)佐藤注(27)前掲論文では、この詩序の成立時期の上限を天喜六年（一〇五八）としている。それは源俊房の参議任官日を天喜五年三月三〇日とする『公卿補任』の記載によると思われる。確かに『公卿補任』の宮内庁書陵部所蔵本（国史大系本の底本）には「三月卅日任」とあるが、三条西家本と九条家本には「二月卅日任」となっており、『中右記』保延二年（一一三六）正月一八日条に「天喜五年二月廿二日除目始、（中略）卅日入眼」と見えるので、俊房は天喜五年二月三〇日参議に任じられたことになる。三月三〇日に任官したとすれば、春の詩会は翌年の天喜六年を上限と推定されるが、二月三〇日となったら天喜五年三月に詩会が開催された可能性もあるので、ここでは詩序作成時期の上限を天喜五年とする。
(30)『後漢書』巻一四、宗室四王三侯列伝。

(31)『尊卑分脈』摂家相続孫、覚信。
(32)『中右記』嘉保二年（一〇九五）四月二四日条。
(33)『尊卑分脈』村上源氏、師隆。
(34)栗山圭子「中世王家の存在形態と院政」（同『中世王家の成立と院政』吉川弘文館、二〇一二年、初出二〇〇五年）二一三～二一五頁。
(35)『台記』康治三年（一一四四）正月一日条。
(36)『公卿補任』天養元年（一一四四）前権中納言従二位藤実光。
(37)『玉葉』治承五年（一一八一）二月二七日条。
(38)『玉葉』寿永二年（一一八三）一二月一〇日条。『公卿補任』文治二年（一一八六）権中納言従三位藤兼光・建仁元年（一二〇一）参議正四位下藤資実。
(39)『中右記』康和四年（一一〇二）八月二九日条。『尊卑分脈』為光公孫。
(40)『公卿補任』延久元年（一〇六九）右大臣正二位源師房・康和二年（一一〇〇）大納言正二位源師忠。
(41)『公卿補任』永観二年（九八四）非参議従三位藤道隆。『小右記』永祚元年（九八九）二月三日・同月二三日条。
(42)『公卿補任』正暦五年（九九四）内大臣正三位藤伊周、長久五年（一〇四四）前中納言正二位藤隆家。
(43)『小右記』長徳二年（九九六）四月二四日条。
(44)『尊卑分脈』道隆公孫。
(45)『後二条師通記』寛治二年（一〇八八）一一月二五日条。『中右記』寛治五年（一〇九一）一月一二日・同八年（一〇九四）正月一〇日条。
(46)『中右記』寛治四年（一〇九〇）一一月一七日・承徳二年（一〇九八）七月九日条。『殿暦』元永元年（一一一八）閏九月一一日条。
(47)『兵範記』久安五年（一一四九）一〇月二日条。『公卿補任』仁安三年（一一六八）非参議従三位藤信隆。
(48)『尊卑分脈』頼宗公孫。
(49)『尊卑分脈』頼宗公孫、基頼。『中右記』長治元年（一一〇四）五月二日条。『尊卑分脈』によれば越前守・能登守・

常陸介任官の経歴も見られる。
(50)『公卿補任』承安二年（一一七二）非参議従三位藤基家。
(51)『尊卑分脈』頼宗公孫、基家。
(52)笹山晴生「平安前期の左右近衛府に関する考察」（同『日本古代衛府制度の研究』東京大学出版会、一九八五年、初出一九六二年）二二九～二三五頁。橋本注(5)前掲論文、一〇七～一〇八頁。
(53)元木泰雄「摂関政治の衰退」（同『院政期政治史研究』思文閣出版、一九九六年、初出一九九四年）七六～七八頁。
(54)『台記』久安六年（一一五〇）一二月二四日条。
(55)『台記』久寿二年（一一五五）四月二七日条。
(56)『大乗院日記目録』一、承保元年（一〇七四）条。『簡要類聚鈔』第一（『一乗院文書（抄）——京都大学国史研究室蔵』京都大学国史研究室、一九八一年）、院主次第。『興福寺別当次第』巻一、覚信大僧都。
(57)『中右記』大治二年（一一二七）一〇月三日条。
(58)横内裕人「仁和寺御室考」（同『日本中世の仏教と東アジア』塙書房、二〇〇八年、初出一九九六年）四三頁でも、一一世紀末より権門化する寺院が世俗権力と結合し、貴族社会の家格編成が寺院社会に持ち込まれたと論じられている。
(59)『釈家官班記』下巻、貴種昇進次第、一身阿闍梨事。『僧綱補任抄出』上、天延二年（九七四）、尋禅。
(60)玉井力「「院政」支配と貴族官人層」（同『平安時代の貴族と天皇』岩波書店、二〇〇〇年、初出一九八七年）八二頁。
(61)たとえば、安田元久は『吾妻鏡』治承四年（一一八〇）八月二六日条の三浦義明の発言を挙げて、源家の嫡流を貴種として尊重する当時の現象から、河内源氏の貴族的性格を指摘している（「武士団の形成」『岩波講座日本歴史四　古代四』岩波書店、一九六二年、一五八～一五九頁）。上横手雅敬も、同じ記事から貴種が単なる血統の高貴さを意味するものではなく「中央国家の然るべき地位についた経験がある」棟梁の門閥の出身者であるとみた（「鎌倉幕府と公家政権」〈同『鎌倉時代政治史研究』吉川弘文館、一九九一年、初出一九七五年〉五頁。はかにも川合康「武家の天皇観」〈同『鎌倉幕府成立史の研究』校倉書房、二〇〇四年、初出一九九五年〉、野口実「豪族的武士団の成立」〈元木泰雄編『日本の時代史七　院政の展開と内乱』吉川弘文館、二〇〇二年〉など、頼朝と武家の棟梁の貴種性に関わる論考は枚挙にいとまがない。

補論一　「蔭子孫」から「貴種」へ

はじめに

身分とは、一般的には「個人の社会的な位置や階級」を意味する言葉であり、前近代社会においては「世襲によって固定化された生得的な社会的地位」であり、それゆえに「きわめて閉鎖的・固定的」であったと定義される(1)。社会的地位は血統・家柄のような生来的要因によって決められ、世襲性・閉鎖性という特徴を持つ。たとえば韓国の古代社会の場合、支配身分層である貴族たちは官等や官職などの装置によって政治的地位を保障された(2)。日本の前近代社会においても、階級関係が政治的または国家的秩序として固定された階層的秩序の中で、生まれた時から政治的・社会的人間の区別としての身分が厳格に決定されていた(3)。政治権力者または支配層により強制された身分差別は、古代国家の形成過程を通して、法により定着していった(4)。すなわち、古代日本の身分秩序は、国家による法制的な関係として存在し、律令体制によって完成した形で定着したのである。その身分秩序は、まず律令国家の首長である天皇を頂点として、皇子や諸王、諸臣、百官人、そして天下の公民で構成され、その秩序から排除された特殊の身分として賤民がいた(5)。また、王権に奉仕・服従しながら天皇との人格的結合を形成した支配階級は、君主に忠誠を尽くし、功績を上げることによって位階を与えられ、位階を有したいわゆる有位者集団が家職を占有した。彼らは位階をもたない白丁、すなわち一般公民の身分とは明確に区別された(6)。つまり、古代日本においても、支配層の地位は位階と官職という装置で保障されていたといえる。

有位者集団の内部にも、位階による身分差別が存在した。令に規定された位階は、親王の場合、一品から四品まで、臣下は正一位から少初位下までの五〇等級に分化されるが、そのうち、三位以上（従三位まで）は「貴」であり、五位以上（従五位下まで）は「通貴」、すなわち貴に通じるとみなされた。

位階を持つ者には政治・経済・身分的特権が与えられたが、なかでも通貴は位田・位分資人を賜り、貴はそれに加えて位封・職田・職封・職分資人などを支給された。ほかにも貴や通貴およびその家族に対する減刑や贖罪、課役の免除などが行われ、貴・通貴の子や貴の孫が二一歳になれば父祖の位階に合わせて所定の位階に昇れるという蔭位制が施行された。そして、貴は五位以下の官人を家令とし、家政を担当させることができた。こうして六位以下の官人と五位以上の通貴との間に懸隔な差異があったのはもちろん、貴の集団も、通貴とは区別される社会的身分層であったことがわかる(7)。

ところで、位階は、先述のように、王権に奉仕しつつ天皇との人格的な結合をなした個人としての官人に与えられたものであった。そのため、血統・家柄のレベルで政治的・社会的地位を有する支配層の身分を表す指標として使われるには、あいまいなところがある。多くの研究者たちは政治・経済・社会の面において特権を保有する律令国家の支配層を「貴族」と呼んでいるが、その範囲をどう規定するかについては、三位以上を「貴」、五位以上を「通貴」とする律令の規定および法令解釈に関連付けて、「五位以上」とみるのが一般的である。

しかし、関晃は次のように指摘している。五位以上の官人の妻や子息、兄弟らが五位以上の位階を有していないからといって貴族ではないというのは難しい。また、五位以上の官人と同じ氏姓を持つ同族の人たちは、その官人に与えられた特権や恩恵を氏族全体で共有するため、貴族に該当するというのである。そこで、関は貴族を定義する際に、個人に対しては五位以上という基準が適用できるが、階層全体に注目する場合には「五位以上の官人を出す資格を認められた氏族群を貴族層として」把握した(8)。個人を対象とする位階をもって階層の範囲が規定されることによって、そのような若干の問題が生じるのである。

ところが、日本の古代社会の人々も、特定の身分集団を指して、個人に与えられた位階やそれに関わる用語を使用した。その代表的な例として「諸大夫」が挙げられる。諸大夫は律令国家の官位制度に基づいた呼称であり、もとは公卿を除く四位・五位を有する人々の総称であった。しかし、一〇世紀以後、貴族の階層が分化する過程を経て、諸大夫は摂関家などの権門に代々家司として奉仕し、四位・五位に到達し得る特定の家々を指す家格の名称として、用いられるようになった(9)。こうして中・下級貴族出身にして受領を歴任した人物たちが「諸大夫」と呼ばれたが(10)、受領の中には六位の官人もいた。彼らは個人としては四位・五位ではないものの、四位・五位に到達するような家柄の出身なので、そのように呼ばれたのである。なお、一二世紀に院近臣として上皇に寵愛された諸大夫出身の公卿は摂関家の人により蔑視され、鳥羽天皇の皇后である美福門院も「諸大夫の女」であることにより蔑まれた(11)。三位以上の位階に昇ったり、皇后の地位にいたりしても、依然として「諸大夫」と呼ばれたように、諸大夫は個人の地位とは結び付かなくなってきている(12)。

しかも、国家レベルで身分秩序を法的に制度化する方式である位階制にも、九〜一〇世紀に入って変化が現れた。六位以下の位階は形骸化し、律令に規定されていない令外官が設けられ、官司や官人組織が再編されるようになり、叙位・昇進の制度も官職を中心とした年功序列の方式へと変化した(13)。そして、いくつかの特定の官職を経て公卿へと昇進するコースが形成される。こうしたコースを踏まえる限られた家々を中心軸として、貴族官人たちの地位が家柄を単位として序列化したもの、すなわち家格が出現した(14)。こうして新しく再編された貴族社会では、位階より官職の方に重点が移され、慣習や先例によって身分が規定されることによって、以前のように単に位階を基準として身分を仕切ることは難しかった。

このように、一〇世紀前後、個人の地位や位階よりは家の格付けや官職に重点が置かれる、という社会の変化が発生し、それによって、まだ法的には規定されてはいなかったが、家柄ないし血統による身分階層が発生したであろう。実際に存在していた身分階層を指す新しい身分用語が用意される必要があったのであろう。本章はそのような身分用語が登場する状況を捉えて、当時の社会が変化していった様相を解明することを目的とする。特に、本章で注目するのは支配層の上層部に該当する集団を指す身分名称である。まずは律令体制における支配層集団に対する身分名称の実態を確認し、名称そのものや、その対象がどのように変化するかを調べることにする。こうした作業を通して、古代から中世へと移行する日本社会の身分秩序の変化について考察を行う。

第一節　蔭位制と蔭子孫

蔭位制とは、皇親の子孫、そして一位から五位までの位階を持つ官人（貴・通貴）の子孫に対し、父祖の位階に応じて蔭位を授ける制度である。王権をめぐる特権層にあたる畿内の豪族、そして地方の豪族たちは、七世紀中葉以後まで、私的に土地と人民を支配し、専門の職掌を世襲することによって、自分たちの地位を維持していた。天武天皇以後の王権は、豪族による土地と人民の私有、職制の世襲を否定し、彼らを律令的官人として官僚制度の中に組み込もうとした(15)。その一方、王権側は中国の律令における制度的装置を活用して、彼らが享有してきた特権を規定しようとした。そのような制度の一つが蔭位制なのである。

蔭位制という制度自体は、大宝律令によって初めて定められたといわれるが(16)、大宝元年（七〇一）以前にも地方豪族に対する「蔭人」の名称が確認される。一九九一～九二年に発掘調査が行われた滋賀県野洲市の湯ノ部遺跡から、側面に「丙子年十一月作文記」と書かれた木簡が出土した。「丙子年」は、一緒に出土した遺物の年代などからみて六七六年と推定されるという。木簡には牒の文章が記されているが、その牒には「蔭人」の語が二回登場し、「久蔭不㆑潤」という表現も出てくるが、ここでいう「蔭人」については、『日本書紀』天武天皇五年（六七六）四月辛亥条に見える地方豪族の出身法に関する勅に関わって、地方豪族の出身法を「蔭」と呼んだ可能性があるという説が提起された(17)。

当該勅には「外国人欲㆓進仕㆒者、臣・連・伴造之子及国造子聴㆑之。唯雖㆓以下庶人㆒、其才能長亦聴㆑之」とあり(18)、外国（畿内の外の地域）の豪族の子に対する出仕の規定が定められた。これより三年前には「夫初出身者、先令㆑仕㆓大舎人㆒。然後、選㆓簡其才能㆒、以充㆓当職㆒」という官人の出身法が決められた(19)。つまり、地方の臣・連・伴造・国造の子は、その氏族の「蔭」によって中央の官職への進出を許されたことがうかがえる。もちろん、畿内豪族の子弟の方がもっと容易に出仕できたであろう。また、ここでいう「蔭」や「蔭人」は官人になれる資格とその対象を指すのであり、位階を基準とした蔭位制にまでは発展していなかった。

蔭位制の規定は、選叙令の蔭皇親条と五位以上子条に見られる(20)。これに基づいて皇親と貴・通貴の子孫に与えられるべき蔭位を表でまとめたのが次の表1・表2である。ただし、皇親の子息に対しては、令の条文に関わらず、別勅によって蔭位を授ける措置が可能であった。なお、蔭によって出身する場合には、いずれも二一歳以上を年限とした(21)。

選叙令によれば、初位以上の長上官に対して毎年一回の考が定められ、六年間の考課内容によって進級が行われて、その位階と連動する官職に任命されることができた。ただし、四等級以上の進級や五位以上への到達の場合、奏聞して別途の方式をもって叙位するようにした。五位以上には考課の結果によって進級すべき位階を決め

表１　『令義解』選叙令35蔭皇親条に見える皇親および五世王の子弟の蔭位

皇親		嫡子	庶子
親王		従四位下	
諸王	二世王	従五位下	
	三世王		
	四世王		
（非皇親）	五世王	正六位上	正六位下

表２　『令義解』選叙令38五位以上子条に見える五位以上官人の子孫の蔭位

官人	嫡子	庶子	嫡孫	庶孫
一位	従五位下	正六位上	正六位上	正六位下
二位	正六位下	従六位上	従六位上	従六位下
三位	従六位上	従六位下	従六位下	正七位上
正四位	正七位下	従七位上	—	—
従四位	従七位上	従七五下	—	—
正五位	正八位下	従八位上	—	—
従五位	従八位上	従八位下	—	—

るような結階の法がなかったからである[22]。また、五位以上の位階は勅授とされた[23]。機械的に昇級が行われる六位以下の位階とは異なって、五位以上は特別扱いされた。蔭位を受ける人々は、初位から始まる一般官人に比して五位への到達にかかる期間が短くなるため、父祖と同じく五位以上の優遇を享受するようになる可能性がもっと大きかった。

蔭位制が成立した八世紀以後、「蔭子」と「蔭孫」という名称が文書などに見られるようになった。竹内理三は、蔭位制により蔭位を授かる資格を持つものを蔭子・蔭孫とした[24]。ところが、野村忠夫は「蔭子孫」（蔭子・蔭孫）という言葉の定義に疑問を抱き、多くの研究者たちは蔭子孫と蔭位資格者との内容の差異を明確に区別していないことを指摘した[25]。

野村は、三位以上の官人の孫に与えられる最低の蔭位が正七位上なのに対して、正倉院文書の天平勝宝元年（七四九）八月以来の「経師上日帳」に式部省の「蔭孫」として登場する鬼室小東人と若桜部梶取の最初の位階が少初位上であることから[26]、「蔭孫」の範囲には四位・五位の官人の孫も含まれるとみた。『令集解』選叙令・五位以上子条注所引の延暦一九年（八〇〇）四月一〇日太政官奏を見てみると、令の条文には、三位以上の蔭が孫に及べば子の蔭位より一等級を下げて適用するとあるが、ただ「四位蔭孫」は五位（の蔭孫）と同様なので、四位も爵号が高いからには四位官人の孫にも蔭を賜るべきであるとされた[27]。野村は、この太政官奏の中の「四位蔭孫」が、蔭位を適用される孫ではなく、蔭の範囲内にある孫という意味であり、ほかにも律令に見える蔭子孫の規定を分析したうえで、「蔭子孫」が蔭位資格者を中心とした五位以上の子・孫を指す名称とみなした[28]。ちなみに、「蔭孫」若桜部梶取は、川村福物の推薦によって経所の校生に任じられた[29]。

五位以上の官人とその一族を社会支配層・特権層の「貴族」であるとすれば、その地位を継承するようになる子息や孫たちを指す蔭子孫が貴族の身分を表す言葉として認識される余地もあろう。しかし、前述のように、制度上蔭位を授からない四位・五位の官人の孫でも「蔭孫」と呼ばれ、蔭子孫の中には蔭位による地位継承が保障されない人々も含まれている。「元来個人を対象とした位階に基づく貴・通貴身分が、父や祖父の蔭により授位される蔭位制によって再生産を保障される仕組み[30]」であっても、蔭位を受けられない蔭子孫もまた存在していたのである。つまり、「蔭子孫」の範囲が、特権を世襲したり位階を継承したりするような集団と完全には一致しない。

上掲の史料上の例からわかるように、蔭子または蔭孫は、個人の名前の前に付く呼称、もしくは四位官人の蔭孫のように父・祖父との関係を表すための言葉であった。蔭子孫と呼ばれた人々は、地位を世襲する官人の血を引くものに限られ、特権層の一員としての性格が強いが、そのような特権階層や集団が「蔭子孫」と名付けられることはなかったのである。

第二節　文章生の選抜と「貴種」概念の出現

蔭位制は、大宝律令の施行当時においては、三位以上の官人の子孫、そして四位・五位の官人の子を対象として蔭位を与える制度であった。こうした規定は、延暦一四年（七九五）一〇月八日太政官符により再び確認された(31)。ところが、延暦一九年（八〇〇）四月一〇日、太政官は四位の「蔭孫」にも、四位官人の子の蔭位から四等級を降した蔭位(32)を与えて「庶使二冠蓋異一レ等、尊卑別レ次」と上奏し、桓武天皇の裁可を得た(33)。この措置は、蔭位資格の範囲が四位官人の孫にまで拡大されるという結果を生み、中級貴族官人層の出身を有利にさせた(34)。しかし、そのため、かえって貴と通貴との差別性は多少あいまいになってきた。

そのようななかで、九世紀に入ると、当時の文章の中から「貴種」という言葉が出現する。実は、貴種は蔭位資格者および蔭子孫の概念と深い関わりがあることがうかがわれる。まずは、文献史料における「貴種」の用例のうち、最も早い例にあたる史料に触れてみたい。

【史料1】『本朝文粋』巻二、官符、天長四年（八二七）六月一三日太政官符

太政官符

応下補二文章生幷得業生一復中旧例上事　格

右得二式部省解一偁、大学寮解偁、文章博士正五位下都宿禰腹赤牒偁、天平二年（七三〇）三月廿七日格偁、文章生廿人、簡三取雑任及白丁聡恵〔慧〕一、不レ須レ限二年多少一者。而省去弘仁十一年（八二〇）十二月八日符偁、太政官去十一月十五日符偁、案二唐式一、照〔昭〕文・崇文両舘学生、取二三品已上子孫一、不レ選二凡流一。今須下文章生取二良家子弟一、寮試二詩若賦一補レ之、選二生中稍進者一、省更覆試、号為二俊士一、取二俊士翹楚者一、為中秀才生上者。今謂二良家一、偏拠二符文一、似レ謂二三位已上一。縦果如二符文一、有レ妨二学道一。何者、大学尚レ才之処、養レ賢之地也。天下之俊咸来、海内之英並萃。游夏之徒、元非二卿相之子一。楊馬之輩、出レ自二寒素之門一。高才未二必貴種一、貴種未二必高才一。且夫王者之（ママ）用レ人、唯才是貴。朝為二廝養一、夕登二公卿一。而況区区生徒、何拘二門資一。窃恐悠悠後進、因レ此解体。又就レ中文章生中、置二俊士五人秀才二人一。至二于後年一、更有二勅旨一、雖レ非二良家一、聴レ補二之俊士一者。良家之子、還居二下列一。立レ号雖レ異、課試斯同。徒増二節目一、無レ益二政途一。又依レ令有二秀才進士二科一。課試之法、難易不レ同。所以元置二文章得業生二人一、随二才学之浅深一、擬二一科之貢挙一。今専曰二秀才生一、恐応レ科者稀矣。望請、俊士永従二停廃一、秀才生復二旧号一、選二文章生一、依二天平格一。謹請二処分一者。寮依二解状一、申二送省一。省依二解状一、請二官裁一者。正三位行中納言兼右近衛大将春宮大夫良峯朝臣安世宣、奉レ勅、依レ請。(35)

この官符には大学寮の解が引用されている。古代日本の律令国家では、唐の太学などをモデルとして中央の大学と地方の国学という教育機関を設置して学生たちを教育し、その実力を評価して官吏として登用する制度を運営していた(36)。

試験による官吏選抜の方法として中国で成立した科挙制は、東アジアの中国・韓国・ベトナムの歴史や伝統からしか見出せないという見解(37)が一般的であるが、かつて、こうした日本の官吏登用制度は「科挙制度」と称された(38)。日本の官吏選抜の制度がはたして「科挙制度」と呼ばれ得るかについては、もっと深い議論が必要ではあるが、試験によって一部の官人を選抜するような方式が日本にも存在していたのは確かである。

大学・国学の制度、試験による官人の選抜を規定した学令によれば、大学生は五位以上の子孫および代々文筆業務に携わってきた渡来人の家柄の子息たちから選ばれたが、八位以上の官人の子息が入学を希望する場合にはこれを許した。なお、一三〜一六歳の年齢制限があった(39)。大学生は『周易』『尚書』『周礼』『儀礼』『礼記』『毛詩』『春秋左氏伝』などの儒学経典を学ぶように規定された(40)。

一方、官人の選抜試験としては秀才・明経・進士・明法の四科が設定された。秀才は博学高才の人、明経は二つ以上の経典に精通した人、進士は時務に明るく『文選』『爾雅』を読む人、明法は律令に通達した人を選んだ(41)。ところで、儒学経典の知識を習得する大学生にとっては、明経を除くほかの科目に対する受験の資格が明確ではなかった。したがって、神亀五年（七二八）と天平二年（七三〇）には大学の学制改革が行われた(42)が、特に天平二年には文章博士一名、文章得業生二名、文章生二〇名からなる文章科が成立した(43)。この科目は、漢詩や漢文を作成する能力に関わって文章道と呼ばれたが、中国の紀伝体の史書を代表する三史を習うため、紀伝道とも呼ばれた。文章道は秀才と進士の受験資格に対応するために発生したが、政治組織において扱われる公文書がいずれも漢文で書かれていることから実用的な学問にあたり、教材としても多彩な内容を含む歴史書が採用された(44)。

天長四年官符にも言及されるように、天平二年、初めて文章生が設けられた時、その選抜基準は年齢に関係なく、雑任や白丁のうち、聡明で知恵のある人とされた(45)。このような基準は、五位以上の子孫と一三〜一六歳の年齢といった制限を設けた大学（明経道）の入学資格とは異なり、高位高官層の出身ではない人も官人として選ばれる機会を与えた。しかし、弘仁一一年（八二〇）になると、三品以上の子孫を取り、平凡な門流の人々を選ばないという唐の選抜規定(46)に基づいて、文章生も「良家子弟」を採るように選抜基準を変更した。実は、弘仁年間までの実際の文章生選抜の事例を見てみると、一部の低い階層の出身者を除けば、すでに五位以上の官人の子孫がほとんどであり、なかには三位以上の官人の子息も含まれている。文章生の選抜基準の変更は、貴族が官界進出の経路として文章道に興味を持つようになり、のちにはそれを制度上においても独占しようとする、いわゆる「貴族化政策」の一環であった(47)。

翌年の弘仁一二年（八二一）に文章博士に任じられた(48)都腹赤は、文章生選抜の貴族化措置に反発し、選抜規定を元通りに戻すことを主張した。腹赤は彼自身、文章生を経た文章道出身者であり、少内記・大内記など詔勅の草稿を作成し記録を担当する官職、そして大学の長にあたる大学頭を歴任し、学識が高く、詩の才能に優れた人物として知られている。腹赤の牒は四六駢儷文を含み、子游・子夏・楊雄・司馬相如のような古代中国の人物や故事が文章の中に溶け込んでいる。

腹赤の牒によれば、「良家」は太政官符の内容によれば「三位以上」をいうとされるが、それは「良家子弟」が唐の昭文館・崇文館の学生の選抜基準である「三品以上子孫」に対応するからであろう。腹赤は、もし文章生を三位以上の官人の子弟から選ぶとなれば、家柄より才能を尊ぶ大学の原理に合わないとみた。そこで「高才未㆓必貴種㆒、貴種未㆓必高才㆒」といいながら「貴種」の表現を使用している。「高才未㆓必貴種㆒」と完全一致するような語句は探しにくく、出典は明らかではないが、文章生が進士科の試験を受けるために学習しなければならなかった教科書のひとつである『文選』には、才能と高官を対比させるような表現の入った文章が収録されている。たとえば「高才而無㆓貴仕㆒」という文章が劉孝標「弁命論」（巻五四、論四）に見える。「貴仕」とは高い官職に就いて仕官することを意味し、貴そのものが官等・官職の高い状態を表す。日本の律令も中国のそれの影響を受けて「貴」の表現が使用されている。中国の律に八議があるように、日本の律には六議が存在し、六議のつである議貴の条には貴が「三位以上」であると規定されている[49]。また、『令義解』官位令の注には「一品以下、初位以上曰㆑位。凡位有㆓貴賤㆒、官有㆓高下㆒」とある[50]。腹赤の牒に見える「貴」は、「三位以上」の「良家」という言葉と相まって、位階の高さ、特に三位以上の位階としての「貴」の意味を持つものと考えられる。この「貴」という言葉に、ある家柄より出たもの、ある血筋を引き継ぐものとしての「種」が加えられたのである[51]。「貴種」の語は、かつてより中国の文献にしばしば登場しており、貴族の家柄の出身者、高位高官の子孫という概念に該当するので[52]、腹赤もまた、こうした貴種の用例を認識してこそ自分の文章に取り入れたと考えられる。もっとも、中国の史書などにおける貴種の用例には、「三品」や「公卿」のような官等・官位の具体的な基準は示されていないものが多いが、文章道出身の官人が漢文を作成する際には、史書や文学作品から必要な語彙を採用し、その単語の意味や脈絡をそのまま持ってくる代わりに、断章取義して活用する傾向が強い[53]。腹赤の牒に使われた「貴種」の語も、中国文献の中の言葉を援用した例といえよう。

蔭子孫が蔭の範囲内に入る通貴（五位以上の官人）の子孫を表す言葉であるのに対して、「貴種」は「良家子弟」すなわち貴（三位以上の官人）の子弟のような意味を持つ。蔭位の授与範囲が四位官人の孫にまで拡大され、貴と通貴の区分があいまいになったが、さらに弘仁一一年（八二〇）には文章生の選抜基準が変更となった。この措置は、貴の子孫に対する官職への進入ルートの拡充を図ったものといえる。[54] つまり、通貴の子弟より狭い範囲の上流貴族層を想定し、貴の子孫が先代の父祖と同じ地位を継承するという傾向を指摘した用語が、「貴種」なのである。

第三節　文人官僚の貴種認識

このような「貴種」の概念は、その後、文章道出身の文人官僚たちにより引き継がれた。腹赤の牒が含まれた天長四年太政官符は法令としての効力を持ち、この法令を先例として〈良家＝三位以上〉という認識が流布していた。[55] 菅原道真は、自分の門地が「貴種」ではなく儒者の家の出であるとし、公卿のような高官に昇れるような血筋のものではないと述べた。道真が考えた「貴種」は「将相貴種」であり、大臣や納言などの官職に就くような人々を指す。律令の規定によれば、三位以上の位階に相当する官職には太政大臣・左大臣・右大臣・大納言があり、のちに中納言・参議が含まれるようになった。これらの官職は国政に参加する議政官を構成する。[56] 大臣を「公」、その他の三位以上の位階または参議以上の官職を有する人を「卿」と呼ぶことから、道真の「貴種」表現は、三位以上という基準が明言されてはいないものの、腹赤の牒に見える「卿相之子」に当てはまる。

ここで注意しなければならないのは、道真の祖父清公と父是善は公卿に列し、三位に到達したにもかかわらず、道真本人は自分自身を「将相貴種」と称していないことである。それは「貴種」で表現される家柄や血筋の世襲性が意識されていたことを意味しよう。昌泰四年（九〇一）、道真は右大臣の職を解かれ大宰権帥に左遷された。当時の醍醐天皇の宣命には「右大臣菅原朝臣、寒門与利俄尓大臣上収給利、而不ㇾ知㆓止足之分㆒、有㆓専権之心㆒」

という文章が見られる[57]。菅原氏に対する「寒門」の呼称は、やはりもともと大臣のような高官とは無縁の家柄を指すものといえる。

承平三年（九三三）、左大臣に任じられた藤原仲平は慣例によって辞職表を奉った。これに対して天皇が却下の勅答を下すのもまた慣例のように行われた。道真の場合は自分の辞職表を自分で作成したが、有力貴族が高官を辞職する表文などの文書を書く際には、当代の著名な儒者または文人に作成を依頼するのが、平安時代には一般的であった[58]。詔勅にはいうまでもなく代筆者が存在した。この時の仲平の上表に対する朱雀天皇の勅答を作成したのが、文人官僚の大江朝綱であった。

朝綱は勅答に「去病則是霍将軍博陸之兄、玄成寧非㆓韋丞相第二之子㆒[59]。縦云㆓侯王無㆑種、已知㆓公卿有㆑門」と書いている。霍去病・韋玄成は両方とも前漢の人で、博陸侯霍光の弟である霍去病は大司馬に昇り、韋玄成は父・韋賢と同じく丞相に任じられた[60]。彼らの故事は、藤原仲平が摂関藤原基経の次男であり、承平三年当時、摂政に在任していた藤原忠平の兄であることの比喩として用いられたのである。さらに、秦代末期の陳勝による名言「侯王将相寧有㆑種乎[61]」を応用し、侯王には「種」がないというが、公卿に昇るような家門は決まっていることがわかったと述べて、そのような家柄の出身者である仲平の辞職を引き留めている。「貴種」の語は使用されていないものの、道真が示したような上流貴族層への認識を朝綱も共有しており、公卿の家門といった表現が勅答のような公的な文書でも用いられるほど、当時の朝廷ないし貴族社会においてその認識が広まっていったといえる。

おわりに

日本の古代国家における支配層、特に三位以上または五位以上の位階を与えられた人々は、律令の制度的装置によって政治・経済・社会的特権を保障された。蔭位制は、そうした特権を次世代へと継承させるための装置の一つとして理解されてきた。もちろん、個人を対象とする「蔭子」「蔭孫」という名称は史料から確認されるし、その名称で呼ばれた人々は上流支配層の子孫にあたる。ただし、蔭位を授与されるとは規定されていない四位・五位官人の孫も「蔭孫」と称されるなど、位階の継承や特権の世襲が必ずしも「蔭子孫」という名称に内包されるわけではなかった。父や祖父の地位が「蔭」として子孫に影響を及ぼすことは実際に十分あり得ることではあったが、蔭位制のような制度的装置は「蔭」の領域と完全に一致してはいない。また、「蔭子」「蔭孫」はあくまでも蔭を受ける個人とその父祖との関係による表現であり、その表現をもって上流支配層を指すという用語としての確立はまだ見えていない。

九世紀に入って、蔭位制の範囲の拡大などにより、貴（三位以上）の階層と通貴（五位以上）の階層との間の区別があいまいになるという現象が顕著になった。上流貴族層は地位の再生産のために官人進出のルートを貴族化する政策を推進し、その貴族化の措置に対抗する文章道出身者の文人官僚は、彼ら上流貴族層を「貴種」と呼んでいた。「貴」は三位以上という位階を基準にした地位の高さの表現ではあるが、それに「種」の付いた言葉となると、単に父が三位以上の官人であることを意味するだけとは限らなくなる。さらに、藤原北家の一部の門流を中心に高位高官の寡占が著しくなるにつれて、三位以上の位階、またはその位階に連動する大臣・公卿の官職を有する人々が代々続くような家柄に対する身分名称として、「貴種」が定着していくのである。

以上、古代社会の支配層を対象とする「貴種」という身分名称が出現するまでの経緯について論じた。それに関して注目すべき点が二つある。

①身分名称が中国の文献を専門的に学習した文人官僚たちによって考案・使用された点

「蔭子」「蔭孫」は律令法制に因む名称であるが、「貴」または「貴種」もやはり東アジアにおいて共有されていた古代中国の文献に見える単語を「援用」したものにあたる。もちろん、援用のため、中国古代・中世の身分秩序における概念をそのまま取り入れたとはみられず、日本の事情に合わせて変容させたところも少なくないであろう。それにもかかわらず類似した概念や用語を共有していることから、制度や文化などの要素を共有していた古代東アジア諸国の間の身分秩序を比較するうえで、日本の文人官僚と彼らの使用した身分名称は重要な分析対象になり得るであろう。

②同じ表現が時代によって文脈と対象を異にして使用された点

「貴種」の場合、最初は三位以上という個人の位階に関わる言葉であり、特定の家門を指すような家格の性格を持っていなかった。しかし、父祖が三位以上の位階または公卿以上の官職を保有していることだけでは「貴種」とは呼ばれないような事例も現れてきた。一一世紀からは、父や祖父が三位以上の位階を持たなくても「貴種」と呼ばれる人物が確認される[62]。こうして「貴種」においては、三位以上や大臣・公卿という官位の所持を絶対的条件とせず、限られた一部の家系に伝えらえてきた特権とその世襲性に焦点が当てられるようになった。

（1）『日本大百科全書（ニッポニカ）』「身分」の項目（小学館、デジタル版、最終閲覧：二〇二五年二月七日）

（2）김영심（金英心）「6~7세기 삼국의 관료제 운영과 신분제——衣冠制에 대한 검토를 기반으로（6~7世紀三国の官僚制運営と身分制——衣冠制についての検討をもとに）」（『한국고대사연구（韓国古代史研究）』五四、二〇〇九年）八七頁。

(3) 石母田正「古代の身分秩序」(同『石母田正著作集　第四巻　古代国家論』岩波書店、一九八九年、初出一九六三年)三五頁、峰岸純夫「序文　日本中世の社会形成――階級と身分」(同『日本中世の社会構成・階級と身分』校倉書房、二〇一〇年)一二頁。
(4) 鄭孝雲「古代 日本의 家人身分에 대한 研究 (古代日本の家人身分に関する研究)」(『日語日文学』四九、二〇一一年)四三五~四三六頁。
(5) 石母田注(3)前掲論文、三五~三七頁。
(6) 石母田正「古代官僚制」(同『石母田正著作集　第三巻　日本の古代国家』岩波書店、一九八九年、初出一九七三年)三四一~三四五頁。
(7) 竹内理三「律令官位制に於ける階級性」(同『竹内理三著作集　第四巻　律令制と貴族』角川書店、二〇〇〇年、初出一九五〇年)一八〇~二〇四頁。
(8) 関晃「律令貴族論」(同『関晃著作集　第四巻　日本古代の国家と社会』吉川弘文館、一九九七年、初出一九七六年)三五七~三五八頁。
(9) 百瀬今朝雄「諸大夫に関する一考察」(同『弘安書札礼の研究――中世公家社会における家格の桎梏』東京大学出版会、二〇〇〇年、初出一九九三年)一〇五・一一三頁。
(10) 橋本義彦「院政政権の一考察」(同『平安貴族社会の研究』吉川弘文館、一九七六年、初出一九五四年)一二一頁。
(11) 橋本注(10)前掲論文、三〇~三一頁。同「保元の乱前史小考」(同注(10)前掲書、初出一九六二年)四〇頁。
(12) ただし、四位・五位の位階を有するものという諸大夫の原義が家格の名称として完全に取り替えられたわけではない。当時の史料には、位階集団としての諸大夫、そして貴族階層の家格としての諸大夫の用例が両方とも混在している。
(13) 律令制に基づいた官位秩序の変化や官人組織の再編などについては、吉川真司「律令官人制の再編過程」(同『律令官僚制の研究』塙書房、一九九八年、初出一九八九年)、佐古愛己「年労制の変遷」(同『平安貴族社会の秩序と昇進』思文閣出版、二〇一二年、初出二〇〇二年)、同「平安貴族社会における叙位制度の展開と特質」(前掲書)などを参照。
(14) 橋本義彦「貴族政権の政治構造」(同『平安貴族』平凡社、一九八六年、初出一九七六年)一〇七~一〇八頁。
(15) 関注(8)前掲論文、三六四頁。

(16) 井上光貞・関晃・土田直鎮・青木和夫校注『日本思想大系3　律令』（岩波書店、一九七六年）六〇一頁の「補注（12選叙令）38蔭位」（土田直鎮執筆）。
(17) 浜修「一九九一年出土の木簡――滋賀・湯ノ部遺跡」（『木簡研究』一四、一九九二年）九二～九四頁。
(18) 『日本書紀』天武天皇五年（六七六）四月辛亥条。
(19) 『日本書紀』天武天皇二年（六七三）五月乙酉朔条。
(20) 『令義解』巻四、選叙令、蔭皇親条・五位以上子条、一四四～一四六頁。なお、『令義解』『令集解』『律』の頁数は新訂増補国史大系本による。
(21) 『令義解』巻四、選叙令、授位条、一四四頁。『令集解』巻一七、選叙令、授位条、五一二～五一三頁。
(22) 『令義解』巻四、選叙令、遷代条、一三六～一三七頁。
(23) 『令義解』巻四、選叙令、内外五位条、一三五頁。
(24) 竹内注(7)前掲論文、二〇〇～二〇一頁。
(25) 野村忠夫「蔭子孫・位子・白丁――官人の出身区分」（同『律令官人制の研究　増訂版』吉川弘文館、一九七〇年、初出一九六〇年）二五〇頁。
(26) 『大日本古文書』編年巻之三、天平勝宝元年八月以来「経師上日帳」三〇一頁、（天平勝宝二年八月～同三年七月）「経師上日帳」四三四～四三五頁。
(27) 『令集解』巻一七、選叙令、五位以上子条、五一七頁。
(28) 野村注(25)前掲論文、二五一～二五五頁。
(29) 『大日本古文書』編年巻之二二（追加一六）、某年七月二六日「川村福物校生貢進啓」三七二頁。
(30) 橋本義彦「平安貴族の生活と意識」（『岩波講座日本通史　第六巻　古代五』岩波書店、一九九五年）七五～七六頁。
(31) 『令集解』巻一七、選叙令、授位条、五一三頁。
(32) 正四位の嫡孫には正八位下、庶孫には従八位上、従四位の嫡孫には従八位上、庶孫には従八位下の蔭位が付与されることとなる。
(33) 『令集解』巻一七、選叙令、五位以上子条、五一七頁。

(34) 野村忠夫「官人出身法の構造——慶雲三年二月十六日格をめぐって」（同注(25)前掲書）二九九頁。
(35)『本朝文粋』巻二、官符、天長四年（八二七）六月一三日太政官符。
(36) 전덕재（全徳在）「신라의 독서삼품과——한국 과거제도의 전사（前史）（新羅の読書三品科——韓国科挙制度の前史）」（『한국사 시민강좌（韓国史市民講座）』四六、二〇一〇年）二・四頁。
(37) 민현구（閔賢九）「과거제는 한국사에 어떤 유산을 남겼나（科挙制は韓国史にいかなる遺産を残したか）」（『한국사 시민강좌（韓国史市民講座）』四六、二〇一〇年）一六九～一七〇頁。
(38) 弥永貞三「万葉時代の貴族」（下中弥三郎編『万葉集大成5　歴史社会篇』平凡社、一九五四年）一三〇～一三一頁。
(39)『令義解』巻三、学令、大学生条、一二九頁。
(40)『令義解』巻三、学令、経周易尚書条、一三〇頁。
(41)『令義解』巻四、選叙令、秀才進士条、一四三頁。『令義解』に記された選抜試験に関する条文は養老令のものではあるが、『令集解』所収「古記」に養老令と同様の条文が一部確認され、大宝令までさかのぼるものと推定される。古藤真平編『古代学協会研究報告　第一二輯　紀伝道研究史料集——文武朝～光孝朝』（古代学協会、二〇一六年）六頁。
(42) 神亀五年（七二八）と天平二年（七三〇）に行われた学制改革の具体的な内容をめぐる論点は、古藤真平編注(41)前掲書、一一～一六頁にまとめられている。
(43) 桑田訓也「神亀五年・天平二年の「学制改革」に関する基礎的考察」（『史林』九二—三、二〇〇九年）。
(44) 桃裕行「平安時代初期の大学寮の状態」（同『桃裕行著作集　第一巻　上代学制の研究［修訂版］』思文閣出版、一九九四年、初出一九三七年）八五～八六頁。
(45) 文章生の選抜基準が載せられた天平二年三月二七日格は、ほかの史料からも確認される。『令集解』巻三、職員令、式部省、大学寮条「釈云」所収天平二年（七三〇）三月二七日奏、八〇頁。『日本紀略』承和四年（八三七）七月丁丑条。
(46) 弘仁一一年太政官符には「唐式を案ずるに」とあるが、ここでいう「唐式」とは考功式6に該当し、弘文館が神龍元年（七〇五）には昭文館に改称され、開元七年（七一九）には再び弘文館に戻されたことから、神龍式・太極式に載せられた条文とみられるという（霍存福『唐式輯佚』社会科学文献出版社、二〇〇九年、一九七頁）。なお、当該法令については、『唐六典』巻八、門下省、弘文館学士を参照した。
(47)桃注(44)前掲論文、九二～九三頁。古藤真平「文章得業生試の成立」(『史林』七四―二、一九九一年)六六頁。
(48)本書第二章の注(5)を参照。
(49)『律』巻一、六議、議貴、五頁。
(50)『令義解』巻一、官位令、五頁。
(51)「種」表現については、本書第一章を参照。
(52)古代中国の文献における「貴種」の用例については、本書第二章第一節を参照。
(53)滝川幸司『菅原道真――学者政治家の栄光と没落』(中央公論新社、二〇一九年)一一八～一一九頁。
(54)最近、「大学で学んだ官人と貴族層とを対立的に捉える」視点に疑問を呈する研究が出されている。鈴木蒼「九・一〇世紀の「文人貴族」」(『史林』一〇三―四、二〇二〇年)三頁を参照。確かにそのような対立的な見方には問題も多く、九世紀当時の文章道出身者ないし「文人官僚」を反世襲的存在とみなすには注意が必要であろう。文章道出身者の性格とその立場についての考察は今後の課題としたい。
(55)本書第五章第二節を参照。
(56)『令集解』巻一、官位令、一一～一三頁。虎尾達哉「参議制の成立――大夫制と令制四位」(同『日本古代の参議制』吉川弘文館、一九九八年、初出一九八二年)。
(57)『政事要略』巻二二、年中行事二二、八月上、北野天神会事所収昌泰四年(九〇一)正月二五日詔。
(58)滝川注(53)前掲書、三七～三八頁。
(59)韋玄成は「韋丞相」韋賢の四男であり、国史大系本にも「第二」の「二」に「恐当作四」という注が付けられている。ただ、仲平が藤原基経の次男であることから、意図的に「第二之子」とした可能性もある。
(60)『漢書』巻五五、衛青霍去病伝。巻六八、霍光金日磾伝。巻七三、韋賢伝。
(61)『漢書』巻三一、陳勝項籍伝。『史記』巻四八、陳渉世家には「王侯将相寧有レ種乎」とあって、「侯」と「王」の順番が逆である。大江朝綱は「侯王」と書いて、しかも『史記』の成立時期より後代の人物である韋玄成を取り上げていることから、『漢書』の文章を参照・引用した可能性が高いであろう。

（62）　本書第二章第二節を参照。

第三章　藤原頼長の「凡種」観

はじめに

日本中世の身分制研究の端緒を開いた研究者である黒田俊雄によれば、「貴賤の区別は前近代のどの社会にもあったわけだが、日本ではこの言葉が中世ほどきらびやかに仰々しくいわれた時代」はなかった。卑賤観念は「単なる身分差別一般の次元をこえて、とりわけ中世特有の」問題であったという。[1]当時の文献には、出生や血統の区別によって定められた人間の等級ないし身分を指す言葉として「種」または「種姓」が見られる。黒田はこの「種姓」の語を採択し、貴賤の等級が血統によって固定されているという観念を「種姓観念」と称した。[2]その後、高橋昌明・北爪眞佐夫らが「種姓」の概念を受け容れて中世身分制に関する議論を進めた。そして、種姓観念は中世社会の身分秩序を説明するうえで重要なキーワードとして認識されてきた。[3]

ところが、中世の種姓観念の形成した時期については、これまでさほど議論がなされていなかったように思える。種姓観念の形成時期を解明する作業は、種姓観念により規定される中世社会と身分秩序の出発点を確認することでもある。黒田は種または種姓の概念を確認できる中世文献として『愚管抄』『沙石集』『徒然草』などを取り上げたが[4]、これらの文献は一三〜一四世紀に成立したものであり、中世初期に該当する一二世紀の状況を直接語ってはくれないように思われる。これまでの研究においては、当時の史料から身分を表す用語として「種」「種姓・種性」「貴種」といった言葉が使用されたことがすでに指摘されているが、史料上に登場する「種」を含む種姓観念用語を確認し、その用例を分析することによって、種姓観念の形成過程を解明する手がかりとすることができよう。

たとえば、黒田は中世の基本的な身分構成のうち、第一の身分として、中世社会における王家・摂関家など「尊貴な家柄に属するもの」、「権門として政治権力を掌握していた階級の身分」を「貴種」と捉えた[5]。「貴種」という名称は種姓観念に関わる史料用語に由来する。髙橋は黒田の提示した貴種概念を受け容れながらも、これに若干の修正を加えて、王家を除く貴族の諸家のうち、公卿・諸大夫の家柄を「貴種」と称した[6]。ところで、史料に見える「貴種」の用例を検討してみると、「貴種」という言葉自体は九世紀から出現しており、出現当時には、三位以上の位階またはそれに連動する公卿の官職を持つ官人の子弟という意味で使用された。貴種は、一一世紀末になってから、大臣・公卿のポストを代々継承してきた特定の家柄の家格という性格を持つようになる[7]。

一方、貴種とは対比される卑賤の身分を表す言葉として、「凡下」の語も注目を集めてきた。黒田は、中世の基本的な身分構成の中の一つとして被支配身分の大多数を占める「百姓」が凡下とも呼ばれたことを指摘し、それは仏教経典に見える「聖」と「凡」、「極聖」と「凡下」の対比から来たものであり、種姓的身分秩序と結合したものであるとみた[8]。その後、凡下は位階や官職を有しない庶民を指す中世身分の一種として論じられた[9]。また、百姓・凡下に対して、下種・下衆といった下層身分を意味する用語が用いられた点も指摘されている[10]。凡下・下種などの言葉も、やはり種姓観念と密接に関連している身分用語なのである。

ところで、「種」を含む種姓観念に関連する用語の中には「貴種」「下種」のほかにも「凡種」という表現が史料から確認される。「凡種」は「貴種」と対照をなしつつ、それより低い身分を表す言葉なので、中世の種姓観念を包括的に理解するためには把握しておくべきキーワードであると考える。これまでの先行研究は、ほとんど「凡種」に触れることがなかった。本書の第一章では、「種」表現の変遷を論じながら、一二世紀に登場する用語として特定の官職に任じられない家柄の出身を指すものとして把握したが、用例の具体的な分析には至っていない。種姓的身分がどのような構造をなしており、それがいつ形成されたかを確認するためには、やはり凡種についての分析も欠かせない。

本章では、一二世紀の史料に登場する「凡種」の用例を検討して当該用語の指す対象の人物および身分・階層を確認し、「凡種」と表現される一二世紀当時の貴族社会における階層意識と種姓的身分概念を捉えてみることにしたい。そして、そうした階層意識の登場する背景を考察するとともに、中世の種姓観念についての再検討を試みることにしたい。ただ、「凡種」の史料上の早い用例は、藤原頼長（一一二〇～五六）の日記にほぼ集中しており、その他には藤原兼実の日記『玉葉』の養和元年（一一八一）九月一八日条「凡種之宗業」などの例が見られる。ここではとりあえず頼長の日記を分析の対象とする。

第一節　藤原頼長の日記

まずは藤原頼長について簡単に述べることにする。[11] 頼長は平安時代後期の政治家・学者であり、関白・藤原忠実の息子である。摂関家に生まれ、快速の昇進を重ねて一七歳の時に内大臣となり、一一四九年には左大臣に任じられた。一一五一年、内覧の地位を獲得して政治の実権を握ったが、一一五五年に近衛天皇を呪詛したとの疑いにより失脚となった。一一五六年、勢力を挽回するために崇徳天皇と挙兵する（保元の乱）も敗北し、戦闘中に負ったケガにより死亡した。頼長は上級貴族の家柄の出身者で、意欲的に政治に参加し、厳正な態度で政務に臨んだ。また、彼は学識に優れ、儒者たちを師や学友となし、中国の経書や史書などを学び、様々な文人たちとの交流を持った。

頼長は貴族の政治家として宮廷に出仕し、公的な儀式や事務を遂行するために先人たちの日記を読み、父・忠実をはじめ有識者の貴族たちより教えを受けた。そして、自分自身の日常を日記に記し、自分の参加もしくは担当した儀礼については詳細な別記を作成した。(12)

前近代日本の日記は、個人の単なる備忘録や回想録とは異なる性格のものであり、朝廷の儀式に参加したり行事を執行したりする時、記録者本人またはその子孫が先例を熟知するために参照する、ある種のマニュアルの役割を担うものであった。(13)頼長だけではなく、平安時代以後、天皇をはじめとする皇族や貴族は、公的な儀式の手続きを記録として残すことを主な目的として私的な日記を執筆したが、貴族の私的な日記には、記主の身分・職務・性格などが反映されており、当時の政治・社会的状況に対する記主の主観や感情が込められることもある。日記の記載形式には主に日次記と別記があるが、日次記は日々の出来事を日付順で書き記す一般的な形式の日記であり、別記は特定の事件や行事をより詳細に記述する、日次記とは別の記録である。(14)

頼長は自分の日記を「暦記」または「日次記」と呼んだが、後代には他の人の日記と区別するための名称が付けられるようになる。たとえば、頼長が大臣の職に就いていたことから、大臣を意味する三台や三槐などの語を活用して『台記』『槐記』と命名されたり、頼長ゆかりの地である宇治に因んで『宇槐記』『治相記』、また最終官職の左大臣を取って『宇治左府記』『宇左記』などと称されたりした。現在は、『台記』という名称が一般的に使用されている。そして、『台記』の抄録本には『宇槐記抄』『台記抄』などがあり、別記の『台記別記』がある。(15)現存する頼長の日記を年次別にまとめたのが表1である。ただし、この中には自筆本は残されていない。

表1　現存する頼長日記の一覧

年　次	年齢	日次記	抄録本	別　　記
保延2(1136)	17	冬	—	—
保延4(1138)	19	—	正月	—
保延5(1139)	20	夏	—	—
保延6(1140)	21	—	正月	—
永治元(1141)	22	—	正月・2月	—
康治元(1142)	23	四季	正月	11月16日
康治2(1143)	24	四季	—	正月18日
天養元(1144)	25	四季	—	—
久安元(1145)	26	四季	四季	—
久安2(1146)	27	四季	春・夏	—
久安3(1147)	28	四季	四季	3月・4月・10月・12月
久安4(1148)	29	四季	四季	7～12月
久安5(1149)	30	冬	—	4月・6月・7～12月
久安6(1150)	31	四季	春・夏・秋	正月～3月・10月・11月
仁平元(1151)	32	春	四季	正月・2月・4月・6～8月・10月・11月
仁平2(1152)	33	正月・2月・秋	四季	—
仁平3(1153)	34	秋・冬	四季	4～6月・8月・11月・12月
久寿元(1154)	35	正月・夏・秋・冬	春・夏・秋	—
久寿2(1155)	36	夏・秋・冬	四季	4月

橋本義彦『藤原頼長』（吉川弘文館、1964年）53～54頁の表をもとに、一部修正

表2　頼長の日記に見える「凡種」関連用例の一覧

記号	日記	年	月／日	内容
A	台記	久安六（一一五〇）	三／二四	三善康光、……其人雖㆓凡種㆒。
B	台記	仁平元（一一五一）	正／二七	有成朝臣、……其種不㆑凡。
C	台記別記	仁平元（一一五一）	三／三	平忠盛、……若論㆓其種㆒、可㆑謂㆓凡劣㆒。
D	台記別記	仁平三（一一五三）	二／二七	用㆘父祖被㆓人知㆒之僧侶㆖、不㆑用㆓凡種㆒。
E	台記	仁平四（一一五四）※	正／一	師安朝臣陪膳凡種之人不㆑能㆓陪膳㆒……。
F	台記	久寿二（一一五五）	四／二七	広季称㆓凡種㆒在㆑後云々。

※仁平四年一〇月二八日、久寿に改元

これらの日記は、近代以後、『史料大観』（一八九八年）と『増補史料大成』（一九六五年）で活字版として出版され、『史料纂集』には保延二年（一一三六）から康治二年（一一四三）までの分のみ一巻が校訂・刊行された。本章では、『増補史料大成』に収録された『台記』『台記別記』『宇槐記抄』『台記抄』『台記補遺』と『史料纂集』の『台記』一巻に基づき、必要に応じて諸写本を参照しながら、頼長の日記に見える「凡種」の用例を調べることにする。

頼長の日記に見える「凡種」の用例は五件ある。日次記に収録されたものが四件、別記に収録されたものが一件である。ただし、五件のうち、『台記』保延五年（一一三九）六月四日条[16]の「凡種」は「花木逢㆓恩賞㆒」という詩題で藤原成佐が作った漢詩に出てくる詩語であるが、それは花や木とのつながりを持ち、「衆林」と対をなしていることから、植物の種子を意味するものといえる。そのため、種姓観念や貴賤の身分と直接的に関連する用例ではないとみなして、本章の検討対象からは除外する。一方、「凡」と「種」が同じ文章の中で一緒に出てくる事例が二件（日次記と別記各一件）確認される。したがって、以上の六件の用例は表2のようにまとめられる。

これからそれぞれの用例を分析しつつ、頼長日記の中の「凡種」概念にアプローチすることにしたい。

第二節　凡種と呼ばれた人々

まず表2のAの記事（史料1）を見てみよう。

【史料1】『台記』久安六年（一一五〇）一二月二四日条

今夕、除目下名。三善康光任㆓皇后宮権大属㆒。其人雖㆓凡種㆒、能知㆓諸国調庸等事㆒、感㆓其事㆒、所㆓奏任㆒也。

下名とは、叙位や除目において、四位以下の叙任対象の名前を記して式部丞・兵部丞に下す行為、またはその目録のことである。久安六年一二月の下名には三善康光の名前が書かれていた。ところで、頼長は、康光が「凡種」ではあるが諸国の調庸などのことをよく知っていることから、奏聞して皇后宮権大属に就くようにした、と日記に記している。原水民樹は、当該記事の「凡種」に「家柄や血筋に誇るべきところのない平凡な人間」という注釈を付けた[17]が、もっと具体的な内容を確認する必要があろう。

凡種と対比をなす概念とされる「貴種」の場合、一一世紀中葉以後、大臣・公卿に関わる言葉とセットで登場しており、大臣・公卿が輩出するような家柄の出身者という意味を持つ[18]。そうすれば、「凡種」はそれとは反対に高官に昇り難い家格を指すものとみられる。皇后宮属の官職自体は要職への昇進ルートに含まれるような官職とは言い難い。院政期においては、五位のうち外記・史・民部丞を経た人、または六位のうち皇后宮職の史が皇后宮属に任じられる傾向があった[19]が、康光は三年前の久安三年（一一四七）には権少外記に在任しており[20]、のちには山城守に任じられた[21]。つまり、康光にとって皇后宮権大属は到達できない官職ではなく、昇進の可能性だけを基準に「凡種」を論じるのは不自然である。

ところで、この記事に登場する「皇后」は頼長の養女である多子（実は藤原公能女）であった。多子は久安六年（一一五〇）正月に入内し、三月一四日には皇后に冊立された[22]。立后当日、皇后宮職の任官が行われたが、実父の公能は皇后宮大夫、養父頼長の子・兼長は皇后宮権大夫に任じられた[23]。彼らは皇后の親族として皇后に仕える官職に就いたわけであるが、頼長の摂関家はもちろん、公能の家系も公季を祖先とし、代々大臣・公卿を出し続けた「貴種」の家にあたる[24]。康光が「凡種」とされたのは、こうした人々に対して皇后宮職への任官が適切ではないことを意味するのである。

ここで三善氏についてみてみよう。三善氏は算道を家業とする博士家で、一一世紀中葉から弁官局の史と外記局の外記を寡占する特定の氏族の一つとして定着した[25]。康光の父・為康は、算博士を経て『朝野群載』を編纂した文人であり、彼の生涯は『本朝新修往生伝』などにも詳しく述べられている[26]。それによれば、為康はもともと三善氏ではなく、越中国射水郡の人で先祖より伝わる氏は射水であった。治暦三年（一〇六七）、一八歳の時、故郷を離れて入洛した為康は算博士三善為長を師となし、入室弟子となった[27]。すなわち、為康は越中国の地方豪族出身で、地方で郡司や在庁官人になる道を選ばず、上京して三善に改姓したのである[28]。為康は算学とともに紀伝道をも学び、試験に受かって仕官しようとしたが、たびたび式部省試に落ち、五一歳になって変節して、ようやく少内記に補された[29]。もとより地方豪族出身者で、官僚としては恵まれなかった人生を送った父を持つ子・康光が「凡種」と呼ばれた背景には、本来の家柄が卑しく、高位高官にも到達できなかった点が指摘されていた可能性もなくはない。

しかし、表2のE（史料2）とF（史料3）の記事には、三善氏とともに実務官僚の家とされる中原氏出身の人々が登場している。まずはEの記事を見てみよう。

【史料2】『台記』仁平四年（一一五四）正月一日条

次帰二東三条一着。節供、主計頭師安（中原）朝臣陪膳凡種々〔之〕人不レ能二陪膳一。而彼朝臣所望懇切、以二師直〔匠〕故一許云々。[30]

頼長は正月朔日の儀礼などを終えて、東三条殿に帰った。その後、節供の儀式が行われたが、この時、中原師安が陪膳役を担当した。頼長は「凡種の人は陪膳になることができない」と言いながらも、師安が懇願したこと、そして自分の師匠であることを考慮に入れて、陪膳を許したという。中原氏の師安は、頼長にとって「凡種」と認識される人物だったのである。

中原氏は三善氏と同じ実務官僚の氏族で、明経道を専門に外記を代々出し続ける家柄であった。師安は、明経道の准得業生を経て、官職に進出して外記となった儒者であった。頼長は実際、「師匠」の師安より『論語』『古文孝経』『御注孝経』などを学んでいる(31)。

続いてのFの記事には、久寿二年（一一五五）に頼長が左大臣・内覧の辞職を上表したことが記されている。なかには、当時、邸を出て表文を中務省へ運ぶ行列についての情報も記載されている。

【史料3】『台記』久寿二年（一一五五）四月二七日条

於二門外一昇レ案向二中務省一。（中略）路間、昇レ案家司・職事乗レ車在二案後一其次第、知経《（藤原）》・雅亮《（源）》（憲忠《（藤原）》同車。）・広季《（中原）》。位次、広季・雅亮・憲忠・知経也。而知経称二表函《（車）》在《（在）》一車レ前、広季称二凡種一在レ後。云々。於レ礼有レ疑。但近二人情一。（中略）表函加二花足一。入二知経車一。

表文の入った函を載せる案を舁く人々として家司の藤原知経・中原広季、職事の源雅亮・藤原憲忠が参加した。家司と職事は摂関家の家政機関に所属し、家政全般に従事する職員であるが、それぞれ主に政所と侍所で勤務していた(32)。

彼らは、邸宅の外を出て移動する時には車に乗っていた。もともと、位階の高い方から、広季・雅亮・憲忠・知経の順に車を配置すべきであるが、広季は自分を「凡種」と称して列の最後にいたという。これまで紹介してきた「凡種」の用例が他称であるのに対し、この記事では「凡種」を自称している点、そして凡種が後ろに行くのが「人情に近い」とする点は、このような「凡種」観が頼長独自の観点ではない可能性が高いことをうかがわせる。

中原広季の官職は、Fの記事の別の個所によれば、久寿二年（一一五五）当時には「直講」であり、のちには従四位下・明法博士にまで昇った。広季はEで言及された中原師安にとっては再従甥にあたる[33]。こうして中原氏の人々も「凡種」と称されるからには、Aの三善康光が「凡種」とされた要因も、やはり三善氏の血筋にあるとみなければならない。したがって、三善氏・中原氏をはじめ小槻氏・清原氏など実務官僚の世襲氏族が、公卿など高位高官への進出の困難さにより「凡種」と呼ばれたことが推定される。

だからといって、凡種の対象範囲を三善氏・中原氏のような実務官僚氏族のグループにのみ限らせるわけにはいかない。なぜなら表2のC（史料4）には、実務官僚の氏族とは無関係の家柄の出身者が登場するのである。

【史料4】『台記別記』巻六、仁平元年（一一五一）二月二一日条

蔵人勘解由次官顕遠(藤原)持二来折紙一。法皇(鳥羽)手書曰、参議藤師長兼。・侍従藤隆長・刑部卿平忠盛兼。仰レ之。刑部卿当レ任否、宜二計奏一者。対曰、若論二其種一、可レ謂二凡劣一。而位叙二正四位上一、官帯二内蔵頭・殿上侍臣一、経二播磨守一。所レ帯所レ経、悉以貴重[34]。拝任之処、誰謂二非レ拠乎。法皇然レ之。

鳥羽上皇が新しく任命される官人の名前を折紙に書いて伝達させたが、任官予定者のうち、師長と隆長は頼長の息子たちである。問題は、刑部卿に任じられることとなった平忠盛であるが、彼の任官が妥当か否かを議論し、その意見を奏上するよう指示したのである。これに対して、頼長は忠盛の「凡劣」な「種」を刑部卿任官の欠格事由として言及した。「凡種」の語こそ見えないものの、種が凡劣というべきであるという表現は「凡種」と同様の意味を持ち、忠盛は凡種と認識されたいたとみられる。けれども、すでにある程度高い官位に到達していたため、刑部卿任官には問題がないという結論に至っている。

平忠盛は桓武平氏出身である。桓武天皇の子・葛原親王には高棟王と高見王という息子がいたが、二人の子孫が桓武平氏と称される。高棟王（平高棟）の系統からは実務官僚が輩出したのに対し、高見王の子・高望王（平

高望）の子孫には武官・武士が多く、坂東とのつながりを持つ[35]。高望の孫・貞盛の系統は、中央では中級貴族官人として活動する一方、地方では荘園を経営し、地域の拠点を確保する存在として位置づけられた[36]。そこで、桓武天皇の血を引く後裔とはいえ、その血統の高貴さは身分には全く反映されなかった。貞盛より四代の正盛は白河上皇との関係を形成しながら院近臣として頭角を現してきたが[37]、上級貴族たちに「最下品」と呼ばれるほどであった[38]。「凡劣」の「種」忠盛はその「最下品」正盛の息子なのである。

要するに、三善氏・中原氏など実務官僚氏族出身の人、そして平忠盛のように受領を歴任した武官たちが、「凡種」と呼ばれるか、「凡種」を自称するかしていた。貴族社会内の階層からみると、実務官僚・受領の経歴を持ち、最終的には四位・五位にとどまる点から、諸大夫層ないし良家の家格に該当する。頼長の日記で「凡種」および関連用語が任官と関連して登場したのが六件のうち三件（表2、A・B・C）であるのも、この言葉が官位との密接な関わりを持つことをうかがわせる。また、中原広季が摂関家の家司であることは前述したが、道長・頼通の執政期に至る一〇世紀末～一一世紀中葉には、中原氏を含む諸家が摂関家家司として世襲的に奉仕するようになったことは注目に値する[39]。そこで、「凡種」は、貴種とは区分され、ほとんど公卿まで進出しない諸大夫層、権門の構造内では摂関家に奉仕する立場の集団を指す言葉といえる。

第三節　貴種と凡種の間

一方、頼長の日記には「凡種ではない」人々についての記述も確認される。凡種が貴種と対比をなす表現であろうことは前述したが、凡種ではないと指名された人物のうち貴種の範疇に入らない者もいることから、貴種と凡種との間にグレーゾーンが存在したことがわかるのである。

『台記別記』巻七、仁平三年（一一五三）一一月二七日条（表2、D）を見ると、頼長の春日詣の二日目である二七日、春日で競馬が行われた。大納言兼民部卿藤原宗輔以下上達部が集会し、興福寺別当をはじめとする僧侶たちも参席した。宴会の場では、一献の時、当講（興福寺維摩会で講師を担当する僧侶）覚珠は頼長に、得業千覚が諸卿の盃に酒を盛った。「羞汁及進物」の時には覚珠が陪膳、千覚が役送（食事を陪膳役の人に伝達する役）を担当した[40]。そして端座上達部の陪膳は得業玄顕、役送は非成業が担った。頼長は「已上、陪膳・役送用下父祖被二人知一之僧侶上、不レ用二凡種一」と付け加えている[41]。

これによって、父祖の名前が人に知られていた覚珠・千覚・玄顕のような僧侶たちは凡種ではないと認識されていたことがわかる。覚珠は藤原北家のうち道長の後裔で、当日の記事にも登場している民部卿藤原宗輔の息子である。宗輔はのちには太政大臣にまで昇る[42]。覚珠の祖父・宗俊は正二位・権大納言として公卿に列し、曽祖父・俊家と高祖父・頼宗はいずれも右大臣に昇進した[43]。こうして代々大臣・公卿の官職に就いてきた覚珠の家系は「貴種」の家とみることができる。

しかし、千覚と玄顕は覚珠とは異なっている。千覚と玄顕はおじと甥の関係で、一人とも藤原北家の高藤流に属する。藤原冬嗣には良房・良門らの息子たちがいたが、良房は養子の基経に続いて忠平―師輔―兼家―道長に至る大臣・摂関の系譜をたどっていく。一方、良門の息子である高藤の場合、その子孫は大臣・摂関の職よりしだいに離れていく。高藤は内大臣、高藤の子・定方は右大臣になり、為輔が公卿に列していたが、道長と同時期に活動した説孝の代になると公卿への進出が難しくなった。千覚の曽祖父・頼明は従四位下・右大弁、祖父・憲輔は正四位上・宮内卿、父・盛実は正四位下・治部卿が最終官位となる。千覚の兄弟で玄顕の父でもある顕憲も正四位下・少納言に到達した[44]。いずれも公卿には至らず、四位にとどまっていたことがわかる。大臣・公卿を出し続ける家柄に「貴種」の家格が与えられた時期が一一世紀中葉であり、この時点で公卿への進出が困難になった家々は「貴種」グループより離脱したことから、千覚・玄顕は「貴種」と呼ばれていなかったと推定できる。

表2のB（史料5）にも凡種ではない事例が登場する。頼長が任官希望の申文三通を内覧したが、その中で最初に開いたのが藤原有成の申文であった。頼長は蔵人頭藤原朝隆と次のようなやり取りをしている。

【史料5】『台記』仁平元年（一一五一）正月二七日条

余使二朝隆一奏曰、有成朝臣、位在二四品一、年及二七旬一。其家甚貧、其種不レ凡。今懇二望日向一、何無二哀憐一。加之、今上御宇、所レ任之旧吏、唯（源）師行朝臣也。若行二正道一、宜レ有二恩許一先日、有下今度任官可レ先二道理一之仰上。因レ之所レ奏也。。朝隆朝臣答曰、数多申文之中、最先取二彼朝臣申文一、所望成就、不レ可レ成レ疑。即退出。

頼長は日向守を希望する有成に対して、彼の種が「不凡」であると言った。言い換えれば、有成は凡種ではないといえる。有成は藤原北家内麻呂流に属する人物で、高祖父・有国、曽祖父・資業、祖父・実政は、代々文章道を専門として文人官僚の道を歩み、みな公卿に列した。ただし、実政は、任地の大宰府において紛争に巻き込まれ、流罪に処された。[45]そのため、子孫の官位昇進は制約を受け、「其家甚貧」の契機となったようにみえる。凡種ではないと認識された人々の中には有成（表2、B）、千覚・玄顕（表2、D）のような貴種ではない人々も含まれていた。すなわち、貴種と凡種、どちらにも属しないグループが存在する。また、有成の事例から、文章道出身の実務官僚が必ずしも凡種の条件ではないことも確認できる。

第四節　頼長の階層意識

以上、頼長の日記に見られる「凡種」の用例を検討してきたが、前述のように「凡種」の語は、一二世紀中葉の時点では、他の貴族の日記や文献資料にはなかなか見つからず、頼長の日記のみに用例が集中している。それは頼長が当時の貴族社会における階層秩序を強く意識していたからであると考えられる。本節では、「凡種」の語を使用する背景として、頼長の持つ上流貴族としての階層意識に触れることにしたい。

康治二年（一一四三）正月一二日、鳥羽上皇が鳥羽において心経会を行った際、源成雅と藤原頼輔が「相共取二本鳥一」ってケンカをし、成雅が自ら剣を抜いて頼輔の顔面を切って流血するという事件にまで及んだ。この事件について、頼長は同日条の記事に「如レ此品格人刃二傷人一、我朝未曾有事也」と記している。「如レ此品格」は、同月一四日条では「諸大夫以上品格者刃二傷人一」とあって、より詳しく記載された(46)。ここでいう「品格」は個人の身分等級のことであり、頼長は上皇の居所で起きた乱闘事件について、諸大夫以上の身分を言及している。

頼長がより神経を尖らせたのは「諸大夫以上」という集団の中でも「英雄」と「諸大夫」との間の区別ないし差別であった。康治三年（一一四四、二月二三日に天養に改元）正月一日、頼長は摂政である兄・忠通のもとへ参ったが、この日、忠通は出仕しなかった。忠通は、近衛天皇が即位した康治元年（一一四二）以来、元日の内裏出行を止めていた。頼長は「疑若不レ欲レ拝二皇后一歟」と、鳥羽上皇の皇后であり近衛天皇の生母でもある藤原得子に拝したくないのでは、と疑った。さらに、その理由を「雖レ為二母后一、已為二諸大夫女一」と推測したのである(47)。

得子の祖父・顕季と父・長実は白河上皇の院近臣として活躍し、公卿に列した。鳥羽院政が始まって家勢が一時衰えたが、得子が鳥羽上皇の寵愛を受けることによって、その一族は鳥羽院近臣として勢力を形成することとなった(48)。ところが、もともと得子の家系は、上皇との密接な関係を結ぶまでは、公卿への進出とは程遠い中級貴族の家柄、すなわち諸大夫層であった。頼長は、得子の従兄弟で鳥羽院の第一の近臣とされる藤原家成が天養二年（一一四五）、比叡山で舎利会を開催したことについて、「其身為二諸大夫一、如レ此奢侈、王化衰微之所レ致也」と悲しんだ(49)。また、家成の子・家明が騎馬の武士と出くわしてケンカとなり、家明の従者たちが死傷するという事件が起きた。これについて、頼長は「家明為二諸大夫一、而任二少将一追レ前。僭上之甚也。天神悪レ之歟」と評価した。[50] 一一世紀後半以後、近衛中将・少将は上級貴族の子弟が公卿へ昇進するために歴任する官職となっていたからである。[51] 最上流の貴族であった頼長の目には、得子とその一族が「諸大夫」の成り上がりと見えており、[52] 諸大夫層出身者が院近臣として破格の昇進を遂げて公卿に進出するのは、既成の身分秩序を揺るがすことであった。[53]

逆に貴種に該当する人物がその家格にふさわしくない行為をした場合にも、頼長は批判的な態度をとっている。天養二年（一一四五）藤原家成が比叡山へ参詣した時、彼と親昵の関係にある殿上人は前駈を担当した。前駈の中には家成の妹夫である源政通、婿の藤原公親も入っていた。頼長はこれを「未曾有事」とし、「件二人永失二英雄名一」と評した。[54]「英雄」については、摂関家に次ぐ清華家との同義語であるとか、摂関家・清華家のような立派な家柄、またはその家に属する人物を指すという説がある。[55] 政通は村上源氏に属し、公親は師輔―公季より続く藤原北家閑院流の出であり、[56] 二人とも代々三位以上公卿の地位を継承した「貴種」の家の出身にあたる。したがって、ここでいう「英雄」の名誉とは貴種のそれといえるし、諸大夫層からの成り上がりの家成に奉仕する貴種は、その名誉を失ったとみたのである。

久安二年（一一四六）、頼長は新嘗祭の時、舞姫に従う童女を扶持する役として「英雄」の殿上人を選んだが、この時には「英雄」がいないという理由で、先例のない蔵人頭を選抜した。実際には該当者が全くいなかったわけではなく、藤原公通・藤原公親・源政通が候補として挙げられた。しかし、公通は熊野詣に行っており、公親は喪中のため除外された。そもそも、公親・政通は「於レ人不レ卑」ではあるが「去年奉二仕家成卿前駈一之後、永失二英雄之名一」として起用しなかったのである。[57]

一一世紀頃、摂関家を中心とした貴族社会の身分秩序が定着していくが、院政期を迎えた一一世紀末からは上皇との関係を結んだ諸大夫層が台頭した。そこで、既存の秩序において上位層を占めていた貴種集団の一部が新興の諸大夫層に迎合する現象も起きた。頼長は既存の貴族社会の秩序の乱れを露出するような一連の事件についてネガティブな認識を示し、本来の望ましい階層観を貫いている。こうした頼長の階層意識は、一一四〇年代には「英雄」と「諸大夫」という用語で表現されたが、「諸大夫」は官人個人の位階を表す一方、家格の意味も持っているため、記録によって様々な用例が混在するような様相を呈する。それに対して「凡種」の場合、対象となる人物の血統や家柄の性格に焦点が当てられている。一一五〇年代に入って「凡種」という言葉が頼長の日記に出現してくることには、貴族社会の階層意識と新興諸大夫層に対する差別をより鮮明にしようとする意図が含まれているであろう。

頼長の「凡種」観は頼長の個人的なものではなかった。前述のように、中原広季（表2、F）は「凡種」を自称し、頼長は凡種を区別することを「人情に近い」とみた。頼長の周辺の人物たちも「凡種」概念を受け容れており、頼長の階層意識ないし身分秩序に対する認識を共有していたことがわかる。源成雅と藤原頼輔の乱闘事件については、このような品格の者が人を刃で傷つけたことは我が国では一度もなかったという頼長の意見に対し、中原師安も「日記等全不ㇾ見事也」と指摘(58)したのは、階層意識を共有している情況を垣間見せる。

ただし、頼長の「凡種」観および階層意識を共有したとみられる広季・師安は、いずれも中原氏の文人官僚であり、彼らが摂関家という権門に奉仕する立場の者であった点から、摂関家を中心とする身分秩序内に存在し、その秩序を維持しようとする傾向の強さが「凡種」用語の使用に表れているように思われる。

おわりに

本章では、中世日本の種姓観念と身分意識を理解するためのキーワードとして「凡種」の概念を分析した。一二世紀中葉に活動した上級貴族・藤原頼長の日記に集中して登場する「凡種」の用例から、凡種の表現は三善氏・中原氏の文人や受領を歴任した武官などの中・下級貴族、すなわち四位・五位止まりの諸大夫層出身者を対象として使用されたことが確認できた。「凡種」は「貴種」と対比されるような表現であり、公卿への進出が難しい家柄を意味するので、やはり官位と密接に関連している。貴種の家格が一一世紀中葉以後の形成され、後で公卿が輩出するようになった家柄でも貴種と呼ばれ得なかったように、凡種も貴種の家格の形成とほぼ同時期に、その家格が固定されるようになったと推定される。ただし、凡種は必ずしも貴種の余集合ではなく、貴種とも凡種とも呼ばれないグレーゾーンに属する集団も存在する。

頼長は、大臣・公卿に昇る上級貴族層の「英雄」と中・下級貴族官人が輩出する「諸大夫」の厳然たる区別を念頭に置いていた。もともと、摂関家を中心とした貴族社会の秩序の中で権門に属して奉仕する側に立つべき諸大夫層の官人たちが、頼長の時代に入っては、院近臣として権勢を誇り破格の出世を成し遂げた。その新興諸大夫層を差別しようとする頼長の意図は凡種概念の考案へとつながった。頼長は凡種という表現を使用することによって、出生によって貴族社会の構成員に決められている身分の桎梏を明確なものにしようとした。一一世紀中葉、貴族社会の身分秩序が院政という政治構造の登場により若干の揺らぎを見せるにつれて、既存の秩序を再確認しようとする摂関家権門の意志が、一二世紀の貴族社会における階層構造を鮮明に可視化したのである。ちなみに、本章の「はじめに」でも述べたように、頼長の甥・兼実が残した日記には「凡種」「貴種」などの言葉が数件確認できるため、頼長とその周辺の身分意識は後代にもしばらく続いていたと考えられよう。

本書の第一章では、貴種が仏教的に再解釈されることによって種姓観念を含む身分名称になったことを述べた。凡種も、元をたどれば、南朝陳・慧思『法華経安楽行義』をはじめとする様々な仏教経典やその注釈書に出てくる言葉ではあるが、頼長が仏教経典から「凡種」の語を採択したという根拠は見つからなかった。むしろ、頼長の日記の中の「凡種」には官位の高下や文人官僚との関わりが著しく見えている。仏教用語として「凡種」を把握する作業は現在のところ課題とせざるを得ない[59]。

また、凡種は、官位を有しない平民を指す凡下・下種とは別の概念であることがわかった。頼長の日記に「凡種」と称されるのは官位を有する個人もしくはその家柄に限られている。今後、無位無官の平民を対象とする「凡種」の用例が新たに発見される可能性は否めないが、「凡下」と同一視、あるいは凡下の下位概念とみることはできない。要するに、凡種は中世の身分制における被支配層への貴賤認識を表す用語というより、支配層内部における階層認識を表す言葉に該当する。そこで、日本中世の身分秩序を全体的に展望するためには、被支配層に対する身分名称も検討しなければならない。今後の課題としたい。

（1）黒田俊雄「中世の身分制と卑賤観念」（同『黒田俊雄著作集　第六巻　中世共同体論・身分制論』法藏館、一九九五年、初出一九七三年）一八五頁。

（2）黒田注（1）前掲論文、一九五～一九六・二〇六～二〇七頁。同「中世の身分意識と社会観」（同注（1）前掲書、初出一九八七年）二五一頁。

（3）髙橋昌明「中世の身分制」（同『中世史の理論と方法――日本封建社会・身分制・社会史』校倉書房、一九九七年、初出一九八四年）一一五・一三〇～一三二頁、北爪眞佐夫「鎌倉期の武士身分内の身分について」（同『中世前期の身分制と村落共同体論』青史出版、二〇〇九年、初出二〇〇八年）二～三頁、三枝暁子「中世の身分と社会集団」（『岩波講座　日本歴史　第七巻　中世二』岩波書店、二〇一四年）一九〇頁。なお、種姓観念への理解については、拙稿「中世的身分のはじまり――種姓観念と家格」（有富純也・佐藤雄基編『摂関・院政期研究を読みなおす』思文閣出版、二〇二三年）も参照されたい。

（4）黒田注（1）前掲論文、二〇六～二〇八頁。

（5）黒田注（1）前掲論文、一九四頁。

（6）髙橋注（3）前掲論文、一三二頁。

（7）本書第二章を参照。

（8）黒田注（1）前掲論文、二一〇頁。

（9）田中稔「侍・凡下考」（同『鎌倉幕府御家人制度の研究』吉川弘文館、一九九一年、初出一九七六年）、元木泰雄「諸大夫・侍・凡下」（今井林太郎先生喜寿記念論文集刊行会編『国史学論集』河北印刷、一九八八年）、錦織勤「鎌倉期の侍と凡下」（『鎌倉遺文研究』四五、二〇二〇年）。

（10）髙橋注（3）前掲論文、一三三頁。保立道久「日本中世の諸身分と王権」（永原慶二等編『講座・前近代の天皇3　天皇と社会諸集団』青木書店、一九九三年）五五～五六頁。

（11）藤原頼長については、岩橋小弥太「悪左府伝」（『國學院雑誌』五五―一、一九五四年）、橋本義彦『藤原頼長』（吉川弘文館、一九六四年）、柳川響『藤原頼長――「悪左府」の学問と言説』（早稲田大学出版部、二〇一八年）などを参照。

（12）橋本注（11）前掲書、五一～五二頁。

（13）박수철（朴秀哲）「1582년 本能寺의 變과『兼見卿記』――일본 中近世移行期 記錄文化의 特質（一五八二年本能寺の変と『兼見卿記』――日本中近世移行期記録文化の特質）」（『일본역사연구（日本歴史研究）』五六、二〇二一年）六頁。

（14）橋本義彦「古記録について」（同『平安の宮廷と貴族』吉川弘文館、一九九六年、初出一九八九年）二二三～二二七頁。

（15）「台記解題」（『増補史料大成23　台記1』臨川書店、一九六五年）一頁、橋本注（11）前掲書、五二～五三頁。

（16）当該記事の原文は次の通りである。原文校正の際には影印複製版である『書陵部蔵　台記　保延五年夏　仁平二年秋』（宮内庁書陵部、一九六〇年）を確認した。

四日、壬子。依レ有レ召、秉燭之後参二博陸一。依可レ有二作□〔文〕一□□。綿衣。題云、看レ月自忘レ暑。以レ情為レ韻。文人、予・俊通・孝能・頼佐・敦任・遠明・成佐・清忠。此般無二殿下御作一。次被二〔披〕講一花□逢恩賞各分字。一詩一。此詩者春欲二被〔披〕講一之処、依二御□一□〔延〕引。今夜被レ遂二披講一。雖レ非二春時一、又好文之□□□〔敦〕光・宗兼・有光・成佐。今度有二殿下御作一、予不レ献レ詩。殿下御作胸句云、貴彩不レ慙翁子錦、華顔還咲□□□〔上陽紅〕。□〔腰〕句云、秦松好レ爵応余慶、漢柏良林是累切〔異功〕。此両句満□〔座〕感嘆。就レ中以二胸句一為レ最。先講二成詩一〔佐脱カ〕之時、殿下頗□□吟詠。其句云、見レ粧如レ子非二凡種、以レ邑事レ君勝二衆林一。是腰句也。月詩講師遠明、花詩講師有光。読師□□度敦光也。

ちなみに、宮内庁書陵部所蔵『詩序集　下』所収の承暦四年（一〇八〇）作者未詳の詩序にも、高尚な動物である鶴が「厭二凡種於蒿莱之際一」という文章が見えるが、ここでも「凡種」は鳥の餌としての平凡な種子という意味で用いられている。

（17）原水民樹『『台記』注釈　久安六年』（和泉書院、二〇二一年）二三一頁。

（18）本書第二章第二節・第三節を参照。

（19）『官職秘抄』下、中宮職、属。皇后宮職は中宮職に準じる。

（20）『台記別記』巻二、久安三年（一一四七）四月一日条。

（21）『萩藩閥閲録』巻三〇、椙杜伊織・「三善氏」、毛利家所蔵「椙杜六郎家譜略」（『大日本史料』五―一、一八二頁より再引用）。

（22）多子の入内過程は、頼長の残した別記の一つ『婚記』にその仔細が記録されている。『台記別記』巻三を参照。『台記』久安六年（一一五〇）三月条の記事に、立后についての別記の存在が言及されているが、現存しない。

（23）『公卿補任』久安六年（一一五〇）、中納言正二位藤公能・散位非参議従三位藤兼長。

（24）本書第三章第三節を参照。

（25）曽我良成「実務官人の「家」と家業の継承」（同『王朝国家政務の研究』吉川弘文館、二〇一二年、初出一九八五年）一八三～一八五頁。

（26）三善為康については、速水侑「院政期浄土信仰の一面――三善為康の世界」（同『浄土信仰論』雄山閣出版、一九七八年）、木本好信「『朝野群載』と三善為康」（同『平安期日記と逸文の研究』桜風社、一九八七年、初出一九八二年）、曽我注（25）前掲論文など。なお、為康と康光の父子関係は毛利家所蔵「椙杜六郎家譜略」などに見える。

（27）『本朝新修往生伝』算博士為康。

（28）速水注（26）前掲論文、二〇四頁。

（29）『本朝新修往生伝』算博士為康。

（30）増補史料大成本には「凡種々人」「師直」とあるが、このままでは自然な解釈はあまりできない。宮内庁書陵部所蔵鷹司本『台記』（江戸時代中期写。函架番号350・273）、国立公文書館所蔵（旧内閣文庫）坊城家本『台記』（享保六〜七年写。請求番号161―0057）などには、当該箇所が「凡種之人」「師匠」と書写されており、これに従った。

(31) 橋本注(11)前掲書、四〇〜四一頁。

(32) 元木泰雄「摂関家家政機関の拡充」（同『院政期政治史研究』思文閣出版、一九九六年、初出一九八一・一九八四年）、佐藤健治「摂関家における「公的家」の基本構造」（同『中世権門の成立と家政』吉川弘文館、二〇〇〇年、初出一九九七年）など。

(33) 『尊卑分脈』中原氏（略）、広季。中原師任は師安の曽祖父、広季の高祖父である。ただ、広季の曽祖父・貞親は尾張氏からの養子ともいわれる。

(34) 本書第一章注（43）参照。

(35) 川尻秋生『平将門の乱』（戦争の日本史4、吉川弘文館、二〇〇七年）一四〜一七頁。

(36) 髙橋昌明『[増補改訂]清盛以前――伊勢平氏の興隆』（平凡社、二〇一一年、初刊一九八四年）二二〜二三頁。

(37) 髙橋注(36)前掲書、八四〜八六頁。

(38) 『中右記』嘉承三年（一一〇八）正月二四日条。

(39) 玉井力「「院政」支配と貴族官人層」（同『平安時代の貴族と天皇』岩波書店、二〇〇〇年、初出一九八七年）八五頁。

(40) 宮内庁書陵部所蔵『維摩講師研学竪義次第』中巻には、仁平三年（一一五三）の講師が覚珠と記されていて、記事と符合する。本書第五章を参照。

(41) 『台記別記』の当該記事には「得業玄順」とあるが、一部の写本に「玄須」と記され、『維摩講師研学竪義次第』には両方とも見えないため、字形の類似した「玄顗」の誤記と推定される。また、増補史料大成本に「乞種」となっているのは、異本の校合を通して「凡（九）」の誤記とみなした。

(42) 『維摩講師研学竪義次第』中巻、仁平三年（一一五三）、講師覚珠。『公卿補任』保元二年（一一五七）、太政大臣正二位藤宗輔。

(43) 『尊卑分脈』頼宗公孫、頼宗・俊家・宗俊。

(44)『尊卑分脈』惟孝説孝孫、頼明・憲輔・盛実・顕憲。
(45)『尊卑分脈』内麿公孫、有国・資業・実政。
(46)『台記』康治二年（一一四三）正月一二日・同月一四日条。
(47)『台記』康治三年（一一四四）正月一日条。
(48)橋本注(11)前掲書、七一〜七二頁。
(49)『台記』天養二年（一一四五）二月二六日条。
(50)『台記』康治三年（一一四四）二月八日条。
(51)笹山晴生「左右近衛府上級官人の構成とその推移」（同『日本古代衛府制度の研究』東京大学出版会、一九八五年、初出一九八四年）二八〇〜二八五頁、橋本義彦「貴族政権の政治構造」（同『平安貴族』平凡社、一九八六年、初出一九七六年）一〇七〜一〇八頁。
(52)橋本注(11)前掲書、七四頁。
(53)本書補論二を参照。
(54)『台記』天養二年（一一四五）二月二五日条。
(55)山本みなみ「「英雄」小考」（『紫苑』一一、二〇一三年）五五〜五七頁。ちなみに、柳川響は『台記』久安二年（一一四七）二月三日の「源有仁伝」に見える「英雄」の語について、「頼長は家柄や資質を踏まえたうえで「英雄」と称しているようである」と述べて、「摂関家との関わり方や家柄」が「英雄」の要件の一つとなっている可能性が高いとしている〈柳川響「二つの伝――源有仁と藤原忠実」〈同注(11)前掲書〉一三八・一六九〜一七〇頁〉。
(56)『尊卑分脈』村上源氏、政通、公季公孫、公親。
(57)『台記』久安二年（一一四六）一一月一三日条。
(58)『台記』康治二年（一一四三）正月一二日条。
(59)ちなみに、仏教経典においては、「凡種」と対をなして登場する言葉が「貴種」ではなく「聖種」であることにも注意しなければならない。

第二部　「公達」と「良家」

第四章　家格としての公達の成立

はじめに

日本古代において、王権を中心に結集した支配層は、制度的には位階を与えられる「有位者集団」として、その位階に対応する政治的・経済的特権を保障された。有位者集団の中でも、三位以上の「貴」と五位以上の「通貴」は他の位階と区別され、地位や待遇の面でも明確に異なっていた(1)。こうした律令官僚制をもとに参議以上の人々を指す公卿、そして昇殿制が成立することにより、平安貴族が形成されていったのである(2)。

昇殿制は天皇の私的な側近の制度から始まって、宇多朝を画期に公的な意味を持つようになったとされる(3)。昇殿制の発展によって、昇殿を許された存在の殿上人は公卿と大夫の間に新しい階層として発生し、平安時代の政治集団は「公卿・殿上人・諸大夫」の三層に編成されたという。その編成は天暦年間（九四七～九五七）には制度として確立したとされ、儀式の場において完全に機能し、貴族住宅の様式にもその秩序の転換が反映されたという見解が出された(4)。つまり、平安時代の貴族社会では、一〇世紀において公卿・殿上人・諸大夫で構成される新たな秩序が作り上げられた。

このような貴族社会の秩序の変化は家格の形成につながっている。橋本義彦は、摂関政治の進展とともに藤原氏の諸流が分立し、名目化した一部の官職を中心に各種の官途昇進コースが創り出されたことを指摘した。そして、白河院政期には摂関を独占世襲する摂関家が確立し、続いて太政大臣を極官とする清華の家格が形成されるなど、院政期には官途の成立を軸として家格が生まれたという(5)。一方、玉井力は、中世における貴族層の家格は公達・諸大夫・侍に区分されるが、この区分は一〇世紀末～一一世紀頃、すなわち道長の時代には成立していたと論じた(6)。岡田莊司は、玉井説を受けて、本来の個人に与えられる地位・身分表示である殿上人・諸大夫が家代々へと継承される家筋の確立により「地下公達」「殿上諸大夫」などに分化したと述べた(7)。

しかし、佐伯智広によれば、のちに清華家・羽林家・名家になる家の始祖が家格相当の官職に任官した時期は多くが院政期ではあるが、院政期には始祖の任官が子孫に受け継がれない事例も多数見られることから、昇進が政治状況に左右されずに出自によって半自動的に昇進ルートとその上限が決定された段階を家格確立の時期とみるべきであり、家格は鳥羽や後白河院政期にもまだ安定しておらず、後鳥羽院政期に形成されたというのである(8)。つまり、貴族社会における家格の形成時期をめぐって、摂関期と白河・鳥羽院政期と後鳥羽院政期で意見が分かれている。

この問題に関して、本章で注目したいのは「公達」という家格の成立である。かつて和田英松は「武家時代の堂上の家格について解説しながら、「清華、大臣家、および摂関の子息をば公達《きんだち》といった」と述べた(9)。橋本義彦によれば、「公達」は公家の家格の形成に伴って清華とほぼ同じ意味で用いられるようになったが、その前は『中右記』などの用例によると、もとは相対的に家柄のよい廷臣を指す語であった」という(10)。「公達」を家格成立後の家格とみるそれまでの見解に対し、玉井力は『枕草子』に見える「君達」の記述と『左経記』寛仁元年(一〇一七)九月二二日条の「殿上地下君達」を根拠に、一〇世紀末～一一世紀頃には「公達」が家格と関わった形で出現したものと理解した。また、白河院政期までの史料に「公達」と記された人物の事例を抽出し、それに基づいて「公達」は藤原忠平以降の摂関家子孫と宇多以降の源氏に限られるとみた[11]。百瀬今朝雄も『左経記』寛仁元年記事の「地下公達」は諸大夫とは区分される存在であり、一一世紀末～一三世紀初頭の日記に「公達」「君達」と書かれた人々の家系は藤原北家では忠平の子孫、ほかには宇多・村上・三条の源氏に限られるとみた。このような「公達」は「摂関政治の進展の下で、摂関家を中心に形成」されたという。つまり、公卿・諸大夫の区分に家格の条件が加算され、公卿・殿上人・地下公達・諸大夫に分化したのである[12]。

玉井説と百瀬説は、いずれも『左経記』の記事を取り上げて、一一世紀初に公達の家格が形成されたことを認めている。確かに、この時期における摂関家の形成は貴族社会の身分・階層が分化する契機となった。ところが、「貴種」「良家」の言葉が家格的性格を帯びる用語として出現する時期は一一世紀後半～一二世紀と捉えられる（本書第二章・第五章）。はたして院政期以前、特に一〇世紀末～一一世紀初の時期に「公達」「君達」の語が家格の意味を持つのであろうか。家格の成立時期を論じる際には、その点について検討しなければならない。

本章では、一〇～一一世紀の史料から「公達」の意味を把握し、その言葉と家格との関係について再び考察したい。続いて、一一世紀後半以後の史料に登場する「陰干公達」「地下公達」などの語に注目して、この言葉により表現される貴族層の性格を明らかにし、そのなかで「公達」が家格へと転換する契機となる社会的背景を探ることにしたい。この作業により、史料用語としての「公達」「君達」をより正しく理解することが可能になり、平安貴族社会における家格形成の過程についても新たな知見が得られることを期待する。なお、本章では、史料用語については「公達」「君達」のようにカギカッコを用いて当該史料の表記のままにし、学術用語としては公達に統一する。

第一節　貴族の子息としての「君達」の登場

まずは史料上の「公達」「君達」がそもそもどういう意味なのかについて確認したい。和田英松は「公達」について「これは、公等《きんとう》の意だとも三公に達しいたる義だともいう説があるが、どうであろうか、なお考うべきことである」と述べた(13)。それでは、語義を把握できるいくつかの事例を検討してみよう。『御堂関白記』寛弘四年（一〇〇七）四月二六日条には「両親王（具平・敦道）参二中宮（藤原彰子）御方一、被レ啓レ賀。大夫（藤原斉信）啓レ之。恐々不レ少。是我君達也」とある。大津透が当該記事を「中宮とはいえ、両親王が自分の娘に対して加階の賀を啓することを恐縮しているか」と解説したように(14)、藤原道長が中宮藤原彰子を「我君達」と言ったのは「自分の娘」を意味するものとみてよい。

『栄花物語』の中にも「君達」という言葉が多く見られる。たとえば、巻一の「月の宴」には、藤原師輔の子息たちである伊尹・兼通・兼家らが「九条殿の君達」と称された。巻二の「花山たづぬる中納言」に「九条殿の御男君達十一人、女君達六所おはしましける」とあるように、この「君達」は男君（貴族の息子）たちと女君（貴族の息女）たちを指す言葉になる。なお、貴族の子息という意味で文献に散見するもののほとんどは「君達」と書かれており、「公達」の表記はあまり見られない。

古記録や古文書などの史料に最も早く「君達」が登場するのは、良源（慈恵大師）による天禄三年（九七二）の遺告である。当時病を得た良源が認《したた》めたというこの遺言状には、所管の房舎のうち真言堂の修理を託する記述があり、その中に「君達」の語が見られる。

【史料1】天禄三年（九七二）五月三日「慈恵大師自筆遺告」（廬山寺所蔵、『平安遺文』三〇五号）

　真言堂五間、四面庇、二面孫庇。

右堂、依二故九条殿下（藤原師輔）仰旨一、採二儲材木一之間、殿下薨逝。仍啓二事由於前中宮（藤原安子）一、所二造立一也。（中略）年来為二風雨一被二吹損一、漏湿尤甚。欲二改葺一間、余命将レ尽。此御堂一向禅師君《(尋禅)》御進退也。妙香房之号、依レ在二於東方一也。若被二修治一、御力難レ及者、早被レ啓二太政殿《(藤原伊尹)》幷次々君達一、可レ被二修復一者也。（後略）

横川の真言堂は藤原師輔の命により造られ始めたが、師輔はその完成を見ずに亡くなり、師輔の娘である安子、そして良源らの協力で造立された。この堂は尋禅により管理されていたが、もし力不足で修理が難しければ、伊尹と「次々君達」に協力を求めて修復すべきである、と良源は述べている。尋禅も伊尹も師輔の息子であり、伊尹に続く「次々君達」は師輔の子たちを指すものと考えられる。

これまで取り上げた用例によれば、「君達」という言葉は藤原師輔の子息たち、そして師輔の孫にあたる道長の娘を対象として使用された。こうしてみると、公達は師輔の子孫に限られた表現のようにも見えるが、決してそうではない。たとえば、貴族の日記からは次の記事が挙げられよう。

【史料2】『小右記』長和元年（一〇一二）八月七日条

資平《(藤原)》云、式部卿宮《(敦明親王)》巳剋許自レ内出給。中宮大夫《(藤原道綱)》候二御車後一、以二修理大夫《(藤原通任)》一被レ借二左府車《(藤原道長)》一。若仰事歟。彼是云、被レ用二中宮大夫車一、有二何事一乎。皇后宮大夫《(藤原隆家)》・修理大夫祇候。殿上人雖二廻仰一不二参入一。只非二君達一之侍祇候。左中弁《(藤原朝経)》参二結政一之間、忽有下可二参候一之仰上。祇候云《〔之〕》君達侍臣、左中弁朝経・右馬頭兼綱《(藤原)》・資平等而已。

敦明親王（のちの小一条院）が内裏より退出したが、その時、参加していたのは藤原道綱・藤原通任・藤原隆家程度で、殿上人はほとんど参入せず、ただ「君達」ではない侍が祇候していたという。そこで、結政に参加していた藤原朝経が急遽呼び出され、祇候していた「君達」の侍臣は藤原朝経・藤原兼綱・藤原資平のみであったという。朝経と兼綱は師輔の曽孫にあたるが、資平は懐平の子、実資の養子であり、実頼（師輔の兄）の曽孫になる。さらに、『栄花物語』に「君」「君達」として登場する人物を抽出し、人名の特定できる父親を調べてみれば、図1のようにまとめられる。

〔藤原北家〕

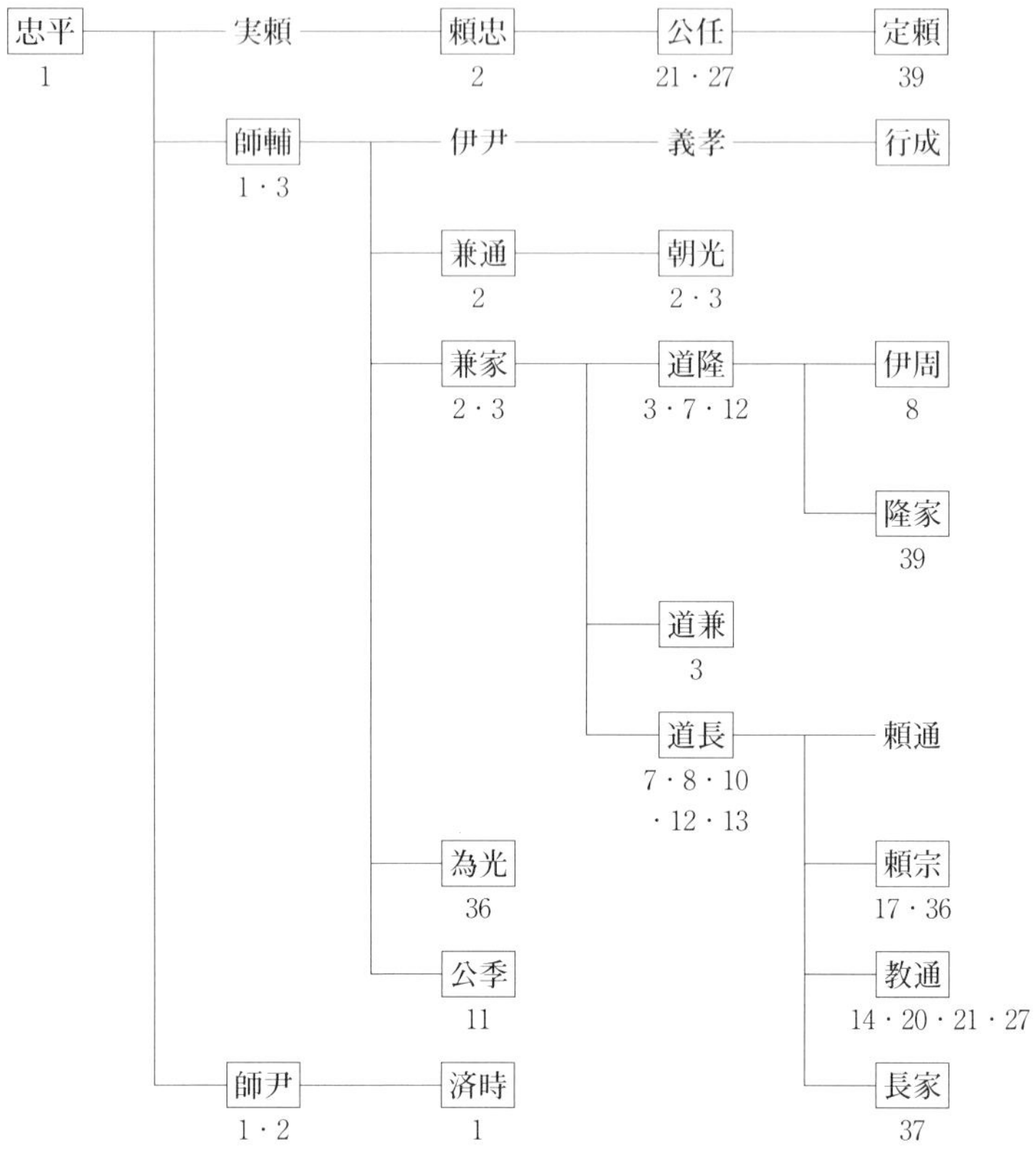

「君」「君達」の父親（数字は巻）

〔天皇家・源氏〕

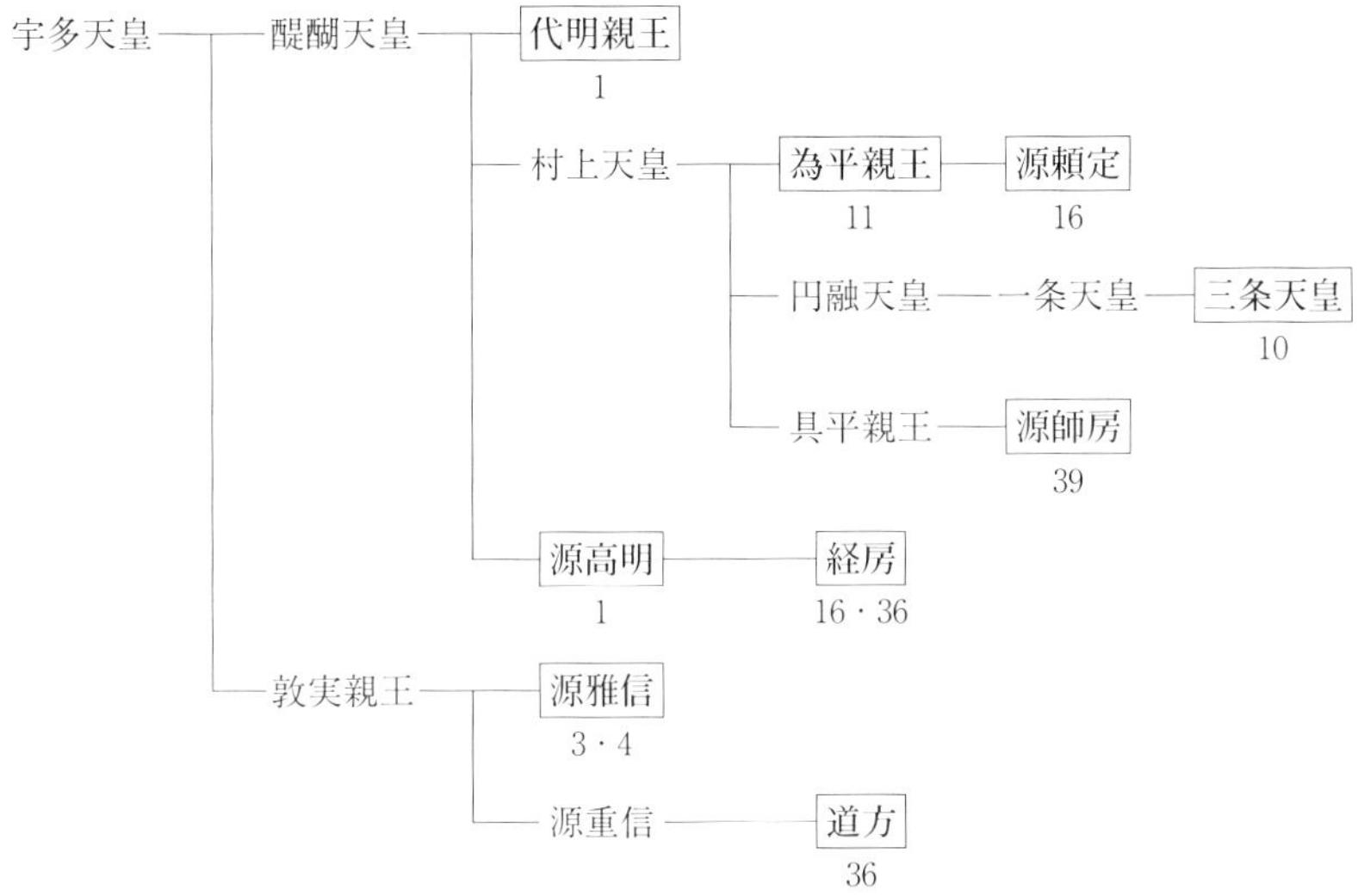

図1　『栄花物語』に登場する

これによれば、藤原氏の場合、師輔以外にも忠平の子孫に「君」や「君達」と呼ばれた人が点在しており、宇多天皇の子孫の中でも親王や源氏姓を賜った人物の子弟も「君」「君達」と呼ばれた。特に、「君達」の父親のほとんどは摂関・大臣・公卿であったことが注目される。君達は貴族の子息の中でも大臣や公卿の子息を指すものであったといえる。坂田桂一によれば、九世紀初頭には様々な氏族の人々が公卿を構成していたが、年代が下がるにつれて天皇とのミウチ関係を有する藤原氏や源氏が公卿の多数を占め、平安時代後期の公卿はほとんど藤原氏と源氏で占められた[15]。したがって、一〇世紀後半～一一世紀に「君達」と呼ばれた人々が公卿をほぼ独占した藤原忠平の子孫と宇多以降の源氏に限られたのである。

玉井力は、白河院政期までの史料に「公達」と記された人々を抽出して、忠平以降の摂関家の子孫と宇多源氏以降の賜姓源氏を公達家の範囲として把握した[16]が、先ほど見てみた「君達」の範囲とも合致するように見られる。しかし、公達という家格が一〇世紀後半には形成されていたとみるのは難しい。それに関して、一〇世紀後半～一一世紀前半の史料に見られる「君達」が高位高官の父親との関係によって規定されたという点に注目する必要がある。「はじめに」で述べたように、『左経記』寛仁元年（一〇一七）九月二二日条は、一〇世紀末～一一世紀頃に公達が家格と関わった形として出現したものとみる根拠とされる。ここで『左経記』の記事を検討することにしたい。

【史料3】『左経記』寛仁元年（一〇一七）九月二二日条

廿二日丁巳、大殿(藤原道長)・北方(源倫子)相共令レ詣二石清水一給。作法甚美麗也。舞人・陪従等、殿上・地下君達幷可然上達部被調諸大夫・六位等之中、各択下召堪二其道一者上。又舞人袴、摂政殿(藤原頼通)幷可レ然上達部調奉。（後略）

藤原道長夫妻が石清水八幡宮に参詣した時、それに参加した舞人・陪従らは「殿上・地下君達」と「諸大夫・六位」らの中から選ばれたという。見せ消ちにされた「可然上達部被調」はおそらく舞人の袴に係る文章の一部を写し間違えたものであろう。当時、舞人として選ばれたのは一〇名で、四位は藤原兼経・藤原公成の二名、五位は六名、六位は二名であった(17)。このうち、兼経と公成はいずれも正四位下・右近衛権中将であった。兼経は兼家の孫、大納言（寛仁元年当時）道綱の子であり、公成は内大臣（当時）公季の孫、権中納言（当時）実成の子にあたり、二人とも「君達」と呼ばれるにふさわしい人物であった。残りの八名は、その名前や出自が書かれていないことから「諸大夫・六位」に該当する人々と考えられる。つまり、ここにいう「殿上・地下君達」は、「殿上（人）」と「地下君達」ではなく、大臣・公卿の子孫のうち、殿上人または地下の人を指している。

四年前の長和二年（一〇一三）、当時左大臣であった道長が石清水に参詣した時、「君達者」が舞人に選ばれた(18)。また、『御堂関白記』寛仁元年（一〇一七）四月一六日条には「賀茂詣、舞人君達智〔者カ〕・陪従如レ常」とあり、賀茂詣でも「君達」が舞人として参加するのが常例であったことがわかる。寛弘四年（一〇〇七）二月、左大臣道長の春日詣に向けては、道長の子である教通・能信らが大友兼時を舞師として舞を習っていた(19)。摂関・大殿や大臣の参詣において、大臣・公卿の子息が舞人を勤めるのは一般的であり、その人々が舞人の「君達」と記されたのである。

しかも、寛仁元年（一〇一七）四月に行われた道長の賀茂詣は、その後の賀茂詣の先例として取り上げられるようになった。嘉保元年（一〇九四）四月、大殿藤原師実と関白藤原師通の賀茂詣の前にその定文が書かれたが、その時「寛仁元年宇治殿定文」が挙げられた(20)。この賀茂詣について、大江匡房は自分の日記に「今日相二違於寛仁例一事」を記している。その一部を引用すると、次のようである。

【史料4】『江記』嘉保元年（一〇九四）四月一四日条

（前略）

一、大殿（藤原師実）前駈員事。

寛仁、殿上人十四人、諸大夫廿人。今度、殿上人・地下公達五人、諸大夫卅人。

（中略）

一、舞人・陪従事。

寛仁、用二殿上人幷諸大夫一。今度、用二近衛官人一。御謙退歟。（後略）

寛仁元年の例については、舞人として殿上人と諸大夫を用いたとしか記されておらず、「君達」は言及されていない。また、大殿の前駈も、寛仁元年には殿上人と諸大夫が挙げられたのに対して、嘉保元年には「地下公達」が明記されるようになった。すなわち、寛仁元年の「君達」の舞人はあくまでも個人の位階や昇殿を基準として把握されていた。公達は大臣・公卿の父親を持つ子息を指す言葉であり、下級貴族層出身の官人に対する上位階層の若者への称号という点では、階層的な意味が込められていたとも考えられる。しかし、この時点では、それぞれの家や門流によって公達と非公達が区分されたり、出自が明らかにされたりするような、家格としての性格を有するものではなかった。

一〇世紀前半、皇統が宇多天皇の子孫に収斂し、藤原忠平が摂政・関白となって以来、宇多以降の源氏と忠平の子孫が多く大臣・公卿に就いて政治・社会的な地位を安定させた。それに伴って、一〇世紀後半から、藤原氏・源氏の公卿である父親との関係が「公達」という表現の根底に存在するようになった。ただし、公達と称された個人は、一官人としては官位・昇殿に基づいて殿上人や諸大夫などに分類された。この時期には公達はまだ貴族社会内の集団や家格の名称になっていなかったのである。また、父親の地位・官職が「公達」と呼ばれる条件になるわけで、家を単位とする代々受け継がれる概念ではなかった。

第二節　地下公達と公達の家

それでは、家格に関わる公達はいつ頃から出現したのであろうか。前掲の史料4によれば、寛仁元年（一〇一七）の賀茂詣では大殿の前駈が殿上人と諸大夫で構成されたのに対して、嘉保元年（一〇九四）には殿上人と諸大夫の間に「地下公達」の存在が確認される。官位としては諸大夫に分類される地下の公達であるが、わざわざ諸大夫から切り離して新たな枠を設定したのは、位階や昇殿といった官人の分類基準に対し、家柄・出自が追加的な基準として重視されるようになったことを意味する。そこで、家格としての公達の成立を考えるには「地下公達」という言葉に注目する必要がある。

康平三年（一〇六〇）七月一七日、権大納言藤原師実が内大臣に任じられた[21]。師実はその後、所々に行って慶賀を申したが、平定家の日記『康平記』には、史料5のように、その時の「前駈四十余人」の名前が記されている。

【史料5】『康平記』康平三年（一〇六〇）七月一九日条

（前略）前駈、殿上人十九人。

（源）信宗朝臣・（藤原）長房朝臣・（藤原）師基朝臣・（藤原）能季朝臣・（藤原）公房朝臣・（藤原）忠俊朝臣・（藤原）基家朝臣・（藤原）実綱朝臣・（藤原）憲輔朝臣・（源）高房朝臣・（藤原）隆方・（源）師賢・（源）政長・（藤原）師信・（平）定家已上、四位・五位。・（高階カ）資家・（藤原）清綱已上、蔵人。。

地下公達一人右衛門佐（藤原）師仲。。

諸大夫廿四人。

（藤原）範永朝臣・（藤原）良任朝臣・（藤原）資良朝臣・（源）長季朝臣・（橘）俊経・（橘）為仲・（源）義綱・（平）経章・（橘）資成・（藤原）行房・（清原）定俊・（藤原）惟綱・（藤原）伊綱・（藤原）良綱・（菅原）実清・（藤原）季綱・（源）頼綱・公成・藤原長明・源頼仲・藤原行綱・藤原知綱・平維方・高階経遠。

ここで前駈のうちに「地下公達一人」が含まれていることが確認できる。それ以前の記事を見てみると、『康平記』康平元年（一〇五八）二月五日条には、中納言藤原師実の前駈が四位・五位・六位といった位階により分類されている。また、同年三月二六日条には、権大納言に任じられた師実が慶賀を申す時の前駈について「殿上人十八、四位四人・五位四人・六位二人。諸大夫廿人、四位四人・五位十二人・六位四人」と記されている。前駈の人員構成は、基本的には四位・五位・六位のような位階で区分されるか、大きく殿上人と諸大夫の二つに分けられてさらに位階で細分されたが、康平三年（一〇六〇）の時点では「地下公達」が新しく出現したのである。

地下公達と称された右衛門佐藤原師仲は、他の諸大夫とどう異なるのか。師仲は伊尹（師輔の子）の玄孫にあたり、行成の孫、実経の子である。[22]祖父行成の最終官位は正二位・権大納言兼按察使で、[23]公卿に列した。しかし、父の実経は、寛弘三年（一〇〇六）に九歳で昇殿したものの、正四位上・近江守に止まったまま、寛徳二年（一〇四五）に二七歳で死去した。[24]実経の同母兄である行経が同年に参議に任じられたのを考慮に入れれば、[25]実経は若くして死んだことで公卿に到達できなかったものと思われる。父の公卿進出の頓挫が影響したのか、師仲の最終官位は従四位上・宮内卿であった。

一方、「諸大夫」には藤原・源・平・橘・清原・菅原・高階の姓を持つ人々が含まれる。その中から藤原氏・源氏に限って出自を確認すると、表1のようになる。

藤原氏の人々は忠平の子孫ではなく、忠平より数代前に分かれた家系の出身である。源氏の人々も、醍醐源氏の長季を除いて、宇多以降の源氏とは異なる清和源氏の出となる。これらの家系は「君達」と称された集団の範囲外にあるものである。そして、これらの「諸大夫」はいずれも非公卿の父を持ち、本人たちも公卿に昇ることはなかった。「諸大夫」たちと地下公達の師仲を比べてみると、父の位階が四位・五位止まりであることは共通しているが、師仲の父実経には公卿進出の可能性があった。また、師仲は大臣・公卿の輩出した忠平の子孫とし

表１　『康平記』康平三年（1060）七月一九日条に見える「諸大夫」前駈（藤原氏・源氏）

名前	家　系	父（官位経歴）	備　考
藤原範永	北家・長良流	中清（正四位下・内匠頭）	
藤原良任	北家・魚名流	季随（正五位下・安芸守）	
藤原資良	北家・魚名流	保相（正五位下・中宮大進）	南家貞嗣流とも
藤原行房	北家・良世流	邦恒（正四位下・備中守）	
藤原惟綱	北家・良門流	頼成（従四位下・因幡守）	頼成の実父は具平親王
藤原伊綱	北家・良門流	実範（従四位下・兵衛佐）	
藤原行綱			
藤原良綱	北家・長良流	成資（従四位下・大和守）	
藤原季綱	北家・良門流	貞職（従五位下・紀伊守）	
藤原長明	南家・真作流	登任（従四位下・主殿頭）	
藤原知綱	北家・長良流	惟経（正四位下・信濃守）	
源長季	醍醐源氏	守隆（従四位上・右馬頭）	
源義綱	清和源氏	頼義（正四位下・伊予守）	
源頼綱	清和源氏	頼国（正四位下・右馬権頭）	
源頼仲			

て、他の「諸大夫」とは家系を異にする。大臣・公卿の子息を指す呼称である「君達」（公達）が非公卿の父を持つ師仲に付けられたのは、師仲の出自による公卿進出の蓋然性を意識した行為であったのではなかろうか。

ところが、師仲が寛治二年（一〇八八）当時紀伊前司であり、同七年（一〇九三）に亡くなるまで従四位上に昇ったが、結局公卿にはなれなかった(26)。しかも、亡くなる一年前の寛治六年（一〇九二）にも「地下公達」と呼ばれ(27)、最後まで昇殿を許されなかったことがわかる。なお、師仲の子実信は従五位下・周防権守であったといわれ(28)、息子の世代にも立ち直ることなく公卿とは無縁になっていった。

さらに、「地下公達」が登場する他の史料として、以下の三件が挙げられる。

【史料6】『中右記』寛治二年（一〇八八）一一月一三日条

十三日、使（藤原忠実）帰洛之間、殿上人参二迎淀一頭弁（藤原季仲）（衣冠、出衣。）・加賀守家道（藤原）（通）（衣冠。）・大宮権亮道時（源）（同。）・右（左イ）京権大夫俊頼（源）（同。）・右中弁基綱（源）（同、出衣。）・四位少将顕実（藤原）（同。）・四位源少将国信（布衣。）・予（藤原宗忠）（同。）・蔵人少将能俊（源）（直衣。）・新少納言公衡（藤原）（衣冠。）・新少将家輔（藤原）（同。）・右近将監為遠（高階）（衣冠、青色。）。

地下君達紀伊前司師仲（藤原）（衣冠。）・甲斐前司有佐（藤原）（布衣。）・前兵衛佐長兼（藤原）（同。）・民部大輔基兼（藤原）（同。）・越後守国明（藤原）（同。）。秉燭之後、於二東三条一有二還立事一如レ常。（後略）

【史料7】『為房卿記』寛治六年（一〇九二）二月六日条

六日、己未、晴。今日新中納言殿（藤原忠実）為レ被レ行二明日春日祭事一、令レ赴二南都一給。（中略）午刻、前駈以下被レ渡二南庭一。（中略）次前駈今度皆悉令レ牽レ馬渡二馳道一、衛府官具二随身一。承暦、諸大夫渡二南庭一、殿上人不レ渡。天喜、諸大夫可レ渡之由、雖レ被レ仰、早以騎馬云々。、殿上人廿六人（ママ）頭弁季仲（藤原）（中略）・内蔵頭師信朝臣（藤原）（中略）・左馬頭道良朝臣（源）・備中守政長朝臣（源）・中宮亮為家（高階）、、（但列二諸大夫一渡二南庭一。）・丹波守顕仲朝臣（源）・右中弁師頼（源）、、・左中弁宗通（藤原）、、・大宮亮道時（源）、、・左中弁国信（源）、、・右少将顕雅（藤原）、、・右馬頭兼実（藤原）、、・右少将能俊朝臣（藤原）・左少弁為房（藤原）（中略）・右少弁重資（源）・左兵衛佐経忠（藤原）・越後守国明（藤原）・左少将師隆（源）・散位季清（源）（房）・侍従宗輔（藤原）・左少将忠教（藤原）・有賢（源）・散位顕通（源）・蔵人式部丞説長（藤原）（中略）。政長・季房・顕通、従二九条一罷帰（留イ）。近衛司・弁官各一人、上臈職事・陪膳五位等自二兼日一被レ留レ之。自余如（ママ）皆参畢。、地下君達十人宮内卿師仲朝臣（藤原）・散位有佐（藤原）、、・長兼（藤原）、、・木工権頭季実（藤原）、、・前肥後守重房（藤原）・前参河守国俊（源）・民部権、大輔基兼（藤原）・刑部大輔家信（藤原）・美濃権守重実（藤原）・散位季忠（藤原）。諸大夫卅人（中略）、六位十八人。（後略）

【史料8】『江記』嘉保元年（一〇九四）四月一四日条

同十四日甲申、晴。今日御賀茂詣也。（中略）

大殿（藤原師実）前駈。

殿上人十人宗通朝臣（藤原）・以（頭カ）道良朝臣（源）・師頼朝臣（源）・道時朝臣（源）・国信朝（源）臣・宗忠朝臣（藤原）・師隆朝臣（源）・忠教朝臣（藤原）・有賢（源）・蔵人宗佐（藤原）。。

地下公達六人（源）俊輔朝臣・（藤原）有佐朝臣・（藤原）長兼朝臣・（源）国俊・（源）広綱・（藤原）家信。

諸大夫卅二人。（後略）

寛治二年（一〇八八）一一月一一日、右近衛中将藤原忠実は春日祭使として東三条第より出発したが[29]、史料6には、同月一三日に帰ってくる忠実を迎えるために淀に向かった殿上人と地下公達の名前が挙げられている。史料7も春日祭に参る藤原忠実に関する記録であり、忠実の前駈として参加した殿上人・地下公達・諸大夫の人々の名前が見られる。そして、史料8では、賀茂詣において大殿藤原師実の前駈であった殿上人・地下公達の名前が確認される。以上の史料から把握される地下公達は一三人に達するが、前述した藤原師仲を除く一二人の面々について考察することにしたい。

（a）藤原有佐

藤原道綱（兼家の子）の曽孫にあたる。祖父の兼経は寛仁二年（一〇一八）一九歳で「家子」として従三位に叙されて公卿に列し、その後参議に任じられた[30]。父の顕綱は讃岐守・但馬守など国守を歴任し、位階は正四位下にまで昇り、康和五年（一一〇三）に七五歳で亡くなったという[31]。ただ、有佐の母（美濃守平経国の女）は侍従内侍であり、有佐は実は後三条院の子であったとされる[32]。甲斐守（史料6）・土佐守のような国守を経て、永長元年（一〇九六）には昇殿を許されたが[33]、有佐も父顕綱と同様に正四位下を極位とした。そして、有佐の子である重基・有兼はどちらも五位止まりになったと『尊卑分脈』に見える。

（b）藤原長兼・基兼

長兼と基兼は兄弟で、藤原教通（道長の子）の曽孫である。祖父の信家は康平四年（一〇六一）に四三歳で官職を辞退し、病により出家して亡くなったが、当時の最終官位は正二位・権大納言であった[34]。父の忠綱は、実は「宇治関白子[35]」すなわち頼通の子であり、信家の従弟にあたるが、近江守に任じられ、正四位下に叙された。忠綱の長男である前左兵衛佐（史料6）長兼は、保安四年（一一二三）、公卿に列しないまま死亡した[36]。次男の基兼は、侍従・民部大輔を経て能登守在任中に病死した[37]。『尊卑分脈』によれば、長兼・基兼の子孫はみな五位止まりで、散位になった者も多かった。

（c）藤原国明

藤原隆家の曽孫である。祖父の経輔は長元七年（一〇三四）と同九年（一〇三六）に二回蔵人頭に補され、長暦三年（一〇三九）には参議に任じられて公卿になった[38]。そして、延久元年（一〇六九）に六四歳で辞退した時の官位は正二位・権大納言であった[39]。父の師基も、左中弁・蔵人頭を経て若狭守になったものの、承保四年（一〇七七）に四七歳で死去した[40]。越後守に任じられた国明は、寛治二年（一〇八八）には地下公達に分類された（史料6）が、同五年に昇殿したため[41]、同六年の記事（史料7）では殿上人に含まれた。その後、治部少輔・同大輔・備前守・内蔵頭・伊予守に任じられ、長治二年（一一〇五）、四二歳で卒した[42]。国明は嘉保元年（一〇九四）、院別当に補され[43]、「院執行別当」になり、彼が亡くなったことで白河上皇がかなり嘆いたという記録が残された[44]。彼は民部卿源俊明の養子になっており、「サウナキ院別当」と呼ばれた俊明との関係などによって白河院とも密接な関係を有していたと考えられる[45]。

（d）藤原季実・重実・季忠

季実は経季（藤原斉敏の曽孫、懐平の孫）の子であり、重実・季忠は季実の甥にあたる。経季は永保二年（一〇八二）に七三歳で辞職した時、正二位・中納言兼治部卿であった[46]。経季の次男季仲は経季の子息たちの中で最も出世しており、弁官や蔵人頭・参議を経て正二位まで昇ったが、長治二年（一一〇五）、大宰権帥を兼ねていた時、延暦寺衆徒の訴によって停任され配流となった[47]。季実は季仲の母の妹より生まれ、官位は従四位上・木工権頭に至った。『尊卑分脈』に「少将」と記され、息子の僧実範は「少将君」[48]と称されたことから、季実は近衛少将の経歴を有したと考えられる。少将の職は、中将とともに公卿の典型的な昇進ルートに含まれており、公卿の子息が多く任じられていた[49]。ただし、季実は公卿に進出することができず、季実の子である行長は五位止まりであった。一方、経季の長男にあたる通家は従四位上・右京大夫になったが、承暦元年（一〇七七）に疱瘡により亡くなった[50]。通家の没年は不明であるが、弟の季仲が一〇四六年に生まれた[51]ことを考慮すれば、三〇〜四〇代の年齢で死亡したと思われる。出世の途中で亡くなった通家の子息である重実と季忠は五位に止まった。

（e）藤原重房

藤原道兼の曽孫であり、兼隆の孫である。兼隆は長徳元年（九九五）、一一歳の時に道兼の子として従五位上に叙された。その後、左近衛少将などを経て、長保四年（一〇〇二）には右近衛中将に任じられ、従三位に叙された。最終的には正二位・中納言に到達した[52]。兼隆の長男兼房は昇殿を許され、右近衛少将に任じられたが[53]、寛仁二年（一〇一八）、尚侍直廬における群飲で蔵人頭藤原定頼を罵倒するなど騒動を起こした[54]。その後、受領を歴任したものの、公卿に列しないまま生涯を終えた。兼房の同母弟定房も、蔵人、左近衛中将を経て受領を歴任し、最終の位階は従四位上であった。定房の子重房は従五位上・肥後守[55]で、重房の子兼基・重兼もまた五位止まりである。

（f）源国俊

醍醐源氏。高明の曽孫にあたる。『本朝世紀』康和元年（一〇九九）三月一八日条の卒伝によれば、隆国（正二位・行太皇太后宮大夫）の六男であり、承保元年（一〇七四）には右衛門佐、同二年には民部権大輔に任じられた。ところが、卒伝には「後白河天皇御宇、侍二殿上一有二闘乱事一。即被レ削二殿上籍一矣」とある。「後白河天皇」はおそらく白河天皇の誤りであろう。白河天皇の在位期である延久四年（一〇七二）〜応徳三年（一〇八六）に殿上人になったが、闘乱事件によって除籍されたものとみられる。参河守・陸奥守を歴任した国俊は、隆国の三男である俊明が一〇四四年に生まれたことから、一〇五〇年代に生まれて四〇代の年齢で死去したのではないか。[56]

（g）藤原家信

藤原定頼（実頼の曽孫、頼忠の孫、公任の子）の曽孫にあたる。祖父である経家の最終官位は正三位・権中納言であった。[57]ところで、父の定綱は、実は頼通の子であったという。[58]『愚管抄』巻四によれば、「宇治殿」すなわち頼通は、具平親王の娘である隆姫を娶ったが、所生の子はなく、「進命婦」すなわち藤原祇子との間に多く子どもを産んだ。これを妬んだ隆姫は「ハジメ三人ヲバ別ノ人ノ子ニナサレニケリ」とされ、その一人が経家の養子になった定綱であった。定綱は播磨守に任じられ、正四位下に達したが公卿にはなれず、寛治六年（一〇九二）に六一歳で死亡した。[59]家信は刑部大輔・左馬助・参河守の経歴を持ち、[60]正五位下まで昇った。

（h）源俊輔

宇多源氏。朝任（雅信の孫、時中の七男）の孫にあたる。祖父の朝任は侍従・左兵衛佐・少納言・少将などの職を経て、左中将・蔵人頭に続いて参議に任じられることにより公卿に列した。[61]父の師良は右兵衛佐・左少将・兵部大輔を歴任し、従四位上に叙された。[62]俊輔は従四位下で、「年七十余」で出家した時には「前摂津守」と称された。[63]俊輔の息子である通季・兼昌は五位に止まり、他の子たちは出家した。

（i）源広綱

村上源氏。もともと若狭守藤原成国の子であったが、右大臣源師房の養子になった。広綱は中務少輔を経て、[64]天仁元年（一一〇八）正月、六一歳の時、式部丞の巡によって摂津守に任じられた。彼は当時従四位下であったが、摂津守任官は「君達」でありながら「被﹅成﹅最下国﹅、尤不便也」と評されるほどであった。そして、同年一一月に死去した(65)。息子の秀忠・顕親・雅光らは四位・五位にまで昇った。

以上の一三人の地下公達のうち、公卿の父（または養父）を持つのは藤原季実・源国俊・源広綱の三人で、他の一〇人の場合は祖父の代まで公卿の任官が確認される。一一世紀前半までは大臣・公卿である父親との関係により公達が規定されたが、ここに至っては父の地位とは関係なく、祖父の代まで継承された公卿・大臣の家の出身であることが個人を公達たらしめたのである。

もっとも、摂関や大臣の子息を意味する「公達」の表現は依然として使用されていた。たとえば、『長秋記目六』巻一、康和四年（一一〇二）一二月一七日条には「右府公達着袴」の見出しが書かれている。「右府」とは右大臣藤原忠実のことで、『殿暦』同月一六日条によれば、一七日に着袴を行ったのは「比女君」（姫君）の泰子と「威徳」すなわち忠通であった。

しかし、父子関係以外の親族を公達と呼ぶような例も見られる。次の史料を見てみよう。

【史料9】『殿暦』康和三年（一一〇一）正月二八日条

廿八日、己丑、天晴。今日殿下（藤原師実）無ㇾ術御也。余（藤原忠実）以下君達皆悉候二御前一。山（仁覚）座（主イ）丼中宮大夫（源師忠）同ㇾ是。子了許宜成御也。

康和三年（一一〇一）正月、藤原師実は病気になり、二七日には「大宮」藤原寛子や「北政所」源麗子とともに宇治に入った。その日、忠実も宇治へ行き、京に帰らず師実の側にいた。また、「多御子族此間皆悉ニ祇候、此外山座主・中宮大夫祇候」したという(66)。史料9にいう「余以下君達」は忠実と「御子族」を指すものといえるが、忠実は師実の孫にあたるので、孫が「君達」と呼ばれていたことになる。長治二年（一一〇五）四月一九日、賀茂祭の次の日に、右大臣忠実は紫野に向かって見物を行った(67)が、『中右記』同日条によれば、その時に

「右大将《藤原家忠》・新大納言《藤原経実》・左兵衛督《藤原能実》・下官《藤原宗忠》・左宰相中将《藤原忠教》忠。・大蔵卿《源道良》、一家君達皆各同車行二向紫野一」かったという。

ここにいう「一家君達」は「一家」の子弟を想定していることから、公卿の子息としての公達を超えた、家格としての公達への転換が垣間見える。

『枕草子』一六三段には「上達部は　左大将、右大将、春宮大夫、権大納言、権中納言、宰相中将、三位中将」とあり、一六四段には「君達は　頭中将、頭弁、権中将、四位少将、蔵人弁、四位侍従、蔵人少納言、蔵人兵衛佐」と記されている。玉井力は一六四段の記述から「公卿昇進に結び付く特定の官職とリンクした四・五位の君（公）達の姿を認めることができる」と述べた[68]。ただ、『枕草子』の記述は「上達部」と「君達」が一般的に補任された官職を列挙したものであり、必ずしも「君達」の語に家格と関わったニュアンスが含まれているわけではない。『枕草子』が書かれた一〇世紀末頃には、「君達」すなわち大臣・公卿の子息は公卿昇進につながる官職に就くというイメージが確認される。公卿を代々継承してきた家系の出身者として公卿への進出が予想される人々にも「公達」の名称が使われて、ようやく公達は家格に関わる概念として認識されるようになったのである。

さて、前駈を担当する人々は、四位・五位・六位のような位階、もしくは殿上人と諸大夫で区別され得る。公卿への進出が望まれる公達の人であっても、当時の位階や地位によって分類されれば済むはずである。ところが、一〇六〇年頃には、殿上人と諸大夫の間に、公達でありながら諸大夫の地位に留まる「地下公達」の存在が特記された。藤原国明（c）のように院近臣として活動することによって昇殿したケースを除いて、多くの地下公達は結果的には昇殿を許されず、四位または五位のままで官途を終えた。源国俊（f）のように、事件に巻き込まれて殿上籍を削られた場合もある。つまり、当時には昇殿される可能性が希薄になったものの、父祖が公卿の地位を継承していた公達の家の出身者を分離して把握する必要から、「地下公達」の号が設定されたものと考えられる。

第三節　陰干公達と諸大夫

前節では、大臣・公卿の子息を指す公達から家格としての公達への変化、殿上人と諸大夫の間に設定された地下公達の存在について述べた。ところで、地下公達は略して「公達」とも記されていたことが確認できる。たとえば、『為房卿記』寛治六年（一〇九二）二月六日条（史料7）には「前駈」として「殿上人」「地下君達」「諸大夫」「六位」の人員が挙げられているが、『中右記』同日条では、同じ前駈に対して「前駈、諸大夫、君達、殿上人等」とある。一二世紀には、「公達前駈三人」[69]「前駈等不ㇾ論二君達・諸大夫一」[70]のように、地下公達の意味で「公達」「君達」の表現を使用した史料の記事が多く見られる。おそらく、家格としての公達が成立したのは、諸大夫の中から区別されるようになった地下公達の出現と背景を同じくする事態であったように考えられる。

それでは、地下公達が目立つようになった経緯をたどってみよう。坂田桂一によれば、平安中期には、内大臣の常置と権官の納言の増加により公卿の人数が増えた。一方、一一世紀前半、高官を占めていた藤原道長の子息たちや藤原実資らが長生きしたため、人事の回転が他の時期と比べて相対的に鈍かったという[71]。藤原北家や源氏の子孫は増えていったが、大臣にまで昇れる人は極めて限られるようになった。同じ父を持つ兄弟でも、嫡男とそれ以外の者との間には地位の差が生じるが、それぞれの家系ではその格差がさらに広がっていったはずである。また、父の早世や政治的不遇によって、公卿への進出が難しくなり淘汰されるような子孫も多くなった。したがって、公卿の大多数を占有していた藤原北家や源氏の子孫でも、昇殿・公卿昇進を遂げられず、地下のままで経歴を終える公達の人数が増加したのである。

こうして増えてきた地下公達は、一一世紀後半の貴族社会において問題視されるようになった。平安時代末期〜鎌倉時代初期の文人である藤原孝範の著作で、年中行事や臨時の儀式における内記の事務などが記載された

『柱史抄』には、祈年穀奉幣に関して次のような奉幣使の先例が挙げられている。

【史料10】『柱史抄』上、二月、祈年穀奉幣

地下公達・受領功輩勤二奉幣使一例。
延久五年(一〇七三)九月十八日、今度使、依二関白殿(藤原教通)仰一、地下君達相交勤レ之可レ然也。成二受領功一之輩幷旧吏等、称二陰干一徒不レ務二公役一。自今以後、如レ此之輩相交可レ令二勤仕一者。諸大夫等各感悦云々。

史料10によると、延久五年（一〇七三）度の祈年穀奉幣は地下公達も勤めるのが妥当とされ、受領成功の人、官職経験者なども、これからは祈年穀奉幣使を勤仕するように命じられた。その措置に対して諸大夫たちが喜んだということから、祈年穀奉幣使の役は諸大夫の人々が勤めるものとされたことがうかがわれる。本来、奉幣使の候補とされたのはすべての五位以上の諸大夫であり、使者の選定のために「五位以上歴名」「諸大夫歴名」が必要とされた。のちには特定の人物が事前に奉幣使として決められるようになり、五位以上の歴名帳自体は形骸化する。(72) 奉幣使の候補対象が五位以上の官人、なかでも諸大夫の人々であったことは確かである。しかし、受領成功の人や旧吏は「陰干」と称して奉幣使のような公役を勤めなかった。「陰干」とは、陰にいて日に当たらないような、顕職に至らない状態もしくは官職に就いていない状況を意味するものと推測される。(73)「陰干」の人々は、そうした表舞台に出ていない立場に置かれたのを理由に、役への奉仕から遠ざけられてきた。地下公達も「陰干」の人々と同様、奉幣使の役に当てられていなかった。

後代の記録ではあるが、平経高の日記である『平戸記』には、地下公達が「陰干之類」とみなされていたことが記されている。

【史料11】『平戸記』延応二年（一二四〇）二月二〇日条

帰路参二一条殿(藤原道家)一。久不二参入一之故也。而依二御物忌一被二閇門一。以二民部権大輔(平)惟長朝臣一入二見参一。此間右中弁(藤原定嗣)

又参。以二惟長朝臣一被レ仰云、開二門戸一可レ参。聊有下可レ被二仰合一事上云々。仍参二候堂上一。中丞(藤原定嗣)同候。被レ仰云、尚侍(藤原佺子)御拝賀日、前駈可レ被レ召二具殿上人一哉否事、可二計申一者。予(平経高)申云、天暦・寛弘、不レ被二召具一也。然者任二先例一不レ被二召具一、何難在乎。但此事被レ申二合大殿(藤原道家)一之処、公卿不二扈従一、然者事雖レ不レ被二召具一可レ宜歟、又雖レ被二召具一、不レ可レ有二其難一歟之由被レ申給云々。案二其事一、公卿不二扈従一之儀、殿上人勤二前駈一事、如二大納言御拝賀之時一、公卿不二扈従一、殿上人為二前駈一伴レ事往古不レ然歟。宇治殿(藤原頼通)御時一如レ此。自二。然者、不レ可レ依二公卿之扈従一歟。但至二愚意一者、只任二先例一、今度有二沙汰一可レ宜歟。被二召具一之条者、誠雖レ非二巨難一、已背二先例一之由、世以称レ之、人以注付候歟。無二其詮一之上、近日之躰、強不レ可レ被レ備二状歓〔壮観〕一歟。此上只可レ在二御計一歟。爰定嗣(藤原)朝臣申上、尤可レ被二召具一歟。其故者、往古之例不レ可レ叶二時儀一之上、当帝之始、事寄尤重、不レ可レ似二寛弘之例一。又末代之法、如レ此事逐日増二威儀一、何況尚〔当〕時御勢不レ及二左右一。諸大夫許勤仕之条、定見苦歟。其上被レ補二家司・職事一、元是名家輩歟。是又争不レ勤二仕前駈一乎云々。惟長朝臣参申二此由一、即被レ仰云、定嗣朝臣立申之儀、誠雖レ非レ無二其謂一、如二予申一興レ絶弛レ廃之儀、尤可レ守二先例一也。就レ中近日変異相季法也。強不レ可レ好二威儀一。家司等雖レ補二名家輩一、雲客等強又非レ可レ勤二前駈一。北政所之例已以如レ此。不レ可二召具一之由所二思食一云々。（中略）

又地下君達可レ勤二前駈一歟之間事被二議定一。寛弘例雖レ不二分明一、其輩定勤仕歟。古ハ大・中納言・参議之子息モ、経二受領一之輩、皆注二大夫一之由、以レ之思レ之、定在二其中一歟云々。予申云、可レ然。且済政(源)朝臣入二御前番一之時、所司悪口、世以二為御遊一。是則今仰之旨符合也。定嗣朝臣、陰干之類勤仕、可二見苦一歟之由申レ之。予云、何可レ然乎。仰云、陰干トハ書二誰人之記一乎。尚書(藤原定嗣)申云、師時(源)卿記多書レ之。仰云、朝隆(藤原)卿記ヒ〔モカ〕多注二此由一。令レ咲給。然而猶可二相催一之由被レ仰レ之。

仁治元年（一二四〇）二月、大殿の藤原道家は、尚侍に任じられた娘の佺子が拝賀の礼を行う時の前駈について、平惟長を介して平経高・藤原定嗣と話し合いをした。まずは、殿上人を前駈として呼び寄せるべきか、それとも諸大夫だけを参加させるかが問題とされた。経高は天暦・寛弘の例を取り上げて、殿上人を召喚しなくてもよいとみた。それに対して道家は、公卿が扈従しない場合でも殿上人を前駈として参加させても問題はないのではないか、と意見を述べた。それでも経高は先例を重視して、殿上人を呼び寄せない方がよいという見解を示した。一方、定嗣は、最近は必ずしも先例に固執するわけではなく、むしろ儀式は威儀を増しており、諸大夫のみで前駈を構成すれば見苦しくなると主張した。つまり、前駈を勤める官人たちは殿上人と諸大夫で構成されるが、先例によれば主に諸大夫が起用された。ここで挙げられた天慶・寛弘の例とは、それぞれ藤原貴子（忠平女）と藤原妍子（道長女）のことを指す。貴子は天慶元年（九三八）一一月一四日に尚侍となり、同月二〇日には尚侍任官の参賀が確認される[74]。また、妍子は寛弘元年（一〇〇四）一一月二七日、尚侍に任じられ、一二月には三位に叙された[75]。同月に行われた妍子叙位の参賀では「車前大夫廿人」「諸大夫」の存在が見られ[76]、史料11の記述通り、殿上人の参加はなかったように思われる。

前駈の奉仕者が諸大夫のみで構成されるようになると、議題は地下公達に前駈を勤めさせる問題に移る。前述のように、寛弘の例では諸大夫の前駈のみ見られる。昔は大納言・中納言・参議の子息でも受領を経た人は諸大夫と記されたため、当時地下公達に該当するような人々もその「諸大夫」の中に入っていたと認識されたのである。これによって、地下公達は公卿の子孫でありながら受領の経歴を有する存在であることがわかる。また、受領の経歴を持つ公卿の子息を指す名称は一一世紀初にはまだ出現せず、一一世紀後半になって、そうした人々を地下公達と呼んで区分する動きが見られたと考えられる。

さらに、藤原定嗣は地下公達が前駈を勤めることを「陰干之類勤仕」と称し、地下公達と陰干の類を同一視していた。「陰干」の表現は、源師時の日記『長秋記』と藤原朝隆の日記『朝隆卿記』に多く記されたという[77]。実際、地下公達に対する「陰干」または「陰干公達」の名称は、藤原忠実の日記『殿暦』より確認される。

【史料12】『殿暦』康和三年（一一〇一）九月二五日条

廿五日、癸未、天晴。卯剋許前斎院（令子内親王）辛埼御禊云々。前駈人々、左衛門督雅俊（源）・源宰相中将国〔信〕・同（中将イ）頭顕雅（源）・少将家定（源）・侍従顕国（源）・兵衛佐顕重（源）・兵部大輔雅兼（源）・少納言実時（源）〔明イ〕等也。陰干君達幷諸大夫一両云々。内大臣（源雅実）乗車、被ㇾ候㆓御後㆒。女車二輌・半車一輌。

たとえば、史料12では前斎院令子内親王の辛埼御禊における前駈の面々が記されている。儀式の前駈が殿上人・地下公達・諸大夫で構成されることについては前述したが、この記事では源雅俊以下八名とともに「陰干君達」と「諸大夫」が見られる。当時、源雅俊・源国信は公卿に列しており[78]、源顕雅は蔵人頭、源家定ら五人は殿上人であった[79]。したがって、前駈のうち、名前が明記された人々を上達部・殿上人とすれば、「陰干君達」は地下公達に該当する存在となる。他の記事を見ても、長治二年（一一〇五）、威徳（藤原忠通）の庚申待に集まった人々が「殿上人、一両陰旱〔干〕、又同諸大夫十余人許」と記され[80]、天仁二年（一一〇九）、摂政忠実の賀茂詣の時には、上達部一五人に続いて「殿上人・院殿上人・院北面人・景干・諸大夫二百余人」が来たという[81]。

要するに、地下のままで昇殿せず、公卿への進出は難しく、受領を経るなどして顕職には就かずに公役に参加しなかった公達、すなわち地下公達は、「陰干」「陰干公達」とも呼ばれた。こうした殿上人と諸大夫の間に位置する存在が認識されるようになったのは、諸大夫に準じる役を勤めさせる新しい集団を確保する道を模索していたからである。ここで「陰干（景干）」「陰干公達」の用例がすべて『殿暦』に集中している（表2）ことに注目すべきである。実は、地下公達＝陰干公達の把握は、忠実のような摂関家の人にとって重要な意味を持っていた。

石田祐一は、醍醐源氏を例にとって、下級貴族の一部分である諸大夫が摂関家に随従しており、家司や職事として仕えていたと述べた[82]。石田によって挙げられた源季長・季広らの例は、時代的には一二世紀後半以後にあた

表2　「陰干（景干）」「陰干公達（景干公達）」の用例（出典はいずれも『殿暦』）

年（西暦）	月	日	内　容	備考
康和三（一一〇一）	九	二五	陰干君達幷諸大夫一両	史料12
康和四（一一〇二）	正	四	午剋許人々来。陰干君達歟	
長治二（一一〇五）	二	三	殿上人・一両陰干、又同諸大夫十余人	
天仁二（一一〇九）	八	一七	殿上人・院殿上人・院北面人・景干・諸大夫二百余人	
天永二（一一一一）	八	一一	源氏陰干不ㇾ触㆓外記服薬㆒	
〃	九	二四	陰干公達一両有㆓北面㆒	
永久二（一一一四）	三	一五	上達部直衣冠、殿上人同、諸大夫衣冠、景干公達布衣	
〃	四	二九	景干公達両三人・諸大夫又両三人	
〃	五	二	布施取景干公達両人許也	
〃	九	二八	家々司・職・景干公達等参入	史料13
永久四（一一一六）	三	五	殿上人・景干公達・六位皆衣冠	
永久五（一一一七）	一〇	一一	景干公達両三人・諸大夫両三人	

るが、家司の存在は藤原実資のような一一世紀の公卿の家政機関でも認められ、本主への奉仕に対して、給爵・給官の推挙などを反対給付として与えられる人的関係を持っていた(83)。つまり、諸大夫は儀式の公役を勤めるとともに、権門、特に摂関家の行事で奉仕し、その本主の指示に従う立場にあった。前掲の史料11でも「諸大夫許勤仕之条、定見苦歟。其上被ㇾ補㆓家司・職事㆒、元是名家輩歟。是又争不ㇾ勤㆓仕前駈㆒乎云々」とあって、諸大夫の中で家司・職事に補されるものが存在し、前駈を勤仕しかねることもあると指摘された。

一方、殿上人は儀式の役への奉仕を忌避する傾向を見せていた。藤原頼長は最勝講での堂童子の役に関して「近代、殿上五位為㆓公卿子息㆒之輩、嫌㆓堂童子㆒、不ㇾ奉㆓仕之㆒(84)」と記し、公卿の子息である五位の殿上人が堂童子として奉仕することを嫌っていた当時の状況を述べた。また、九条兼実は文治三年（一一八七）の石清水臨時祭に際して重盃の役を公卿の子息に勤めさせて、「爰近代之習、殿上人所ㇾ役等、云㆓四位役㆒、云㆓五位役㆒、各称㆓華族㆒、一切不ㇾ勤㆓仕之㆒。太以奇怪。為ㇾ励㆓後輩㆒、殿上人役等不ㇾ可ㇾ嫌」と発言したという(85)。一二世紀前後には、

「華族」や公卿の子息といった出身の家柄を理由に、殿上人の役を一切勤仕しない人が多かったのである。そこで、前駈のような、殿上人と諸大夫がともに勤める役の場合、殿上人がほとんど参加しない事態が生じた。たとえば、嘉応二年（一一七〇）に摂政藤原基房が太政大臣に任じられた後、所々に慶申に行こうとしたが、先例では殿上人が諸大夫と相交わって勤めていた前駈が今度は一人か二人しか参加せず、結局停止となった(86)。

　こうして殿上人は公卿の家の出身を頼って役を忌避し、諸大夫の家の人々に役が集中されて負荷がかかるなかで、摂関家は、大臣・公卿の家の出身であっても昇殿や公卿昇進が難しく、顕職に就いていないために公役から離れた「地下公達」＝「陰干公達」を奉仕者集団として新たに包摂することを考え出したのである。そして、前駈などの公役だけではなく、家政機関においても、公達は摂関家に仕える構成員として位置づけられるようになった。

【史料13】『殿暦』永久二年（一一一四）九月二八日条

於㆓宇治㆒四条宮（太皇太后藤原寛子）有㆓花供養事㆒。余有㆑障不参。中納言同有㆑障不参。大夫（源俊明）・権大夫（藤原忠教）被㆑参云々。家々司・職（事脱カ）・景干公達等参入。余所㆓催進㆒也。

たとえば、史料13によれば、太皇太后藤原寛子が宇治で花供養をした時、忠実は参加しなかったが、その代わりに忠実の呼び集めた家の家司と職事、そして「景干公達」らが参入したという。陰干公達が家司・職事とともに家政機関の構成員とみなされ、家長の指示に従っていたのである。また、陰干公達は略して「公達」とも称された可能性がある。長治二年（一一〇五）四月二七日、忠実の家の仁王講が行われ、「家女房・公達・家司・職事・下部等」が心経の書写供養をしたという(87)。『大日本古記録』では「忠実ノ妻子以下心経ヲ書写ス」と頭注に記しているが、ここにいう「公達」は家司・職事とともに家の行事に参加する地下公達であったと考えられる。

永久二年（一一一四）二月二日、藤原頼通の忌日に、忠実は右大将藤原家忠以下を呼び寄せたが一人も参仕せず、

「家職事幷公達両三人奉レ催了」と日記に書かれている(88)。「家忠以下」は忠実によって「故殿公達」とも呼ばれた(89)ように、一家の君達に該当するため、家の職事とともに言及されるもうひとつの「公達」は摂関家の子弟ではなく、やはり摂関家に奉仕する陰干公達のことである。

こうして、諸大夫に加えて、摂関家に仕えるような陰干公達の集団が把握されるようになり、大臣・公卿の継承が依然として継続される「貴種」の家に対する公達の家格が新たに認識されたのである。そして、その公達に課された役は、のちに「公達役（君達役）」と呼ばれるようになった。

【史料14】『玉葉』承安四年（一一七四）二月二日条

二日己未。、晴。此日、小児女（藤原任子）子。百日也。多雖レ過二百日一、同日食二五十日・百日等一、何撰二吉日之時一。如レ此先々例也。吉時午時、陪膳中務権大輔経家（藤原）朝臣、役人五位八人。台六本、盤二枚市餅三盃（盃例五十）。二井ノ煎、一盃摩器。已上、銀器。此外皆様器也。康平吉例、也。居様逐二康平例一也。寝殿南面儲二其座一他鋪レ茵如レ恒。依二康平吉例一、不レ立二調度一。家司少納言信季（平）、職事国行（源）等奉二行之一。依二密儀一陪膳已下皆衣冠也但経家着二束帯一参入。若有二他公事一歟。。百五十合餅被レ居二南簀子一。是又依二密儀一、刻限以前勤〔恪〕者被レ居レ之也。今日不レ招二公卿・殿上人等一也。下官食レ之如二先々一。抑左中将定能（藤原）朝臣、院御共参二籠日吉一。仍用二経家一也正下四位殿上人也。彼一家自二故殿（藤原忠通）御時一被レ付二君達役一也。

史料14によれば、承安四年（一一七四）、九条兼実は娘の任子（のちの宜秋門院）の百日を「密儀」として行った。この日の行事には公卿・殿上人らを招いておらず、平信季や源国行のような家司・職事が「恪勤者」として座を設けて物を据える役割を果たしていた。もともと、陪膳についても藤原定能が起用される予定であったという。定能は大納言藤原道綱（兼家の三男）の子兼経の子孫であるが、兼経は参議に留まったまま四四歳で病死した。兼経の子敦家（定能の曽祖父）は四位に止まり、敦家の子息である敦俊は従五位上・上総介になり、もう一人の子敦兼（定能の祖父）も正四位下に叙され、数ヵ国の国司を歴任した。敦兼の子季行（定能の父）も阿波・能登などの国司の経歴を持つが、のちに従三位に叙されることができた[90]。承安四年当時、定能は正四位下・左中将・加賀権介であり、まだ地下のままであった[91]。ところが、安元二年（一一七六）、彼は蔵人頭に補され、その後、公卿に列するようになった。それは「以二院之近臣一、超二越知盛（平）入道相国（平清盛）最愛之息子一。」といわれたように、後白河院の近臣であったからこそ可能な人事であった[92]。つまり、定能はもともと昇殿や公卿昇進が難しい地下公達で、そのため陪膳役の勤仕に用いられた。このように公達に充てられた公役や家事こそ公達役と称されたのである。

院近臣として比叡山での参籠に参加するため陪膳の奉仕が不可能になった定能の代わりに陪膳を勤めたのは、藤原経家であった。しかし、経家は殿上人であり、地下ではなかった。彼は藤原北家末茂流の出で、曽祖父の顕季は諸大夫層出身の院近臣であった[93]。顕季が「貴種」にあたる藤原実季の猶子になり、公卿に進出できたとしても、経家は殿上人でありながら公達役への奉仕を担当した。そもそも、経家の家柄は公達の家の出身として認められたわけではない。そのため、彼の一家が藤原忠通の時から「君達役」に付けられてきた、とあえて言及されたものと考えられる。別の記事からも末茂流に対する同様の認識がうかがわれる。

【史料15】『玉葉』文治二年（一一八六）四月二八日条

廿八日乙亥。、雨降。此日相二具女房一、始渡二冷泉万里小路家一右兵衛督隆房（藤原）宅也。而依レ為二内裏近辺一借二用之一。日来加二修理一。去年大地震之後破損殊甚。仍殆如二新造一。舎屋築垣鋪設等皆悉仰二家中男一。（中略）前駈、地下君達・諸大夫相交、皆布衣保安三年（一一二二）故殿（藤原忠通）相二具女房一、始渡二御東三条一之日、前駈、君達・諸大夫、皆布衣。所レ追二彼例一也。彼度保安二年（一一二一）三月被レ下二関白詔一。共二造二作之一。而年内依二北政所（藤原宗子）重喪一、無二両人御一行之儀一、次年春始有二此儀一也。。相并十二人交名在レ奥。（中略）

今日御渡、前駈十二人。

前少納言有家（藤原）朝臣四位。　　宮内大輔盛房（藤原）

兵部大輔保能（藤原）　　前安房守有経（藤原）

治部少輔朝輔（藤原）　散位忠行（藤原）重季（藤原）息。
経重（藤原）経家（藤原）朝臣息。　保季（藤原）季経（藤原）朝臣息。
已上、地下君達。但有家・経重・保季非㆓君達㆒。然而先々如㆑此役准㆓君達㆒所㆓奉仕㆒也。
中務少輔兼親（藤原）　前馬助国行（源）
散位兼時（源）　前安芸権守経泰
已上、家司・職事。

史料15によれば、文治二年（一一八六）三月に摂政宣下を受けた兼実が翌月女房を連れて初めて冷泉万里小路家に渡ったが、その時の前駈一二人には、地下公達が八人、諸大夫すなわち家司・職事が四人参加したという。前駈として（地下）公達と諸大夫を奉仕させるのは、保安三年（一一二二）、藤原忠通が女房とともに東三条邸に渡った時にも同様であった。ところが、藤原有家・藤原経重・藤原保季は実は公達ではなく、以前このような役を公達に準じて奉仕したことがあったため、地下公達に含まれて公達役を勤めたのである。

経重については「経家朝臣息」とあり、史料14に登場した経家の息子にあたる。前述のように、経家は四位の殿上人ではあったが、彼の一家が公達の役に付されたため、公達の役を奉仕することになった。経家・経重父子は、公達役を勤仕することもあったが、厳密には公達として認められていなかった。実は、有家と保季も、経重と同様、末茂流の子孫である。顕季の子顕輔には重家・季経らの子息がいたが、有家は重家の子で、保季は季経の子であった。[95] 玉井力は、この末茂流の人々に対する「非㆓君達㆒。然而先々如㆑此役准㆓君達㆒所㆓奉仕㆒也」の記述を引用し、のちに羽林家として公達の仲間入りをする末茂流の有家らも本来の公達の扱いを受けていないと述べた。また、公卿が輩出した藤原北家の高藤流や内麻呂流の人々も依然として諸大夫であったように、貴族たちの意識の中で秩序意識が強く根付いたとする。[96] そうした公達の枠の固定化は、公達役に非公達の人を充てるような措置が行われた忠通の時代以前、もしくは顕季の公卿進出以前、すなわち一二世紀前半頃に定着したといえよう。

おわりに

貴族社会において、「公達」という言葉は二つの意味を持つ。最初は、大臣や公卿の子息に対する公達の呼称である。一一世紀には、摂関・大臣・公卿のほとんどを藤原北家と源氏が占めるようになるため、公達と呼ばれる人々が特定の家々の出身者に限定されていったのは間違いない。そこで公達の語が「家格と関わった形」で使用されたとの見解も提示されたが、この時の公達自体が家格の区分につながるわけではなかった。大臣・公卿の父祖を持つことが公達と呼ばれるための条件であったので、むしろ上級貴族層の子弟に対する一般的な呼称にあたるものであった。そうした上級貴族層の中から、公卿への持続的な昇進が難しくなり零落する家系が現れてきたが、彼らに対しては依然として公達の名称が使い続けられた。院政期に入った時点で、それまで数代にわたる大臣・公卿の継承が認められる「貴種」の家の出身者は、その父祖が大臣・公卿になっていなくても公達として認識されたのである。そして、諸大夫層に加えて、新たに公役や摂関家の行事に参加させるべきグループとして地下に留まる公達が把握され、そのような人々の家が公達の家とされるようになった。家格としての公達は、この段階で形成されたものと考えられる。

ここで「貴種」と家格としての「公達」の関係について考察したい。「貴種」の語は摂関期には見られなかったが、一一世紀後半以後の史料には散見するという点は第二章で言及した。実は「地下公達」という言葉の用例も一一世紀後半から見られるという類似した傾向を示している。もっとも、「貴種」と公達の家は、いずれも一〇世紀後半から一一世紀前半にわたって大臣・公卿を出した家柄の形成により培われたものであることは確かである。それが一一世紀後半には、王家や摂関家など権門の身分としての性格を表すためには「貴種」の語が使用される一方、その権門に従事するも諸大夫よりは高い家柄の人々に対して、「公達」の語が当てられたのである。

ただし、大臣・公卿の子息の公達が家格としての公達に全部切り替えられたのではなく、その後も両者の混在が続いた点には注意すべきである。たとえば、平清盛一家の子弟は『平家物語』に「六波羅殿の御一家の君達」と呼ばれ、「花族も栄耀も面をむかへ肩をならぶる人なし」とされた[97]。また、一三世紀初めの成立とされる『平家公達草紙』は維盛・資盛・重衡らの逸話を集めたものである。清盛一家の人々が公達と呼ばれ得たのは、清盛が公卿入りを果たし、大臣にまで昇ったことによるといえよう。ところが、彼らが「貴種」もしくは公達の家と認識されるのはまた別の話であった[98]。

最後に、『官職秘抄』に見える「公達」の語について検討したい。平基親が正治二年（一二〇〇）頃に編集したとされる『官職秘抄』は、一二世紀末までの任官事情を反映した記録といえる。したがって、その中に出てくる「公達」という言葉の用例から一二世紀末の時点における公達の概念と秩序意識が確認できるのではないかと考える。「公達」は全部で一七件確認されたが、同じ任官条件の官職も含めて表3にまとめた。

これらの用例のうち、「殿上地下公達」または「可ㇾ然公達」と表現されるのは、上級貴族層出身の「君達」を殿上と地下で分け、公達の中から「しかるべき」存在を区別しているように見受けられる。これは大臣・公卿の家の子弟である公達を想定しているものといえる。それに対して「華族・公達」「英雄・四位公達」のように、華族・英雄と呼ばれる高貴な家柄とは区分される公達の存在も確認されるが、この公達は「貴種」の家を除く公達の家の出身者を指す表現に該当する。このように、大臣・公卿の子弟と地下のままに止まる公達は必ずしも明確に区別されず、昇殿や位階とも結合されて複雑な様相を呈していた。それでも、個人の官位や状態を基準に設定された〈公卿・殿上人・諸大夫〉の秩序とは範疇を異にする〈貴種・（地下）公達・諸大夫〉という身分階層

表3 『官職秘抄』に見える「公達」

官庁	官職	内容（任官条件）	区分
太政官	大納言	中納言中位階上﨟・近衛大将・同中将・当今外舅・歴坊官輩任レ之。非二華族・公達幷諸大夫一不レ任レ之。	A
	少納言	可レ然公達、若ハ名家・諸大夫堪二公務一之輩任レ之。	B
中務省	大輔・少輔	殿上・地下公達多任レ之。但治部已下、殿上・地下諸大夫又任レ之。	
治部省			
兵部省			
刑部省			
宮内省			B
兵庫寮	頭	公達・諸大夫任レ之。	―
左右京職	権大夫	四位・五位、殿上・地下公達、諸大夫任レ之。	
修理職			B
弾正台	大弼・少弼	公達・諸大夫任レ之。	―
中宮職	亮	華族・四位諸大夫、或公達、或大業者任レ之。	A
	権亮	英雄・四位公達任レ之。五位又任レ之。	A
斎宮寮	頭	可レ然公達任レ之。若無二其人一者、雖二諸大夫一被レ撰レ人。	B
左右衛門府	督	中納言・参議中、公達輩任レ之。近代粗有二諸大夫例一。	A
	佐	公達任レ之。於二諸大夫一者規模也。	―
左右兵衛府	督	任人同二衛門督一。但殿上四位或任レ之。	A
	佐・権佐	已上任人如二衛門佐一。	A
左右馬寮	頭	四位上﨟・公達任レ之。近代及二諸大夫一。	A
	権頭	可レ然公達・諸大夫任レ之。	B
	助	往代、英華貴種人多任レ之。近代、経二蔵人一之輩幷公達任レ之。	A
中務省	侍従	本数八人也。其中三人、少納言必兼レ之。其外英雄、四・五位公達任レ之。又可レ然大・中納言・参議兼レ之。	B
検非違使	別当	中納言・参議中、為二公達一衛府督撰レ人補レ之。至二于諸大夫一者非二通規一。	―
蔵人所	五位蔵人	弁・少納言・廷尉佐・勘解由次官・坊大進・母后皇后大進中、公達幷重代名誉之諸大夫補レ之。	B

A＝（地下）公達の家の人々／B＝大臣・公卿の子弟／―＝不明

の構造は形成されており、両者を混同しないために細心の注意を払う必要があろう。

（1）石母田正「古代官僚制」（同『石母田正著作集　第三巻　日本の古代国家』岩波書店、一九八九年、初出一九七三年）三四一～三四五頁。竹内理三「律令官位制に於ける階級性」（同『竹内理三著作集　第四巻　律令制と貴族』角川書店、二〇〇〇年、初出一九五〇年）二〇二頁。
（2）橋本義彦「貴族政権の政治構造」（同『平安貴族』平凡社、一九八六年、初出一九七六年）一〇一～一〇二頁。
（3）古瀬奈津子「昇殿制の成立」（同『日本古代王権と儀式』吉川弘文館、一九九八年、初出一九八七年）三四二～三五一頁。
（4）岡田荘司「王朝国家祭祀と公卿・殿上人・諸大夫制」（同『平安時代の国家と祭祀』続群書類従完成会、一九九四年、初出一九九〇年）二六三～二六五頁。川本重雄「正月大饗と臨時客」（同『寝殿造の空間と儀式』中央公論美術出版、二〇〇五年、初出一九八七年）三一八～三二〇頁。
（5）橋本注（2）前掲論文、一〇五～一一〇頁。
（6）玉井力「「院政」支配と貴族官人層」（同『平安時代の貴族と天皇』岩波書店、二〇〇〇年、初出一九八七年）八二・八四頁。
（7）岡田注（4）前掲論文、二九一～二九二頁。
（8）佐伯智広「中世貴族社会における家格の成立」（上横手雅敬編『鎌倉時代の権力と制度』思文閣出版、二〇〇八年）五～二五頁。
（9）和田英松著、所功校訂『新訂　官職要解』（講談社、一九八三年、初出一九〇二年）一九七頁。
（10）橋本義彦「きんだち　公達」（『国史大辞典』四、吉川弘文館、一九八四年）六八二頁。
（11）玉井注（6）前掲論文、八二～八三頁。
（12）百瀬今朝雄「諸大夫に関する一考察」（同『弘安書札礼の研究――中世公家社会における家格の桎梏』東京大学出版会、二〇〇〇年、初出一九九三年）一〇七～一一〇頁。
（13）和田注（9）前掲書、二九七頁。

(14) 山中裕編『御堂関白記全注釈　寛弘四年』(思文閣出版、二〇〇六年)一〇四頁。
(15) 坂田桂一「解説――『公卿補任』の成立過程と形式」(同『公卿補任図解総覧』勉誠出版、二〇一四年)一三〜一四頁。
(16) 玉井注(6)前掲論文、八三頁。
(17)『小右記』寛仁元年(一〇一七)九月二二日条。ちなみに、『御堂関白記』同日条には「舞人諸衛佐四位二人也」と記されている。
(18)『小右記』長和二年(一〇一三)二月一日条。
(19)『御堂関白記』寛弘四年(一〇〇七)二月八日条。
(20)『江記』嘉保元年(一〇九四)四月五日条。
(21)『康平記』康平三年(一〇六〇)七月一七日条。
(22)『尊卑分脈』伊尹公孫、伊尹・行成・実経・師仲。
(23)『小右記』万寿四年(一〇二七)一二月四日条。『日本紀略』同日条。
(24)『権記』寛弘三年(一〇〇六)三月一六日条。『尊卑分脈』伊尹公孫、実経。
(25)『公卿補任』寛徳二年(一〇四五)参議正四位下藤行経尻付。
(26)『中右記』寛治二年(一〇八八)一一月一三日条。『尊卑分脈』伊尹公孫、師仲。
(27)『為房卿記』寛治六年(一〇九二)二月六日条。
(28)『尊卑分脈』伊尹公孫、実信。
(29)『中右記』寛治二年(一〇八八)一一月一一日条。
(30)『小右記』寛仁二年(一〇一八)一〇月二二日条。『御堂関白記』同日条。『小右記』治安三年(一〇二三)一二月一五日条。
(31)『中右記』嘉保元年(一〇九四)正月二九日条、承徳元年(一〇九七)閏正月四日条。『尊卑分脈』道綱卿孫、顕綱。
(32)『尊卑分脈』道綱卿孫、有佐。『今鏡』第四「伏見の雪の朝」。
(33)『後二条師通記』永長元年(一〇九六)一一月一五日条。

(34)『公卿補任』康平四年（一〇六一）権大納言正二位藤信家。
(35)『尊卑分脈』摂関相続孫、忠綱。
(36)『尊卑分脈』摂関相続孫、長兼。
(37)『中右記』長治元年（一一〇四）七月一七日条。
(38)『公卿補任』長暦三年（一〇三九）参議正四位下藤経輔尻付。
(39)『公卿補任』治暦五年（一〇六九）権大納言正二位藤経輔。
(40)『弁官補任』治暦三年（一〇六七）左中弁正四位下藤師基。『尊卑分脈』道隆公孫、師基。
(41)『中右記』寛治五年（一〇九一）一一月一七日条。
(42)『中右記』寛治七年（一〇九三）二月五日・同年七月一六日条。『本朝世紀』康和元年（一〇九九）一二月一四日条。『殿暦』康和四年（一一〇二）正月二三日条。『中右記』長治二年（一一〇五）四月一七日条。
(43)『中右記』寛治八年（一〇九四）六月二日条。
(44)『中右記』長治二年（一一〇五）四月一七日条。
(45)槇道雄「夜の関白と院政」（同『院近臣の研究』続群書類従完成会、二〇〇一年、初出一九九五年）四七頁。また、国明が治部少輔のまま四位に叙され、四位少輔の例がないのを理由に大輔に転じた寛治七年（一〇九三）には俊明が治部卿に在任していた。『中右記』寛治七年二月五日・同年一〇月二〇日条を参照。
(46)『公卿補任』永保二年（一〇八二）中納言正二位藤経季。経季の辞退に代わって、息子の兼平が出雲守に任じられた。
(47)『中右記』元永二年（一一一九）六月二四日条。『殿暦』長治二年（一一〇五）八月二九日・同年一一月二九日条。
(48)『類聚世要抄』第一五、九月。法華会所引『大暦記』寛治三年（一〇八九）九月五日条。
(49)笹山晴生「左右近衛府上級官人の構成とその推移」（同『日本古代衛府制度の研究』東京大学出版会、一九八五年、初出一九八四年）二六九頁。
(50)『水左記』承保四年（一〇七七）八月一日条。
(51)『中右記』元永二年（一一一九）六月二四日条によれば、同月一日に七四歳で死亡した。
(52)『公卿補任』長保四年（一〇〇二）非参議従三位藤兼隆尻付、寛徳三年（一〇四六）前中納言正二位藤兼隆。

(53)『小右記』長和二年（一〇一三）八月一日・同五年（一〇一六）四月二四日条。
(54)『小右記』寛仁二年（一〇一八）四月二日条。
(55)『尊卑分脈』道兼公孫、重房、『維摩講師研学竪義次第』中巻（宮内庁書陵部編、宮内庁書陵部、一九七三年）、寛治四年（一〇九〇）条。
(56)『中右記』永久二年（一一一四）一二月二日条に「年七十一」で亡くなったとある。
(57)『公卿補任』治暦四年（一〇六八）権中納言正三位藤経家。
(58)『尊卑分脈』実頼公孫、定綱。
(59)『中右記』寛治六年（一〇九二）一二月一九日条。
(60)『中右記』嘉保元年（一〇九四）一〇月二一日・永長二年（一〇九七）四月一四日・康和四年（一一〇二）正月五日条。
(61)『公卿補任』治安三年（一〇二三）参議正四位下源朝任尻付。
(62)『小右記』治安三年（一〇二三）一〇月一三日・同四年（一〇二四）四月一三日・長元四年（一〇三一）八月一七日条。『春記』長暦三年（一〇三九）正月六日条。
(63)『中右記』康和六年（一一〇四）二月五日条。
(64)『後二条師通記』寛治三年（一〇八九）三月一三日条。
(65)『中右記』嘉承三年（一一〇八）正月二四日・天仁元年（一一〇八）一一月晦日（二九）条。
(66)『殿暦』康和三年（一一〇一）正月二七日条。
(67)『殿暦』長治二年（一一〇五）四月一九日条。
(68)玉井注(6)前掲論文、八二頁。
(69)『殿暦』永久五年（一一一七）八月九日条。
(70)『台記』保延二年（一一三六）一〇月一一日条。
(71)坂田注(15)前掲論文、一四頁。
(72)黒羽亮太「平安貴族社会の役と文書の変容」（『日本史研究』六七九、二〇一九年）一三頁。

(73)「陰干」は「景干」とも書き、「かげぼし」と読まれたと考えられるが、早稲田大学図書館所蔵『柱史抄』には「陰干」の横に「ヒカケ」の傍書があり、「ひかげ」と読んだ可能性もある。「ヒカケ」傍書については上島享氏のご教示をいただいた。
(74)『類聚符宣抄』巻四、尚侍、天慶元年（九三八）一一月二七日太政官符。『貞信公記抄』天慶元年（九三八）一一月二〇日条。
(75)『御堂関白記』寛弘元年（一〇〇四）一一月二七日・同年一二月七日条。『権記』同日条。
(76)『御堂関白記』寛弘元年（一〇〇四）一二月二七日条。
(77) しかし、『長秋記』の現存部分を調べても「陰干」の語は見当たらない。『朝隆卿記』の場合、木本好信「『朝隆卿記』逸文集成稿（一）」（『龍谷史壇』一四二、二〇一六年）、同「『朝隆卿記』逸文集成稿（二）」（『龍谷史壇』一四四、二〇一八年）に収められた逸文および『歴代残欠日記』巻二三の『中納記』仁平四年（一一五四）一〇月二八日条（久寿改元定）にも「陰干」の語は見えない。
(78)『公卿補任』康和三年（一一〇一）権中納言従二位源雅俊・参議正三位源国信。
(79) 家定の昇殿は『中右記』寛治七年（一〇九三）三月六日条、顕国・顕重の昇殿は『中右記』承徳二年（一〇九八）七月九日条に見える。顕雅・家定・雅兼は『中右記』寛治七年（一〇九三）一一月二一日条に殿上人とある。実明は『殿暦』康和二年（一一〇〇）七月一日条に殿上人の一人とされる。
(80)『殿暦』長治二年（一一〇五）二月二一日条。
(81)『殿暦』天仁二年（一一〇九）八月一七日条。
(82) 石田祐一「諸大夫と摂関家」（『日本歴史』三九二、一九八一年）二三～二四頁。
(83) 渡辺直彦「藤原実資家「家司」の研究」（同『日本古代官位制度の基礎的研究　新装版』吉川弘文館、二〇一二年、初出一九七二年）二〇二・二二五頁。
(84)『宇槐記抄』仁平元年（一一五一）五月二二日条。
(85)『玉葉』文治三年（一一八七）三月一五日条。
(86)『玉葉』嘉応二年（一一七〇）一二月一七日条。

（87）『殿暦』長治二年（一一〇五）四月二七日条。
（88）『殿暦』永久二年（一一一四）二月二日条。
（89）『殿暦』元永元年（一一一八）閏九月二二日条。
（90）『尊卑分脈』道綱卿孫、兼経・敦家・敦俊・敦兼・季行。
（91）『公卿補任』治承三年（一一七九）参議正四位下藤定能尻付。
（92）『玉葉』安元二年（一一七六）一二月五日条。
（93）『尊卑分脈』末茂孫、顕季。
（94）『公卿補任』長治元年（一一〇四）非参議従三位藤顕季。
（95）『尊卑分脈』末茂孫、顕輔・重家・季経・有家・保季。『公卿補任』建保六年（一二一八）非参議従三位藤保季によれば、保季は実は重家の四男であったという。
（96）玉井注(6)前掲論文、八三～八四頁。
（97）『平家物語』巻一、禿髪、九〇頁。
（98）『玉葉』治承元年（一一七七）一〇月一〇日条によれば、平宗盛は妹夫藤原隆房の娘を養女としていたが、その娘と九条良通との婚姻を提案した。良通の父・兼実はこれに従おうとすれば「堕レ家之謗」があるとし、平家一族との身分の差を意識していた。

補論二　実務官僚系院近臣の登用は身分秩序の打破か

はじめに

院政とは譲位した上皇（院）が王家の家長として天皇の代わりに政治に関与する政治形態である。天皇の外戚でもあり後見人として地位に基づいた藤原氏の摂関政治は、藤原氏出身ではない母より生まれた後三条天皇の即位の前後に衰退し始め、後三条天皇の跡を継いだ白河天皇が、応徳三年（一〇八六）譲位することにより院政を開始した。白河・鳥羽・後白河の三人の上皇を経て、院政体制は確固たる位置を占めるようになり、この時期は一般的に院政期と呼ばれる。

こうした院政を可能にし、院の権力を後押しする存在が、まさに院近臣である。かつて院近臣は院の側近集団であり、院政の生んだ新しい権力階級として把握された[1]。林屋辰三郎は院近臣のうち大多数が受領層であることに注目し、もともと摂関家に従っていた受領層が自分たちのための政権である院政の樹立を誘導し、その財政的基盤としての役割を担った、という見解を提示した。すなわち、院近臣が院政の実質的な政治勢力であり、院はその付属物に過ぎなかったという[2]。

これに対して石母田正は、受領のほかにも貧しい博士や零落した貴族、出身の不分明な策略家、僧侶など様々な人間階層が院政により院近臣として組織され、彼らは家柄や才能ではなく、専ら院の寵愛と信任により権力を獲得し、院政を支持したとみた(3)。橋本義彦は、院近臣が本質的には摂関家の近臣の後身として、寄生的・従属的関係の対象を摂関家から院へと変えただけで、彼らは院の専制権力のもとで組織され、その権勢により制約される存在であったと指摘した(4)。

一方、元木泰雄は、売位売官や陰謀などで政治の腐敗と混乱を惹起した点や、無能にもかかわらず院の寵愛を受けて成り上がり身分秩序を乱した点などから、従来の院近臣に対する印象は否定的であったと述べながら、このような観点の根拠となる史料は上流貴族層の固定的な身分観念に基づいて記録されたものなので、院近臣の台頭には閉鎖的な身分秩序を打破する積極的な側面があるとみた。また、大江匡房や信西のように、身分は低くても学者として有能な人物が院近臣として政権の中枢に参加したのは、人材登用として評価されるというのである(5)。院近臣が経済的に院に奉仕する富裕な受領層であると同時に、院庁では別当・判官代として、朝廷では弁官・蔵人として、政務を担当する実務官僚の側面があることはすでに指摘されている(6)。特に、実務官僚の経歴を持つ高藤流らの家柄が、播磨・伊予のような大国の受領には任じられず、官職の経歴および活動内容の面において他門流とは明確に区分されることから、元木泰雄は院近臣を実務官僚系近臣と大国受領系近臣の二種類に大別し、大多数の後者が院近臣の否定的なイメージを作り出した原因となったのに対し、前者は上流貴族によりその能力を認められて「良臣」と呼ばれたため、人材登用の意味があるとみた(7)。さらに、槇道雄は、白河院側が政治実務のために「良臣」を起用する意図を持っていたと主張した(8)。

実務官僚系近臣に対する肯定的な評価と観点はその後も続けられている(9)。ただ、これについては若干の疑問点が残る。

第一に、人材登用という側面が疑問視される。先行研究では、実務官僚系近臣の登用を人材登用として積極的に評価している。しかし、実務官僚系を含むほとんどの院近臣が、院の乳母夫およびその親族、院の寵愛の対象であったことから、その実態は特定の集団に限られている点で能力主義とは程遠いようにみられる。はたしてどの程度新しい人材が抜擢され、院が人材を求めるための積極的な意図を有していたか、について検討する必要があると考える。

第二に、院近臣の台頭が身分秩序の打破を意味するのか、という点である。確かに、それまで公卿への進出が難しかった諸大夫層出身院近臣たちは、破格の昇進を重ねて公卿になり、政権の中枢に入ってきた。しかし、白河院政期は、太政大臣が輩出する清華家と、弁官を経る昇進コースを独占した名家の家格が形成される時期であり、むしろ家格と身分秩序が確立していく様相が現れてくる。つまり、既存の秩序に変動が生じるように見えながらも、その秩序が完全に「打破」されたとみるのは難しいのである。[10]

古代から中世への転換期としての院政期の性格と貴族社会秩序の変化を明らかにするためには、院近臣、特に実務官僚系近臣の台頭の歴史的意義を確認する必要があろう。本章では、先行研究をもとに、白河・鳥羽院政期において「院近臣」そして「実務官僚系近臣」と呼ばれた対象を明らかにし、人材登用と身分秩序の打破という両側面の実態について検討したい。そして、彼らの台頭が一二世紀の貴族社会の身分秩序に及ぼした影響を展望することにしたい。

第一節　院近臣の構成と実務官僚系近臣

「院近臣」という存在の登場については、慈円が『愚管抄』で次のように言及したことがある。

【史料1】『愚管抄』巻七（岡見正雄・赤松俊秀校注、日本古典文学大系八六、岩波書店、一九六七年）

サテ、トモイヘカクモイヘ、時ニトリテ、世ヲシロシメス君ト摂籙臣トヒシト一ツ御心ニテ、チガフコトノ返々侍マジキヲ、別ニ院ノ近臣ト云物ノ、男女ニツケテイデキヌレバ、ソレガ中ニイテ、イカニモ、、、、コノ王臣ノ御中ヲアシク申ナリ。アハレ俊明卿マデハイミジカリケル人哉。コ、ヲ詮ニハ君ノシロシメスベキナリ。[11]（三三二頁）

（中略）

白河院ノ後、ヒシト太上天皇ノ御心ノホカニ、臣下トイフモノ、センニタツ事ノナクテ、別ニ近臣トテ白河院ニハ初ハ俊明等モ候。スヱニハ顕隆・顕頼ナド云物ドモイデキテ、本体ノ摂籙臣ヲコノシモザマノ人ノヲハシケルニ、又カナシウヲサレテヲソレハヾカリナガラ、又昔ノスヱハサスガニツヨクノコリテ、鳥羽・後白河ノハジメ法性寺ドノマデハアリケリトミユ。（三三四頁）

慈円が「近臣」として取り上げている人物は源俊明、そして藤原顕隆・顕頼父子である。源俊明は醍醐源氏出身で、承保二年（一〇七五）に参議となって公卿に進出した。[12] 俊明の家柄からは、曽祖父の高明以来四代にわたって公卿が出ており、白河院政が始まった当時、俊明はすでに公卿の地位にいた。一方、顕隆父子の属する高藤流は、四・五位に止まる諸大夫層の家であった。白河院の「近臣」の中には公卿層の上流貴族と諸大夫層の中下流貴族とが存在していたのである。

ところで、橋本義彦は、貴族の日記などの史料に見える「院近臣」または「院近習」のような言葉が中下流貴族に対する表現であり、原則的には上流貴族には使用されなかったことを指摘した。[13] 元木泰雄もそのような理解に基づいて、白河院政初期の側近公卿と後で台頭する諸大夫層出身の院近臣を区分している。[14] 本章でも「院近臣」を院の側近として活動した中下流貴族集団と定義することにする。

それではどのような人々を院近臣と規定するか。天仁二年（一一〇九）一二月二二日「白河院庁牒案」[15]には公卿別当や四位別当など院司たちが見られるが、このうち四位別当には、藤原為房・藤原長実をはじめ、代表的な院近臣の名前が多く見える。このように、院の家政機関にあたる院庁の職員である院司を院近臣とみる見解がある。しかし、公卿別当の場合、その地位は形式化され、彼らのほとんどは院と密接な関係を結んでいる人々ではなかった[16]。また、国家権力が院庁に集中され、ここで政治が行われたとする「院庁政治論」については、院庁は院の家政事務を処理する機能のみを持っていたという反論がすでに提起された[17]。そこで、院司を院近臣の根拠とするのは明確な基準ではなく、院との関係を「近臣」と評価する第三者の主観的な視角によってしか規定され得ない側面がある[18]。したがって、ここではひとまず既存の研究[19]を参照して表1に代表的な院近臣をまとめておく。

表1　代表的院近臣一覧

氏(家)	門流	主要人物
藤原北家	高藤流	為房・顕隆・顕頼
	末茂流	顕季・長実・家保・顕盛・家成
	道隆流	師信・経忠・基隆・忠隆
	良門流	隆時・清隆
藤原南家	貞嗣流	通憲(信西)・俊憲
平氏	高棟流	範家
	高望流	正盛・忠盛・清盛
高階氏	—	為家・為章・盛章

彼らが院との親密な関係を結び、寵愛を受ける存在であったことは、様々な記録を通じて確認できる。たとえば、末茂流の藤原顕季は母が白河院の乳母であったために多くの子孫が出世しており[20]、顕季の孫家成は鳥羽院の近臣として「院第一ノ寵人」[21]と呼ばれた。高階為章は「白河法皇寵遇之人」であり、良門流の藤原隆時とともに白河院の「近臣」として「世語二寵臣一者、称二此一人一而已」とされた[22]。

それでは、彼らのうち「実務官僚系近臣」はどのような人々であったか。前述のように、実務官僚とは院庁の別当・判官代などに任命され、弁官・蔵人などの官職にいながら、事務に熟した人のことである。高藤流の人々がその典型的な例であり、信西ら貞嗣流もそれにあたる。これに平時範や大江匡房が含まれることもある[23]。

続いて、実務官僚系近臣の登場はどのような点において、人材登用と身分秩序の打破として評価されているかについて検討したい。まず、人材登用について見てみると、元木泰雄は大江匡房と信西の例を挙げて「身分は低くとも学者として有能であった者が、近臣として政界に進出し政権中枢に参加したことなどは、人材登用と評価してもよい」と述べた[24]。すなわち、有能な中下流貴族が抜擢され、政策決定の権限を握るようになったのが、人材登用だということである。

次に、身分秩序の打破とは何を意味するか。当時の貴族社会では、進出可能な官職や昇進ルートが固定されていた。したがって、諸大夫層出身の者は公卿への進出において身分の制約を受けた。ところが、諸大夫層貴族が院近臣として破格の昇進を遂げて公卿へと進出するようになり、これが身分秩序の打破の側面にあたると説明されるのである。

もちろん、実務官僚系近臣が院政の中枢において政務に深く関わったのは明らかである。藤原顕隆は中納言の職に居りながら白河院に祇候して「よるの関白」と称された[25]。大治四年（一一二九）、顕隆が亡くなると、藤原宗忠は『中右記』に次のように記している。

【史料2】『中右記』大治四年（一一二九）正月一五日条

十五日甲午、早旦下人来云、顕隆卿薨。（中略）抑去保安元年十一月、自二魚水之契忽変、合体之儀俄違一以来、天下之政在二此人一言一也。威振二一天一、富満二四海一、世間貴賤無レ不レ傾レ首。公卿労八ヶ年、齢又五十八。余命未レ尽、忽以頓滅。此時為二本院・女院執行別当一、知二天下之万事一。而自二去年一睡眠之病・飲水之病相共侵レ之、遂以薨逝。良臣去レ国、天下大歎歟。

保安元年（一一二〇）当時、関白の藤原忠実が白河院との葛藤により内覧を停止され、顕隆が実権を握って政治に関与するようになった。翌年、忠実が関白を辞し、その後任として忠実の叔父家忠が取り上げられると、白河院はこの問題を顕隆と相談し、顕隆の反対意見が重視された[26]。このように、関白の人選問題にも影響を与えるほど、顕隆は政治に深く関与していたのである。なお、顕隆の家柄は、寛弘年間に為輔が中納言になって以来、三代にわたって公卿が久しく絶たれたが、顕隆の父為房が参議に任じられてから高く家門を継ぎ、一家の子孫は繁盛した[27]。

槇道雄は、院別当として院に仕えるも参議への昇進の志を遂げられなかった藤原顕季に対して、顕隆が目覚ましい昇進を重ねて出世した原因は朝廷の事務に対する熟練度にあり、ここから白河院の「良臣」を起用する意図がうかがわれるとみた[28]。しかし、こうした事実だけでは、院政側の積極的な人材登用の意思を把握し難い。そこで、実務官僚系近臣たちがどのような過程を経て、もしくはどのような背景により登用され、既存の官僚陣に比べてどれほど斬新な存在であったかを検討してみよう。

第二節　院の人材登用の実態

そもそも、院近臣の大多数は大国受領系であり、実務官僚系近臣は一部に過ぎなかった。少数の近臣のみが政権の中枢に進出できたという点では、人材登用の効果は制限的であると言わざるを得ない。実務官僚であることを表す指標としては、蔵人所の頭弁と五位蔵人、そして弁官の任官経歴が挙げられるが、白河・鳥羽院政期における蔵人・弁官の人員構成を見ると、実務官僚系近臣の台頭の様相がうかがわれよう。まずは頭弁から見てみよう。

表2によれば、両院政期の頭弁には、実頼流や頼宗流など藤原氏の公卿の家と、醍醐・村上など源氏出身の人物が多数を占めており、諸大夫層の家柄の中には高藤流の子孫が唯一頭弁を歴任している。後白河天皇の頭弁は

鳥羽院の近臣出身のもので占められ、平範家や藤原俊憲（信西の男）も頭弁に任じられたが、全体的にはやはり高藤流が圧倒的な比重を占めていたのが目立つ。

蔵人所の次官にあたる五位蔵人の場合も状況は類似していた。堀河天皇から後白河天皇の在位期間まで、五位蔵人に任命された人物の出身家柄による比率は表3のようになる。

この時期における五位蔵人の半分は公卿の家の出身で、ほとんど近衛府の中将・少将の経歴を踏む人々であったのに対し、残りの半分は、諸大夫層出身として弁官を兼任または歴任した人々であった。そして、諸大夫層出身の五位蔵人の半数は高藤流に属した。高藤流以外にも、院近臣としては平範家や藤原俊憲らが五位蔵人になっていたが、それは一部に過ぎなかった。また、諸大夫層出身の新任弁官も藤原氏の高藤流・真夏流、平氏の三つの門流よりしか輩出しなかった[29]。

表2　白河・鳥羽院政期の頭弁
（人名は任官時期順。**太字**は院近臣）

政権	在位天皇	頭弁	出身
白河院政	堀河	藤原季仲	実頼流
		源師頼	村上源氏
		藤原宗忠	頼宗流
		源能俊	醍醐源氏
		源重資	醍醐源氏
	鳥羽	**藤原為房**	高藤流
		藤原実行	公季流
		藤原顕隆	高藤流
		藤原伊通	頼宗流
		藤原為隆	高藤流
		源雅兼	村上源氏
鳥羽院政	崇徳	源雅兼	村上源氏
		藤原顕頼	高藤流
		源師俊	村上源氏
		藤原宗成	頼宗流
		藤原公行	公季流
	近衛	藤原資信	実頼流
		藤原朝隆	高藤流
		藤原光頼	高藤流
	後白河	**藤原光頼**	高藤流
		藤原雅教	道長流
後白河親政		**平範家**	高棟流
		藤原惟方	高藤流
		藤原顕長	高藤流
		藤原顕時	高藤流
		藤原俊憲	貞嗣流

表3 白河・鳥羽院政期の五位蔵人の構成
（前代に続いて次の天皇の代にも任命された人物は各天皇代に別々で集計した）

天皇	総人数(a)	諸大夫層(b)	b/a	高藤流(c)	c/b
堀河	16人	4人	25.0%	2人	50.0%
鳥羽	11人	3人	27.3%	2人	66.7%
崇徳	11人	6人	54.5%	3人	50.0%
近衛	6人	4人	66.7%	3人	75.0%
後白河	8人	6人	75.0%	2人	33.3%
総計	52人	23人	44.2%	11人	47.8%

このように院近臣の中で実務官僚の地位を確保していた人物はほとんど高藤流に限られており、院政期を通して高藤流の台頭が著しい。顕隆が執行別当として天下の万事を掌った点は前述したが、顕隆の子の顕頼と孫の光頼も、院政における諸般の事務の責任者である執事に任じられたことがある。[30]先行研究では、院近臣のうち、実務官僚の人材登用の代表的な例として高藤流が挙げられているが、代表的というよりは、ほぼ唯一の事例とみてよいであろう。

高藤流は完全に新しい人材として院政期の政界に登場したわけではなかった。かつて、為房の祖父の隆光は摂政藤原頼通の近習であり、一族の惟憲は藤原道長と頼通の家事を執行して威勢を振るい、惟憲の甥の泰憲も頼通の後見をしていた。また、為房の父隆方はすでに五位蔵人と弁官の経歴を着実に積み、受領に任じられた。[31]もともと、摂関家に仕えて実務を担当していた高藤流の為房は、院近臣としても活動することとなったのである[32]（図2参照）。

のちに、藤原兼実は自分の日記にこう記している。

【史料3】『玉葉』文治二年（一一八六）正月二七日条

凡勧修寺之輩、代々自二執政之家一出身。而顕隆・顕頼・光頼等、偏寓二員仙洞一、疎二遠一所一。

勧修寺は高藤とその一族が創建に深く関与した寺院で、高藤流の氏寺にあたるところなので、高藤流は勧修寺流とも呼ばれていた。彼らは「執政」すなわち摂関に奉仕することにより出世してきたが、顕隆の代に至っては専ら「仙洞」すなわち上皇のみに仕えるようになり、摂関家とは距離を置くこととなったのである。

ここで注目すべき人物が顕隆の兄為隆である。同じ高藤流出身にもかかわらず、為隆は前掲の表などでは院近臣と分類されていないが、彼が顕隆とは異なって摂関家の側にいたからである。彼自身も「予、院司にあらず、恩臣にあらず」と述べているほどである[33]。白河院も為隆を自分の味方とは思っていなかったことが、次の記事から確認される。

【史料4】『大槐秘抄』（『群書類従』巻四八九）

左大弁為隆が大弁の宰相にて中納言所望し候事を、待賢門院の白河院に申させ給ひけるには、為隆は大弁宰相なり。尤中納言になるべき者なれども、臣家のうしろみしたるものは、さすがに中納言にはかたき事なりとこそ申させおはしめしけれ。為隆が関白摂政のうしろみして、家の下文に判して候はむは、なにのあしき事にては候べきぞとこそはおぼえ候へども、為隆が其時院に候はずばこそ、御さまたげにて仰さぶらふかとも（後略）

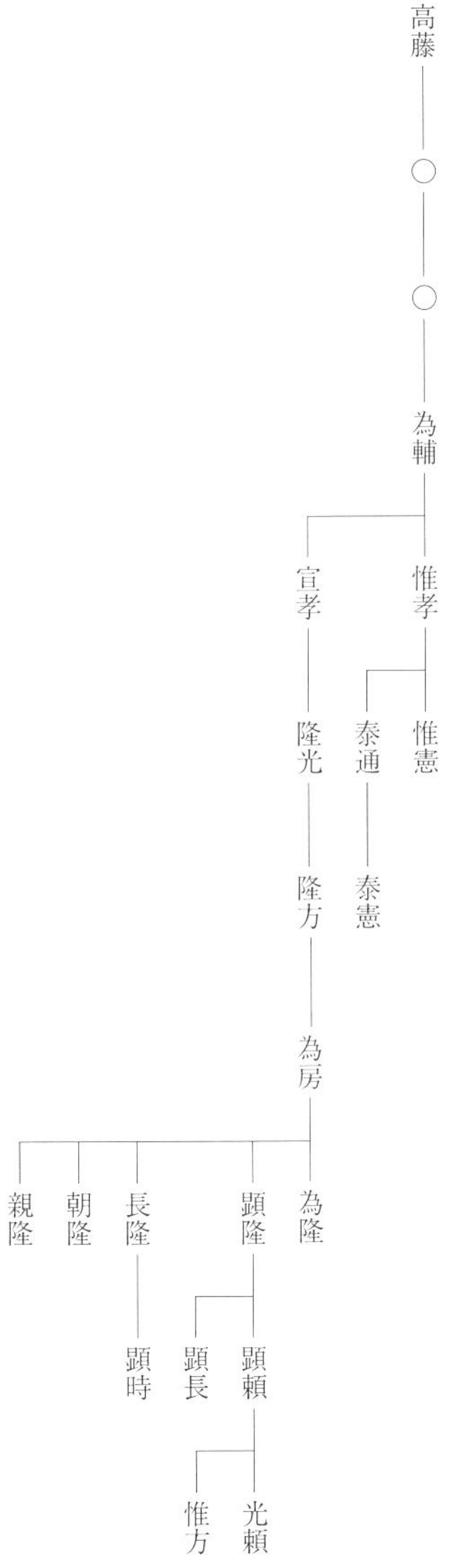

図2　高藤流略系図

顕隆は院司として白河院に仕えて院分受領に就任し、二七歳の若さで右少弁に任じられた。父の為房が三八歳の時に右少弁に任命されたのに比べれば、かなり早い任官であった。一方、兄の為隆は三六歳に右少弁となった。参議就任も顕隆の方が為隆より一一ヶ月早く、顕隆は権中納言に任じられたが、為隆は中納言の職には就けなかった。為隆が摂関家の後見の立場にあり、院の信任を得られず、昇進の機会を与えられなかったのである(34)。

槇道雄は、『後拾遺往生伝』の記事をもとに、当時の為隆が器量や才能の優れた人物として評価され、顕隆に比べて能力面においても劣らなかったとみた(35)。為隆も蔵人や弁官の経歴を持っていたことから、やはり実務官僚としての資質を備えていたともみられる。しかし、院近臣として政治に関与できたのは顕隆の方であった。兄弟の経歴を左右したのは能力よりは院との関係であった。

大国受領系近臣で、藤原顕季の長男である長実は、五位・六位蔵人を経ずとも参議に任じられており、さらに権中納言にまで昇った。これに関しては次のような記事が見られる。

【史料5】『中右記』長承二年（一一三三）八月一九日条

諸大夫昇二中納言一、多是有二才智一任二大弁一也。未四曾有三無才之人昇二納言一。

実務官僚とは無関係の履歴を持つ院近臣であった長実が中納言になるには、彼の才能は作用しなかった。彼は院との緊密な関係を通じて中納言に昇進できたのである。

一方、外記局や弁官局の官僚に任じられる文章生(36)は、実務の処理に必要な能力を有する存在ではあったが、実際には文章生出身の文人貴族たちは重用されず、不遇な生涯を送るのが一般的であった。そうした状況は院政期にもさほど変わらなかった。たとえば、一二世紀前半に活動した文人貴族の藤原宗友は、藤原為隆より「七歩之才」と評価されるなど、優れた文章の実力の持ち主であったが、ろくな官職には就けなかった(37)。

白河院については「但理非決断、賞罰分明、愛悪ヲ掲焉、貧富顕然也。依二男女之殊寵多一、已天下之品秩破也」

という否定的な評価が下されている[38]。結局、白河院の人に対する寵愛が人選の最も基本的な条件であり、そうして重用された院近臣の中には実務能力を備えた実務官僚系近臣が存在した。結果的には、実務官僚系近臣の台頭が人材登用の役割を果たしたかもしれないが、人材を求めることを目的として意図された行動ではなかった。

第三節　新たな身分秩序への固着化

白河院が寵愛する人たちに恩賞や官職を特別に賜ることにより、天下の品秩が破れたという話は前述したが、本節では、実務官僚系近臣の台頭による身分秩序の打破ないしは変動の実態について検討する。

平安時代の貴族社会の身分秩序に関して、玉井力は、貴族層の家格を公達（君達）・諸大夫・侍に区分している。公達はもともと上流貴族の子弟、諸大夫は地下の四・五位層を指す言葉であったが、一〇世紀末から一一世紀頃にかけて家格の形として出現したという[39]。ただ、家格としての「公達」が一一世紀後半になってから出現することについては前章で述べた。院政期には、王家・摂関家の一族や公卿への昇進の可能性を有する公達層、公卿への昇進に制約を受けて四・五位およびそれに相当する官職に留まる諸大夫層の家柄、そして六・七位の下位官僚層にあたる侍層といった家格の区分が存在し、これが当時の貴族社会の基本的な身分構造であった。

したがって、諸大夫層が、すでに固定されていた家格や昇進ルートを乗り越え、破格の昇進を遂げて公卿に進出したのは、既存の身分秩序を揺るがしたことであったといえる。ただし、これは実務官僚系近臣のみに該当するものではなく、大国受領系近臣も同じく破格の昇進により公卿に到達した。先行研究では、上流貴族層が「良臣」という表現を使用するなど、実務官僚系の才能を高く買って認める雰囲気はあったが、大国受領系に対しては、能力もなければ寵愛により権勢を振るう否定的な存在として評価された、と論じられてきた。たとえば、藤原氏末茂流出身の家成が久寿元年（一一五四）亡くなった時、藤原頼長は家成を「天下無双之幸人」と評した[40]。これは、家成の出世が当時の貴族社会の秩序とはかけ離れた出来事であったことを意味する。また、平正盛が源義親の乱を討伐して但馬守に任じられたことに対して、藤原宗忠は次のように評している。

【史料6】『中右記』天仁元年（一一〇八）正月二四日条

是追㆓討悪人義親㆒之賞也。彼身雖㆑未㆓上洛㆒、先有㆓此賞㆒也。件賞雖㆑可㆑然、正盛最下品者、被㆑任㆓第一国㆒、依㆓殊寵㆒者歟。凡不㆑可㆑陳㆓左右㆒。候㆓院辺㆒人天之与㆑幸人歟。

ところが、実務官僚系近臣だとしても、破格の昇進が自然に容認されたわけではない。平正盛と同じ日に受領に任じられた人々の中には、藤原顕隆の子顕頼も含まれていた。

【史料7】『中右記』天仁元年（一一〇八）正月二四日条裏書

出雲守藤顕頼。父顕隆譲㆓坊官賞㆒也。年纔十四歳云々。今度給爵、誠強事歟。又以不㆑便也。

顕頼がまだ若年で父の賞を譲られて受領に任じられることの不当さが指摘されている。このように、院近臣の破格の昇進は、実務官僚系か大国受領系かを問わず、いずれも上流貴族たちには問題とされていた。

続いて、白河・鳥羽院政期の公卿たちのうち、諸大夫層出身の実務官僚系近臣であった者の事例を確認してみよう。白河天皇が堀河天皇に譲位した寛治元年（一〇八七）当時、大江匡房がすでに公卿に進出していたが、匡房は文章生出身の文人貴族であり、後三条天皇が東宮であった時に学士を勤め、即位後には後三条のブレインの役割を果たした人物として、白河即位後にも重用された。そこで、匡房の公卿への昇進は、白河院政期における院近臣の出世とは多少異なる。

白河天皇の乳母子である藤原顕季は、もともと代々受領に任じられた諸大夫層の家柄の出身であったが、公達層に属する藤原実季の猶子となり、長治元年（一一〇四）には従三位となってようやく公卿へ進出した[41]。その後、院近臣たちが公卿に列する様相が現れてくるが、実務官僚系近臣初の公卿進出の事例は、鳥羽天皇在位中の天永二年（一一一一）、藤原為房の参議任官であった。[42]以後、後白河親政期までの実務官僚系近臣の公卿進出の状況をまとめると表4のようになる。

平氏の二人を除けば、残りはみな高藤流の人々である。顕隆・朝隆・親隆は為房の子たちで、顕頼・顕長は顕隆、そして光頼・惟方は顕頼の子息たちである（一六五頁、図2参照）。蔵人・弁官の任官のみならず、公卿への進出も可能であった実務官僚系近臣の家柄は、やはり高藤流と平氏の高棟流程度に過ぎなかったのである。

表4　実務官僚系近臣の公卿進出
（公卿に昇進した年と当時の叙位・任官は『公卿補任』を基準とした）

名前	家柄	進出年	当時の位階や官職
藤原顕隆	高藤流	保安元年（1120）	従三位
藤原顕頼	高藤流	天承元年（1131）	参議
平実親	高棟流	保延2年（1136）	参議
藤原朝隆	高藤流	仁平3年（1153）	参議
藤原光頼	高藤流	保元元年（1156）	参議
平範家	高棟流	保元2年（1157）	従三位
藤原顕長	高藤流	保元3年（1158）	参議
藤原惟方	高藤流	保元3年（1158）	参議
藤原親隆	高藤流	保元3年（1158）	従三位

元木泰雄は、為房一族が実務官僚系近臣の第一人者としての地位を独占し、世襲するようになった原因として、院の信任、政務能力の卓越さ、そして順調な世代交代を挙げている。順調な世代交代は、為房の死後、当時四五歳であった顕隆がすぐに頭弁に任じられ、顕隆の死の翌年には子の顕頼が三五歳で頭弁に就任できた点を指す。[43]その結果、弁官を経る公卿への昇進コースが高藤流の人々によりほぼ独占されるに至った。そして、藤原氏の高藤流・真夏流と平氏の高棟流などの家柄は「名家」と称され、公卿に進出する新たな家格を形成した。高藤流出身の人物たちが一一五〇年代に多く公卿になっているのをみても、その家格と昇進コースがある程度定着したことがわかる。

こうした状況は、実務官僚系近臣により既存の貴族社会の秩序に変化が生じたものとして理解することも可能であろう。しかし、裏返して考えてみると、彼らが院との関係を背景として貴族社会の隙間に入った後には、彼らの子孫がその地位を世襲し、ついにもうひとつの固定的な家格と身分秩序が形成されたのである。

信西は、こうした既存の院近臣により形成された新たな身分の桎梏から逃げようとした人物といえる。ここで信西についての先行研究[44]に学んで、彼の登場と政界進出について検討することにしたい。

信西の俗名は藤原通憲で、藤原南家の貞嗣流出身であった。彼の家は代々文章博士を出す儒家であった。父の実兼は文章生出身で、才能のある人物であり、鳥羽天皇が東宮であった時に昇殿し、即位後には六位蔵人に昇ったが、天永三年（一一一二）、若年で亡くなってしまった[45]。父の夭折により円滑な官職進出が難しくなった通憲は、代表的な大国受領系近臣の高階家に養子として迎えられた。そうして、院近臣でありながら摂関家の有力家司であった高階氏の勢力を後ろ盾に、権力者に近づいて昇進するのに有利になったと考えられる[46]。

通憲は藤原璋子（のちの待賢門院）の中宮職の官僚としてスタートし[47]、長承二年（一一三三）頃には院北面になり、院殿上人を経て判官代に到達した[48]。しかし、すでに院近臣集団の身分秩序は高藤流を中心に固定され、院判官代のうち別当へ昇進できるものは高藤流出身者のみであり、他の家柄の出身者は判官代に止まるしかなかった。しかも、白河院政期当時、大国受領系近臣として全盛期を迎えた高階氏も鳥羽院政期には衰退していた[49]。

実務官僚系近臣として出世するのに限界を感じた通憲は、康治二年（一一四三）、鳥羽院に出家の意思を明らかにしたが、鳥羽院はこれを許さなかったという[50]。その代わりに、翌年、少納言職を得た通憲は、その後も高階から藤原に改姓するなど自分の身分を克服しようと試みるが、ついに同年、出家した[51]。しかし、通憲の出家は彼の政治人生の終焉を意味するものではなかった。むしろ、出家後には院の側にあって常侍しつつ、活発な政務活動を行い始めた。つまり、出家は身分の制約を乗り越えようとする意図から出た行動であった[52]。

信西（通憲の法名）は、長男俊憲とともに、院の命令を下達し、臣下の上奏を院に伝える職務を遂行しながら、高藤流の人々と肩を並べる有力な実務官僚系近臣として台頭した[53]。ただし、信西は主に学問や文化面において、その役割を果たしていたことに言及しておく。

鳥羽院の死後、葬儀の検知を担当したのが信西であった[54]。これによって、信西が鳥羽院近臣の重鎮になっていたことがうかがわれる。信西は、鳥羽院の近臣であっただけでなく、後白河天皇の乳母である紀二位（藤原朝子）の夫でもあった[55]。そこで、鳥羽の死後、保元の乱を経てからの後白河親政期には、信西が政務の処理を行った[56]。後日、信西は、後白河天皇の譲位問題をめぐって、天皇の養母美福門院と二人のみで協議をしている[57]。

信西の子息たちも文章の才能があり、目覚ましい昇進を遂げて政界に進出した[58]。長男俊憲は保元三年（一一五八）、頭弁になり、平治元年（一一五九）、参議に任じられて公卿に列した[59]。俊憲の弟貞憲も弁官の経歴を積み、兄弟が引き続き弁官に進出した[60]。一方、成憲は左近衛少将に任官した後、保元三年には大国のひとつである播磨国の受領に就いた。これは、信西一族が実務官僚・大国受領の双方で中心的な位置を占めたことを意味する[61]。

このように、信西は、高藤流を中心とした実務官僚系近臣の身分秩序に阻まれ、自分自身は朝廷における実務官僚の経歴を持てず、公卿へも進出できなかった。しかし、鳥羽院との密接な関係をもとに身分の制約を克服しながら、後白河の在位中には、子息たちが有力院近臣の出世コースに乗るようになった。ただ、こうした信西一族の繁栄は鳥羽院政期に行われたものとはみなせず、この時期における院近臣の登用は、決して身分秩序の打破につながっていないことがわかる。

おわりに

以上、実務官僚系近臣を中心とした院近臣の台頭について検討してみた。院近臣の中には実務能力を高く評価された高藤流などの人々が存在したが、そのような実務官僚系近臣は院近臣全体のうちごく一部に過ぎず、彼らを起用するための体系的な選抜基準が設けられたわけでもなかった。院政が効率的な政権の運営のために「良臣」を必要としたとしても、それは積極的な人材登用を意図することとは別の問題である。院近臣の登用には、基本的には院との親密な関係が優先的に考慮され、その条件を満たした人々の中から有能な人材が頭角を現すのである。

院近臣として権力の中枢に接近した人たちのほとんどが公卿を出してこなかった諸大夫層家柄の出身であった点から、既存の貴族社会の身分秩序がゆがむという現象が起きた。しかし、それはあくまでも、白河院が個人に対する好悪を明らかにし、自分の味方になる人々を厚遇したことにより発生した状況であった。かえって、彼らは昇進ルートを固定的に確保し、公卿が輩出する新たな家柄として、既存の貴族社会の中に自分たちの地位を築き上げた。結局、院近臣の内部でももうひとつの身分秩序が構築され、新しい人材が出世できるような余地は失われてしまった。

要するに、院近臣の台頭には、人材登用と身分秩序の打破という意図が明確ではなく、そのような肯定的な部分が貫徹されなかった点は彼らの特性であり限界として作用した。とはいえ、院近臣の肯定的な側面を否定するからといって、院近臣を院との従属関係を通して権力に依存する受動的な存在として把握しようとするわけではない。彼らは与えられた政治的環境の中で自分たちの地位を上昇させ、政権において主導的な役割を果たした。ただし、そうした行為は、貴族社会の問題点を直視したり、その秩序を「打破」したりするまでには至らなかったのである。

信西は、既存の院近臣たちが新しく構築した秩序の隙に入り込み、政界の中枢への進出と子息たちの身分上昇を実現した。しかし、信西さえも自分の息子たちのみを要職に就けており、他の家柄出身の有能な人材を登用するには至らなかった[62]。反信西の貴族たちが起こした平治の乱は、院近臣集団の有する限界により触発された事件といえる。信西は貴族たちを安心させる存在であり、乱の主要な原因は皇位継承に対する後白河上皇の意向であったという見解も存在するが[63]、固着化する身分秩序を揺るがす信西一族が、貴族たちに安定感を与えたはずはない。むしろ実務官僚系近臣と大国受領系近臣の最上層の地位を独占しだした信西一族に対する、既存の院近臣の家柄の出身者たち、特に庶子たちの危機感と反発が、乱の背景として提示されてきた[64]。家格と身分秩序が確立・固定されていくなかで、その秩序に割り込んでくる信西一族と、安定した地位の確保が困難となった院近臣の家柄の庶子たちとの葛藤が、内乱へとつながったという。

信西を討った反乱の主導勢力はそう長くは続かず、平清盛が平治の乱の最終的な勝者となった。清盛はもともと大国受領系近臣にあたる存在であった。ところで、仁安元年（一一六六）に清盛が内大臣に任じられて以後、平家は大国受領系近臣の家格から脱皮し、公卿への昇進ルートを確立することとなった[65]。平家にとっては既存の地位と身分を乗り越えた出来事であったが、だからといって貴族社会の身分の大きな枠組みが変化したわけではない。むしろこの時期を経て、家格はさらに細分化し、固定されていった。

出世および身分上昇を追求する集団は、既存の貴族社会の身分秩序を動揺させながら、その隙を狙って攻略した。そうして身分上昇に成功した彼らは、続いて自分たちの地位を維持しながら身分秩序を確立する方向へと進む。一方、また別の集団が自分たちの地位の向上を求めて、再び身分秩序を揺るがすようになる。このように、身分上昇を求める傾向と、身分秩序を確立する方向性とが相互に作用し、一連の内乱を含む日本中世初期の歴史的状況が造成されたのである。そして、それを体現した象徴的な存在として初めて登場するのが院近臣といえる。

（1）桜井秀『綜合日本史大系　第四巻　平安朝史下一』（内外書籍、一九四〇年〈再版〉、初版一九二六年）一〇七〜一一六頁。

（2）林屋辰三郎「平安京に於ける受領の生活」（同『古代国家の解体』東京大学出版会、一九五五年、初出一九四五年）一四七〜一五二頁、同「院政の成立に就いて」（同書、初出一九四六年）一八四〜一八六頁。

（3）石母田正「古代末期の政治過程および政治形態――古代世界没落の一考察」（同『石母田正著作集　第六巻　古代末期の政治過程および政治形態』岩波書店、一九八九年、初出一九五〇年）一四五〜一四七頁。

（4）橋本義彦「院政政権の一考察」（同『平安貴族社会の研究』吉川弘文館、一九七六年、初出一九五四年）一三〜一四・三二頁。

（5）元木泰雄「院の専制と近臣――信西の出現」（同『院政期政治史研究』思文閣出版、一九九六年、初出一九九一年）一一八〜一一九頁。

（6）橋本注（4）前掲論文、一一〜一三頁、吉村茂樹『院政』（至文堂、一九五九年〈再版〉、初版一九五八年）一一六〜一一七頁。

（7）元木注（5）前掲論文、一一九〜一二二頁。

（8）槇道雄「夜の関白と院政」（同『院近臣の研究』続群書類従完成会、二〇〇一年、初出一九九五年）五二〜五三頁。

（9）たとえば、美川圭『院政――もうひとつの天皇制』（中央公論新社、二〇〇六年）には、高藤流の為房らが「その実務能力を評価され、朝廷の弁官・蔵人、院庁の別当などとして活躍するようになった。院政による中流貴族の人材抜擢の良い例」（一〇七頁）と述べられている。

（10）橋本義彦「貴族政権の政治構造」（同『平安貴族』平凡社、一九八六年、初出一九七六年）一〇九〜一一〇頁。玉井力「「院政」支配と貴族官人層」（同『平安時代の貴族と天皇』岩波書店、二〇〇〇年、初出一九八七年）八九〜九四頁。

（11）ここにいう「院ノ近臣」には男性のみならず女性も含まれているが、実際女性として「近臣」と呼ばれた事例はあまり見られないので、本章では便宜上論外とする。

（12）『尊卑分脈』醍醐源氏・俊明。『公卿補任』承保二年（一〇七五）参議正四位下源俊明。

（13）橋本注（4）前掲論文、五頁。

(14) 元木泰雄「摂関政治の衰退」(同『院政期政治史研究』思文閣出版、一九九六年、初出一九九四年)八〇～八一頁。
(15)『醍醐雑事記』(中島俊司編『醍醐雑事記』総本山醍醐寺、一九七三年〈再版〉)巻一三、五四三～五四五頁。『平安遺文』一七一四号。
(16) 元木注(14)前掲論文、八一～八二頁。
(17) 橋本義彦「院政論」(同注(4)前掲書、初出一九七五年)九八～一〇二頁。
(18) 白根靖大「院司の基礎的考察」(同『中世の王朝社会と院政』吉川弘文館、二〇〇〇年、初出一九九二年)一〇～一一頁。伊藤瑠美「院政期の武士と「院近臣」」(『人民の歴史学』一七八、二〇〇九年)一～二頁。
(19) 橋本注(4)前掲論文、河野房雄「白河院近臣団の一考察」(同『平安末期政治史研究』東京堂出版、一九七九年)、元木注(5)前掲論文など。
(20)『大槐秘抄』(『群書類従』巻四八九)八頁。
(21)『愚管抄』巻四、二一五頁。
(22)『本朝世紀』康和五年(一一〇三)一二月二〇日条。
(23) 元木注(5)前掲論文、一二一頁。
(24) 元木注(5)前掲論文、一一九頁。
(25)『今鏡』巻二、すべらぎの中、つりせぬうら〳〵。
(26)『愚管抄』巻四、二〇九頁。
(27)『中右記』天永二年(一一一一)正月二四日条。
(28) 槇注(8)前掲論文、五二頁。
(29) 玉井注(10)前掲論文、九〇頁。
(30) 白根注(18)前掲論文、三九頁の表2。槇道雄「院政および院近臣論」(同注(8)前掲書)二五四頁。
(31) 橋本義彦「勧修寺流藤原氏の形成とその性格」(同注(4)前掲書、初出一九六二年)二九四～二九五頁。
(32) 橋本注(4)前掲論文、一一～一二頁。
(33)『長秋記』大治四年(一一二九)七月二六日条。

(34) 為隆・顕隆兄弟の官職経歴については、槇注(8)前掲論文、四〇～四三、四九～五〇頁を参照。
(35) 槇注(8)前掲論文、四四頁。
(36) 『官職秘抄』(『群書類従』巻七〇) 五七八～五七九頁。
(37) 小原仁『文人貴族の系譜』(吉川弘文館、一九八七年) 二七四～二七八頁。
(38) 『中右記』大治四年 (一一二九) 七月七日条。
(39) 玉井注(10)前掲論文、八二頁。諸大夫については、一〇世紀初には参議以上の公卿を除く四・五位の総称で、一〇世紀末～一一世紀初にはさらに殿上人を除いた地下の四・五位を指すようになり、一二世紀には家格として定着したという見解がある。百瀬今朝雄「諸大夫に関する一考察」(同『弘安書札礼の研究――中世公家社会における家格の桎梏』東京大学出版会、二〇〇〇年) を参照。
(40) 『台記』久寿元年 (一一五四) 五月二九日条。
(41) 『公卿補任』長治元年 (一一〇四) 非参議従三位藤顕季。
(42) 『公卿補任』天永二年 (一一一一) 参議正四位上藤為房。
(43) 元木注(5)前掲論文、一二七～一二八頁。
(44) 橋本義彦「保元の乱前史小考」(同『平安貴族社会の研究』吉川弘文館、一九七六年、初出一九六二年)、五味文彦「信西政権の構造」(同『平家物語、史と説話』平凡社、二〇一一年、初出一九八七年)、元木注(5)前掲論文、木村真美子「信西――中世を拓いた稀有の天才」(元木泰雄編『保元・平治の乱と平氏の栄華』中世の人物、京・鎌倉の時代編第一巻、清文堂、二〇一四年) など。
(45) 『中右記』天永三年 (一一一二) 四月三日条。
(46) 橋本注(44)前掲論文、四四頁。元木注(5)前掲論文、一三〇頁。
(47) 『永昌記』天治元年 (一一二四) 四月二三日条。
(48) 『中右記』長承二年 (一一三三) 二月九日条。『長秋記』長承三年 (一一三四) 八月二七日・保延元年 (一一三五) 三月二七日条。
(49) 元木注(5)前掲論文、一二九～一三〇頁。

(50)『台記』康治二年（一一四三）八月五日・同月十五日条。
(51)『台記』天養元年（一一四四）二月一日条。『本朝世紀』天養元年（一一四四）七月二十二日条。
(52)橋本注(44)前掲論文、四六頁。元木注(5)前掲論文、一三〇頁。
(53)元木注(5)前掲論文、一二八〜一二九頁。
(54)『兵範記』保元元年（一一五六）七月二日条。
(55)『愚管抄』巻四、二二七頁。
(56)『愚管抄』巻五、二二五頁。
(57)『兵範記』保元三年（一一五八）八月四日条。
(58)『愚管抄』巻五、二二六頁。
(59)『公卿補任』平治元年（一一五九）参議正四位下藤俊憲。
(60)五味注(44)前掲論文、一九二頁。
(61)元木注(5)前掲論文、一三四頁。
(62)本郷恵子「院政論」（『岩波講座日本歴史　第六巻　中世一』岩波書店、二〇一三年）四九頁。
(63)河内祥輔『保元の乱・平治の乱』（吉川弘文館、二〇〇二年）一〇八〜一〇九、一七五頁。
(64)元木注(5)前掲論文、一三六〜一三八頁。同『保元・平治の乱』（KADOKAWA、二〇一二年）一七七頁。古澤直人「平治の乱における藤原信頼の謀叛——再評価と動機形成をめぐって」（同『中世初期の〈謀叛〉と平治の乱』吉川弘文館、二〇一九年、初出二〇一三年）一三三〜一四一頁。同「平治の乱の構図理解をめぐって——清盛黒幕説と後白河上皇黒幕説について」（同書、初出二〇一三年）一七二頁。
(65)白根靖大「王朝社会秩序の中の武家の棟梁」（同注(18)前掲書、初出一九九八年）一八二〜一八三頁。

第五章　平安時代の南都寺院社会と「良家」
——興福寺維摩会研学竪義を中心に

はじめに

平安時代の仏教は天皇や権門と密接な関係を持ち、有力な寺院は次第に宗教権門と化していった。皇族または上級貴族出身の僧侶は権門寺院に入寺して、僧官の職への早い昇進など様々な特権を享受し、その寺院の頂点に立つような存在として推戴された。それに伴って寺院の組織や構造は上級貴族を中心に編成され、僧侶の生活も貴族的になった。世俗の貴族社会における身分秩序は寺院社会にも反映され、僧侶は自分の出自によってその身分が決められた。寺院の貴族化とそれによる平安中期以後の寺院社会における身分秩序の形成は、古代から中世への転換を論じるうえで重要なテーマといえる。

かつて竹内理三は「延喜天暦の末年より上層貴族の出家が始まった」とし、「貴種の人」すなわち上層貴族出身の僧侶が「種々の便法」によって「少年僧綱」になるなど、「貴種に非ざる僧侶が、年臈数十年を累ね、而も選ばれたもののみ」五〇歳を超えてやっと到達できるような官位に直ちに昇進できたことを指摘した。さらに「庶民僧侶の登竜門」にあたる興福寺維摩会の研学竪義すら「次第に貴種良家の子弟に独占されるに至った」と述べた。[1]

興福寺は藤原氏の始祖・鎌足の別邸に建てられたとされる山階寺の後身で、奈良に位置している寺院のことである。維摩会は、毎年一〇月に『維摩経』を講じる法会である。興福寺維摩会は、[2]宮中の御斎会、薬師寺の最勝会とともに「三会」と呼ばれ、三会で仏経を講説する講師を勤めた僧侶が僧綱に任じられた。[3]また、維摩会では学侶を養成し、その研究を深化させるために、問答形式の試験である竪義が行われた。竪義の受験者を竪者といい、竪義に及第した竪者らは僧官に任じられるようになった。[4]

延暦二一年（八〇二）、六宗の学僧を等しく維摩会に請するような指示が出されるほど、[5]維摩会は南都の諸宗が競って参加する法会であり、のちには天台宗の僧侶も参加した。[6]維摩会に参加する聴衆は三〇人（のちに四〇人）であるが、そのうち法会を開催する側である興福寺分は一〇人で、他の南都寺院には二、三人ずつ当てられた。[7]竪者の定員は九人で、[8]諸寺では竪者を一人だけ出すことができた。これに対して、興福寺は仁和元年（八八五）、他の寺院との差をつけるため、興福寺分の竪者をもう一人追加するように要請して許可を得ている。[9]南都の諸寺院に割り当てられた竪者である「寺分」に対し、興福寺出身の僧侶に与えられた竪者のポストは「研学竪義（研学竪義者）」または「研学」と称された。[10]竹内は、興福寺で選ばれた維摩会竪者が上層貴族出身者により独占されたことをもって寺院の貴族化の様相を指摘したのである。

一方、永島福太郎は、平安中期から公卿子弟の寺院への進出が急激に盛行したことに触れて、南都の僧侶は「堂上家の出自のものを悉く良家と言ふが、特に青華《（ママ）》の家のものを青華《（ママ）》、摂家のものを貴種と称へる」と言った。[11]竹内が上層貴族の人々を「貴種の人」「貴種良家の子弟」と呼んで「貴種」と「良家」を区別しなかったのに対して、永島は昇殿を許されて公卿に至る家柄出身の僧侶を「良家」とし、良家の中に「貴種」「青華」が含まれたと理解したのである。

先行研究ではその後、一般的に公家や貴族出身の僧侶を指して「貴種」「貴種の人」と称しており、貴種という言葉を研究用語として概括的に使用するか、受け入れる集団によって相対的な表現として把握する傾向があった[12]。ところで、堀池春峰は諸大寺へ入寺した貴族層の人々を「貴種・良家などの子息」と称し、摂関家の子弟は「貴種」、貴種の下に位置するものは「良家」、そして地下出身は「凡人」と呼ばれたとみた[13]。貴種と良家を区別しているのである。このような見解は、寺院社会、特に興福寺の僧侶の身分を論じるにおいて適用された[14]。高山京子は興福寺僧侶の身分構成を検討し、貴族出身の僧侶の身分をより明確に規定している。摂関家出身者の両門跡は「貴種」と呼ばれ、「大臣・大将息」に相当する僧侶、清華家・名家出身者の院主を持つ院家は「良家」と呼ばれたという[15]。

ただ、ここで一つの問題が生じてくる。寺院社会の身分秩序を説明する際に使用される「貴種」と「良家」という言葉の範囲と両者の関係が、あまり厳密に定義されていないのである。研究者たちは『釈家官班記』や『尋尊御記』『三会定一記』のような一四世紀以後成立の中世史料から「貴種」「良家」の語を抽出し、それを術語として使用してきた。前述のように、竹内は上層貴族の子弟を指す「貴種」と「良家」を同じ概念とみなして区別しなかったようにみえる。貴種と良家を区分する見解においても、永島説のように良家の概念に「貴種」や「清華家」が含まれるとみる意見がある[16]一方、「貴種」は摂関家の子弟、「良家」はそれ以下の大臣の家柄に規定されることになる。このような問題を解消するためには、当時の史料における用例を通して、貴種・良家などの身分用語を定義しなおさなければならない。

ところで、先行研究において摂関家や清華家など貴族社会の家格が言及されているように、中世寺院社会の身分は貴族社会の家格に結び付けられており、貴族の身分の呼称や家格の名称が僧侶の身分構成に持ち込まれているように考えられる。たとえば竹内理三は、貴種の僧の例として、一身阿闍梨の濫觴であり、早い昇進を遂げた一〇世紀後半の僧侶・尋禅を取り上げた[17]。尋禅は右大臣藤原師輔の子であり、九七三年には延暦寺の一身阿闍梨となった。ただし、延暦寺の尋禅の事例は上流貴族層出身僧侶としては比較的に早い方であって、興福寺では覚信が一一世紀後半における摂関家子息の入寺の最初の例とされる[18]。岡野浩二は、尋禅の時代から院政期までの貴種の入寺と活動における段階づけを想定しており、平安末期には無度縁宣旨や一身阿闍梨の対象が若年の貴種に限定され、院政期には貴種の昇進ルートや身分の秩序が確立していったとする[19]。つまり、「貴種」と呼ばれ得る上級貴族出身の僧侶の登場と、権門寺院の統轄者としての門跡の身分にあたる「貴種」の成立は、区別されるべきである。上島享は、院政期以後、寺内での身分が世俗での身分にほぼ対応して、寺院の世俗化が進んだとし、横内裕人も、一一世紀末より寺院の権門化と世俗権力との結合によって、貴族社会の家格編成が寺院社会に持ち込まれたと述べた[20]。やはり寺院社会における「貴種」「良家」身分の形成についても、貴族社会の家格の名称との関連を考慮に入れなければならないのである。

本書第二章では、平安貴族社会における「貴種」の語が一一世紀には家格としての性格を持ち、中世権門の身分に定着したこと、そしてその概念が僧侶の俗世での出身を表すために使用されたことを述べた。もしその理解が正しければ、寺院社会に見られる「良家」の概念も貴族の身分や家格に影響されたものと考えられよう。「貴種」の場合と同じく「良家」についても、史料上の用例を検討して貴族社会の身分としての意味を確認する必要があろう。また、その作業によって、平安時代の寺院社会における身分が、いつ、どのような貴族社会の変動を背景に発生したのかを明らかにすることができよう。

本章では、まずは先行研究で取り上げられた文献などを中心に、史料上に見える寺院社会の「良家」の例について検討することにしたい。特に、これまで藤原氏との関連で使われることの多かった興福寺維摩会に関する資料を新しい側面から活用する。次に、寺院社会の「良家」に影響を与えたと考えられる当時の貴族社会の「良家」概念がいかにして現れたのか、それが平安貴族社会の編成ないし中世的身分や家格の形成にどう関わってくるのかについて考察したい。ただ、僧侶に対する「良家」表現が主に興福寺を中心とした南都寺院において確認され、北嶺の延暦寺や他の寺院ではあまり見られていないことから、寺院社会全体というより、南都の寺院社会に範囲を狭めておくことを断っておきたい。

第一節　竪者三人制と貴種・良家

(1) 学説の検討

堀池春峰は、摂関政治が始まってから藤原氏一族の子弟が南都北嶺の諸寺に入寺するようになり、南都、特に興福寺に入った貴種・良家や受領層出身の藤原氏の子弟は維摩会竪義・講師を必ず遂講したのちに興福寺別当・同権別当や東大寺別当に補任されたと述べた[21]。つまり、貴種・良家などの出身僧は維摩会竪者からスタートし、三会講師を経て僧綱に到達したのである。そこで、堀池は維摩会竪義には良家のものが多かったとし、『三会定一記』嘉応二年（一一七〇）条を引用して、興福寺では毎年維摩会竪者の三人を貴種・良家・修学者（凡人）より一人ずつ選ぶ慣例があり、元永二年（一一一九）の長者宣により翌年の保安元年（一一二〇）から恒例となった竪者三人制は「貴種・良家の竪義への配慮からとられた処置」であったと指摘した[22]。この説によれば、貴種は摂関家の子弟、良家はそれ以外の藤原氏大臣の子弟で、受領層出身の藤原氏は良家に含まれず、地下出身の修学僧は凡人に該当することになる。

確かに、室町時代の興福寺では、貴種と良家の明確な区分があったと考えられる。高山京子は、『尋尊御記』に示された昇進次第のうち「南都儀」として「貴種」「青花」「凡人」「住侶」などの昇進過程が身分に対応し、

『大乗院寺社雑事記』長享二年（一四八八）一一月七日条の「両門・良家・西座[23]ハ、若中﨟之時、両門ハ三問勲レ之。青花以下ハ五問勲レ之」の記述から、「貴種」が両門跡を指す言葉であったと指摘した。また、『尋尊御記』の「大臣・大将息坊舎者、可レ塗二脇壁一也。雖レ為二先祖青花一、為二当時凡人一坊舎者、不レ可レ有二此儀一事也」という文章により「大臣・大将息」が〈良家＝青花〉の意味で用いられたと論じた[24]。『尋尊御記』には、維摩会の竪義についても、初夜の竪者は「住侶或堂家」、第二夜の竪者（研学竪義）は「貴種　青花　凡人　西座」のうち「三口例在レ之。近来被レ定二二口一」とあるので、室町時代の興福寺では貴種と良家（＝清華）との明確な区分があったように推定できよう。

　ところが、平安時代には摂関家以外の上級貴族出身者も「貴種」と称されたことが確認される。『中右記』承徳二年（一〇九八）一〇月一二日条によれば、その年の興福寺維摩会第三日に行われた竪義では権大僧都覚信（藤原師実の子）が探題、覚樹（源顕房の子）が竪者であったが、「抑云二探題一、云二竪者一、共是槐門貴種也」といわれた。藤原北家出身の覚信はともかく、村上源氏出身で大臣の子息にあたる覚樹が「槐門貴種」と呼ばれており、ここにいう貴種はやはり大臣の家に生まれた人を意味する（本書第二章を参照）。

　もし一一世紀末における寺院社会の「貴種」が、貴族社会のそれと同じく大臣・公卿の家の出身を示す概念であるとすれば、「大臣・大将息」としての「良家」の概念についても考え直す必要がある。そもそも、堀池説のように、一二世紀に貴種と良家の区分がなされていたかどうかについて検討しなければならない。

（2）竪者三人制の実態

　まず、竪者三人制の恒例化に関して、堀池は元永二年（一一一九）の藤原忠実の長者宣を取り上げている。当該宣は『維摩講師研学竪義次第』[25]（以下『次第』）中巻と『三会定一記』に収められているが、ここでは『次第』

の方を引いておく。

【史料1】『次第』中巻、元永二年（一一一九）条

被二長者（藤原忠実）宣一云、研学立義者元是一人也。前大相国（藤原師実）被レ置二一人一以降、禅徒累レ日、学校成レ林。法依レ人弘、人依レ法持。鎮二祈藤家之繁昌一、弥励二桑門之研精一。因レ之、以二大法師勝円・法師頼秀・弘覚等一、宜レ為二明年立者一。簡二定三人一立為二恒例一者。

元永二年（一一一九）十月十三日　別当左中弁藤原為隆奉

進上　長吏（覚信）大僧正　御房

もともと維摩会の研学竪義は一人で、藤原師実がさらに一人を加えたが、修学の僧侶が増えたことを理由に、竪者を三人選ぶのを恒例とした。[26] 実際、保安元年（一一二〇）には覚珍（勝円は辞退）・頼秀・弘覚の三人が研学竪義に選ばれたことがわかる。しかし、その後の状況は堀池の論じた恒例化とは異なっていた。鎌倉時代に成立した興福寺の年中行事部類記である『類聚世要抄』[27]にはこのような記事が引用された。

【史料2】『類聚世要抄』巻一八、十月、維摩会事

或記云保安二年（一一二一）。十月十日、（中略）去元永二年（一一一九）、研学竪義以二三人一可レ為二永例一□（由カ）被二仰下一之処、此両三年付二長者一付二寺家一不吉也。仍自二今年一如レ元被レ成二一人一了。

保安二年（一一二一）の記録によれば、元永二年（一一一九）に研学竪義三人が恒例となってから、「長者」にとっても「寺家」にとっても不吉なことが起きたという。当時藤氏長者であった忠実は、保安元年（一一二〇）一一月に内覧を停止され、同二年正月にはついに関白・長者を辞退した。[28] 興福寺別当の覚信も保安元年の冬より病気になり、翌年二月に大僧正・別当の職を辞退し、五月に入滅した。[29] さらに、保安二年の研学竪義三人のうち一人であった覚善は覚信の重服により竪義を遂げられなくなった。[30] したがって、竪者三人制は不吉な例とされ、

もとの二人体制に戻されたのである。

その後、竪者の二人体制はしばらく続き、三人制が恒例とされることはなかったと考えられる。『次第』中巻、仁安二年（一一六七）条に記述を見ると、

【史料3】『次第』中巻、仁安二年（一一六七）条

保元元年《（一一五六）》、相覚賜二研学竪義請一。雖レ然法性寺殿下《（藤原忠通）》令レ還二補長者一給之刻、改賜二他人一畢。仍今年四月可レ遂之由被二仰下一之処、臨二大会期一、研学三人為二不吉例一、俄為二法隆寺分竪義一遂レ之。

とある。保元の乱で長者の頼長が死亡し、忠通が再び長者に補されたが、そのため前長者頼長により竪者になった相覚は他の僧に交代させられた。そこで仁安二年に相覚の竪義を遂げることとなったが、研学竪義が三人なのは「不吉例」であるとして法隆寺分の竪義に変更されたという。『次第』を確認しても、永治元年（一一四一）や長寛二年（一一六四）など一部の例外を除いて、興福寺の研学竪義は保安二年（一一二一）以後ほとんど二人体制を維持していたことがわかる（表1参照）。

表1　研学竪義リスト（九九五～一二四四年）

年度		法名	年齢	臈	父	系統	法名	年齢	臈	父	系統
長徳元	九九五	日歓	42（43）	30		藤原氏	経理	39	26		王氏
長徳二	九九六	諄乗	48				雅静	37	22		
長徳三	九九七	康便	40	30			扶公	32	20	右衛門督藤原重輔（右大臣顕忠子）	藤原北A
長徳四	九九八	義慶	30	13		源氏	法修	27（28）	10		平氏
長保元	九九九	安潤	55	36			―				
長保二	一〇〇〇	長保	46	32			―				

長保三	一〇〇一	朝懐	41（51）	27			—				
長保四	一〇〇二	詮晃	45（42）	31			—				
長保五	一〇〇三	清愷	51	46			智算	45	27		
寛弘元	一〇〇四	寿慶	39				—				
寛弘二	一〇〇五	詮秀	43（42）	28			融碩	42	23		伊勢氏
寛弘三	一〇〇六	仁鄗	42（41）	32			—				
寛弘四	一〇〇七	良胤	45	30			経救	30			当麻氏
寛弘五	一〇〇八	智真	46	31			—				
寛弘六	一〇〇九	陽邦	42	31		巨勢氏	—				
寛弘七	一〇一〇	道讃	26	14	左衛門佐藤原孝忠	藤原北B	住清	53	36		
寛弘八	一〇一一	澄円	35	22		藤原氏	真範	26	16	播磨守平生昌	桓武平棟
長和元	一〇一二	妙玄	36			内蔵氏	叡朝	50	33		
長和二	一〇一三	永照	23（25）	16	大蔵丞藤原基業	藤原北C	—				
長和三	一〇一四	朝寿	47（37）	32			弘源	30	21		
長和四	一〇一五	会生	50		豊後守伴某	伴氏	扶邦	39	27		
長和五	一〇一六	兼範	38（37）	26			—				
寛仁元	一〇一七	清誉	57（56）	35			円縁	28		春宮亮高階業遠	高階氏
寛仁二	一〇一八	主恩	44	30			玄斅	36（35）	23	清蓮威儀師	
寛仁三	一〇一九	忠寿	41				—				
寛仁四	一〇二〇	方算	33（32）				—				
治安元	一〇二一	慈元	56				長慶	36			藤原氏
治安二	一〇二二	永真	37（47）		大蔵丞藤原基業	藤原北C	—				

治安三	一〇二三	守詮	61				蓮範	26		正三位参議源頼定	村上源氏
万寿元	一〇二四	慈円	39		伊勢守藤原孝忠	藤原北B	―				
万寿二	一〇二五	朝久	57				―				
万寿三	一〇二六	喜円	45		成融威儀師		―				
万寿四	一〇二七	明懐	40		山城守藤原宣孝	藤原北C	―				
長元元	一〇二八	道周	61（50）				―				
長元二	一〇二九	源真	28		大蔵丞藤原基業	藤原北C	成源	26		源成頼朝臣	宇多源氏
長元三	一〇三〇	春算	61				―				
長元四	一〇三一	懐孝	28			大中臣氏	珣照	26		河内守源伊頼	醍醐源氏
長元五	一〇三二	良尊	29			藤原氏	林元	28		長門前司橘隆愷	橘氏
長元六	一〇三三	清円	61				喜恩	52			
長元七	一〇三四	松朝	55				明覚	25			王氏？
長元八	一〇三五	増命	55				―				
長元九	一〇三六	頼信	27	14	甲斐守藤原頼経	藤原北D	―				
長暦元	一〇三七	慈善	40（47）			大中臣氏	行照	23		権中納言藤原隆家	藤原北E
長暦二	一〇三八	公範	30（33）		斎院長官平以康	桓武平棟	隆照	23			
長暦三	一〇三九	賢源	29	17	木工頭藤原周頼	藤原北E	長照	23		讃岐前司藤原頼明	藤原北C
長久元	一〇四〇	入尊	61				仁康	59（55）			
長元二	一〇四一	如聖	62（63）				―				
長元三	一〇四二	頼円	32				―				
長元四	一〇四三	公真	31		越前権守源経任	光孝源氏	―				
寛徳元	一〇四四	松円	64（63）				懐照	49			

寛徳二	一〇四五	道照	53（50）				—				
永承元	一〇四六	頼尊	21	8	右京大夫藤原実康	藤原北F	—				
永承二	一〇四七	慈懐	42（43）				—				
永承三	一〇四八	経範	23（22）		越前守藤原良経	藤原北G	—				
永承四	一〇四九	信暹	52				—				
永承五	一〇五〇	行源	48（40）				—				
永承六	一〇五一	範照	54				慶深	31（30）		山城守藤原実行	藤原南A
永承七	一〇五二	明範	35	19	慶暹威儀師		済尋	24	14	参議藤原師成	藤原北H
天喜元	一〇五三	維懐	50				永超	40		出雲守橘俊孝	橘氏
天喜二	一〇五四	浄範	22	10			—				
天喜三	一〇五五	教秀	54（52）				良撰	53（51）			
天喜四	一〇五六	文源	54（55）				範経	21（22）		伊予守藤原邦恒	藤原北I
天喜五	一〇五七	澄照	45（44）				—				
康平元	一〇五八	源照	45（44）				兼照	31（32）			
康平二	一〇五九	院範	54	39			澄禅	33			
康平三	一〇六〇	静慶	20	8	権中納言藤原資仲	藤原北J	—				
康平四	一〇六一	経縁	41				—				
康平五	一〇六二	貞禅	21	10	刑部卿藤原基貞	藤原北K	—				
康平六	一〇六三	懐源	58				隆禅	26	16	陸奥少将源正兼	源氏
康平七	一〇六四	定真	33（31）	20	陸奥守藤原頼宣	藤原北C	俊範	20	12	右大臣藤原俊家	藤原北K
治暦元	一〇六五	延範	52（50）	40			—				
治暦二	一〇六六	公懐	53	39			忠範	48			

治暦三	一〇六七	実経	37	26	駿河守藤原実範	藤原南B	真願	23	17	参議大蔵卿藤原長房	藤原北E
治暦四	一〇六八	智尊	42	33		当麻氏	林慶	20	8	参議藤原資房	藤原北J
延久元	一〇六九	頼諶	42	31			憲明	20		宮内卿藤原憲輔	藤原北C
延久二	一〇七〇	懐真	64（65）	52			範静	37	26		
延久三	一〇七一	慶憲	32	21	相模守藤原重任／藤原国任（重任子）	藤原南A	―				
延久四	一〇七二	頼縁	45	34	大和国司藤原定任	藤原北B	行尊	36（35）	23		
延久五	一〇七三	深賢	33（32）	23	美作守源資定	村上源氏	永縁	26	13	式部丞藤原永相	藤原北D
承保元	一〇七四	延真	39	24	若狭守橘貞任	橘氏	義範	36	24	周防守平棟仲	桓武平棟
承保二	一〇七五	宣経	42	28			円憲	23（33）	12	尾張守藤原憲房	藤原北C
承保三	一〇七六	澄範	64	49			増真	23（32）	13	右中弁藤原師家	藤原北E
承暦元	一〇七七	頼円	50	39	肥前守頼定		行賢	34	21	甲斐守藤原永親	藤原北G
承暦二	一〇七八	定元	46（36）	37	伯耆守源定成	源氏	真照	34	26	上野守某	
承暦三	一〇七九	頼厳	30	19	右少弁藤原実仲	藤原北L	頼実	30	19	淡路守中原成頼	中原氏
承暦四	一〇八〇	経尊	50	39	駿河守橘季通	橘氏	行俊	29	20	周防守藤原基家／左馬権頭藤原実保（基家子）	藤原北M
永保元	一〇八一	忠尊	44（34）	31		大江氏	経尋	22（32）	12	権中納言藤原伊房	藤原北G
永保二	一〇八二	良喜	61	49			定円	25（24）	16	伊予守藤原敦家	藤原北M
永保三	一〇八三	経讃	54	42			定覚	28（24）	17	遠江守藤原永業	藤原南B
応徳元	一〇八四	宗尋	60	46			覚信	20	11	摂政藤原師実	藤原北R
応徳二	一〇八五	定深	40（30）	29	肥後守藤原義綱	藤原北I	実覚	23	14	右大臣源師房	村上源氏
応徳三	一〇八六	長懐	62	51			経禅	46（36）	36		藤原氏

寛治元	一〇八七	浄禅	48	35			能範	44	31		
寛治二	一〇八八	喜範	60	44			勝秀	47	36		
寛治三	一〇八九	慶助	49	37			長誉	45	33		
寛治四	一〇九〇	良慶	36	24			覚俊	32	24	肥後守藤原重房	藤原北N
寛治五	一〇九一	澄尋	59	47			林禅	39	28	伊予守藤原邦恒	藤原北I
寛治六	一〇九二	賢桓	51	42			経朝	43	29	寺主朝明	
寛治七	一〇九三	静厳	41	27	遠江守橘資成	橘氏	長厳	37	27	相模守橘俊成	橘氏
嘉保元	一〇九四	長尊	59（35）	42			俊慶	22	13	権中納言藤原通俊	藤原北J
嘉保二	一〇九五	朝真	56（57）				延覚	21	10	権中納言藤原季仲	藤原北J
永長元	一〇九六	清賢	34	23	美作守源資定	村上源氏	隆覚	23	12	右大臣源顕房	村上源氏
承徳元	一〇九七	明暹	39	31	出雲守藤原明衡	藤原式家	頼慶	39	28	紀伊守源師俊／頼仁法橋（土佐守源行長子）	宇多源氏
承徳二	一〇九八	経願	45	29			経覚	22	9	権中納言藤原祐家	藤原北O
康和元	一〇九九	経照	49	39			覚誉	32	24	刑部大輔藤原師季	藤原北P
康和二	一一〇〇	良智	48	37			―				
康和三	一一〇一	長憲	34	24	三河守藤原長明	藤原北K	俊覚	33	20	大膳大夫藤原家範	藤原北E
康和四	一一〇二	懐尋	44	29			覚厳	40（39）	27		
康和五	一一〇三	賢俊	65	48			公禅	32	19	参議藤原公定／兵部少輔藤原公通（公定子）	藤原北J
長治元	一一〇四	禅仁	33（34）	23			禅覚	32	20	能登守藤原基頼	藤原北K
長治二	一一〇五	成耀	37	24			実俊	31	17	周防守源清実	醍醐源氏
嘉承元	一一〇六	長尋	69	57			厳実	43（33）	33		
嘉承二	一一〇七	延暹	45（46）	34			覚観	22（32）	11		

天仁元	一一〇八	永救	69	55			—				
天仁二	一一〇九	允信	39	28			覚晴	20（22）	8	権大納言藤原宗忠	藤原北K
天永元	一一一〇	定政	51	37			済円	31（34）	24	摂津守藤原師行	藤原北G
天永二	一一一一	信永	47	34			範延	33（30）	22		
天永三	一一一二	湛秀	46	35			隆観	28	14		
永久元	一一一三	経殷	60（64）	48			信慶	32	20	右中弁藤原有信	藤原北L
永久二	一一一四	延厳	52	37			陽信	36	25	筑前前司藤原知家／肥後守藤原義綱	藤原北I
永久三	一一一五	慧暁	31	19	権中納言藤原基忠 ※養子	藤原北O	有禅	32（31）	19	永縁僧正（式部丞藤原永相子）	藤原北D
永久四	一一一六	永扶	61	50			俊源	43（41）	30	式部大輔菅原在良	菅原氏
永久五	一一一七	済実	32	21	権大納言藤原公実 ※養子	藤原北Q	玄覚	19	9	関白藤原師実	藤原北R
元永元	一一一八	*慶真	55	43			覚勝	41	29		
元永二	一一一九	厳誉	58	44	玄蕃頭某		叡尊	34（32）	23	真禅僧都	
保安元	一一二〇	頼秀	58	43			覚珍	22	12	権中納言藤原実隆	藤原北Q
		—					弘覚	20	8	関白藤原師実	藤原北R
保安二	一一二一	雅照	69	57	大舎人頭藤原長明	藤原南A	勝超	57（56）	43		
保安三	一一二二	信勝	60	53			覚善	34	22		
保安四	一一二三	宋延	59	45			増範	58	44		
天治元	一一二四	範実	58	47			尋伊	49（50）	38	大和守藤原伊家	藤原北G
天治二	一一二五	忠覚	29（27）	17	権中納言藤原俊忠	藤原北O	覚遠	31（30）	17		
大治元	一一二六	明忍	68（60）				兼覚	58	45		
大治二	一一二七	信春	43	31			兼円	24	13	刑部卿藤原敦兼	藤原北M

大治三	一一二八	頼超	60	44			教縁	30	16	式部大夫源俊重	宇多源氏
大治四	一一二九	貞義	50	43			覚昭	32（33）	21		
大治五	一一三〇	*範厳	72	59			玄縁	18	9	加賀守高階宗章	高階氏
天承元	一一三一	隆順	58	42			晴諶	45	30		
長承元	一一三二	増意	45				覚継	19	8	関白藤原忠通	藤原北R
長承二	一一三三	俊朝	60	44			教覚	28	16	民部卿藤原忠教	藤原北R
長承三	一一三四	任円	61	48			長有	45（35）	31		
保延元	一一三五	玄雅	28	14			玄修	20	7	内大臣藤原宗能	藤原北K
保延二	一一三六	晴詮	46	33			千覚	36	24	治部卿藤原盛実	藤原北C
保延三	一一三七	宗覚	44	29			玄清	28	16		
保延四	一一三八	尊継	57	41			兼祐	52	35		
保延五	一一三九	―					―				
保延六	一一四〇	晴誉	57				光覚	41	28	左衛門佐藤原基俊	藤原北K
永治元	一一四一	穏覚	56（57）	45			晴縁	61（60）	45		
		玄厳	55	40			―				
康治元	一一四二	永禅					覚珠	27	19	太政大臣藤原宗輔	藤原北K
康治二	一一四三	蓮尊	60				覚兼	42（41）	30		
天養元	一一四四	禅成	60	43			晴忠	43	32	大宰帥藤原俊忠	藤原北O
久安元	一一四五	晴実	57	45			教玄	37	24		
久安二	一一四六	宗縁	49	38			覚懐	22	11	左衛門督藤原通季	藤原北Q
久安三	一一四七	覚長	39	26	修理権大夫宗兼	藤原北E	玄弘	33（32）	22	左近衛中将源師重	村上源氏
久安四	一一四八	定暁	54（53）	40			覚朝	31	18	権中納言藤原朝隆	藤原北C
久安五	一一四九	叡永	42（43）	28			覚海	28	17	権中納言藤原実光	藤原北L
久安六	一一五〇	教高	60	47			晴継	30	16	参議藤原宗成	藤原北K

仁平元	一一五一	賢実	65	50			玄基	41（45）	30		
仁平二	一一五二	融真	57	44			覚尹	39（38）	29	刑部少輔藤原尹時	藤原北H
仁平三	一一五三	願超	61	50			玄顕	35	25	少納言藤原顕憲	藤原北C
久寿元	一一五四	玄勝	56	42			長継	22（21）	7	従三位藤原長輔	藤原北S
久寿二	一一五五	蔵俊	52	36			公継	22（21）	11	右大臣藤原公能	藤原北Q
保元元	一一五六	隆賢	75				珍覚	57			
保元二	一一五七	覚憲	27	15	少納言藤原通憲	藤原南B	頼継	24	13	伊予守藤原信経	藤原北K
保元三	一一五八	心暁	57	45			義朗	51	34		
平治元	一一五九	覚心	39（40）	25	権寺主朝覚		玄利	36	24	権中納言藤原経定	藤原北R
永暦元	一一六〇	珍寛	69				隆兼	45	35	五師宗覚／治部大輔源雅光	未詳／村上源氏
応保元	一一六一	良賢	66				寛清	44	29	弾正大弼藤原清高	藤原南B
応保二	一一六二	晴秀	66	50			覚弁	33	20	正三位藤原俊成	藤原北O
長寛元	一一六三	―					―				
長寛二	一一六四	兼玄	59				永印	51			
		玄永	62	56			相玄	58		上座法橋維覚（従四位上藤原清家子）	藤原北T
永万元	一一六五	覚救	69	54			宗恵	26	14	太政大臣藤原宗輔	藤原北K
仁安元	一一六六	良有	58（51）				公恵	28	16	権中納言藤原実衡	藤原北Q
仁安二	一一六七	経融	64	53			範智	28	17	教覚僧都（民部卿藤原忠教子）	藤原北R
仁安三	一一六八	善寛	42	34	寛誉法眼（参議藤原為房子）	藤原北C	信円	16	6	関白藤原忠通	藤原北R

嘉応元	一一六九	尭諶	58	44			経弘	44	33	蔵人民部大輔藤原経親	藤原北E
嘉応二	一一七〇	済秀	56（55）	42			忠恵	23	10	太政大臣藤原忠雅	藤原北R
承安元	一一七一	弘永	54	39			尋忠	33	19	従三位藤原忠隆	藤原北E
承安二	一一七二	覚高	56	42			縁慶	31	21	教覚僧都（民部卿藤原忠教子）	藤原北R
承安三	一一七三	智詮	71（41）	59			乗慶	54（55）	41		
承安四	一一七四	隆英	54（55）	42			信宗	30	18	権大僧都覚長（修理権大夫藤原宗兼子）	藤原北E
安元元	一一七五	融観	58	42			覚乗	26（27）		従三位藤原季行／従三位藤原能季（季行子）	藤原北M
安元二	一一七六	教兼	61		大法師俊経		信憲	32	19	参議藤原俊憲	藤原南B
治承元	一一七七	勤慶	60	45			覚要	53	40		
治承二	一一七八	義詮	60	42			玄隆	37	24	隆兼已講（治部大輔源雅光子）	村上源氏
治承三	一一七九	有暁	63	47			顕範	21（19）	10	従三位藤原重家	藤原北S
治承四	一一八〇	増寛	57	40			尋成	41（42）	28		
養和元	一一八一	尋暁	54				範慶	26		教覚僧都（民部卿藤原忠教子）	藤原北R
寿永元	一一八二	聖弘	56				貞慶	26		権右中弁藤原貞憲	藤原南B
寿永二	一一八三	訓慶	57				玄季			刑部大輔藤原能季	藤原北M
元暦元	一一八四	尊暁	53				慶隆	23		権大納言藤原隆季	藤原北S
文治元	一一八五	有覚	52				円綱	19		大納言藤原邦綱	藤原北D
文治二	一一八六	勤栄					教信	20			

文治三	一一八七	盛恩	48				円兼	28		覚海律師（権中納言藤原実光子）	藤原北L
文治四	一一八八	永尊	45				信弘	21		中納言藤原親信	藤原北E
文治五	一一八九	善信	46				玄俊	21		範玄僧正（従五位下藤原為業子）	藤原北T
建久元	一一九〇	隆暁	51				信顕	23		中納言藤原親信	藤原北E
建久二	一一九一	弘慶	49				覚芸	44			
建久三	一一九二	覚言	53				良円	14（15）		関白九条兼実	藤原北R
建久四	一一九三	増弁	56				重円	25		権中納言藤原家通	藤原北K
建久五	一一九四	春恩	49				実尊	14（15）		関白藤原基房	藤原北R
建久六	一一九五	覚称	57				信家	26		権中納言藤原家通	藤原北K
建久七	一一九六	有信	51				長俊				
建久八	一一九七	澄範	49				範信	22		参議藤原修範	藤原南B
建久九	一一九八	良諶	51				円玄	22		権大納言藤原隆季	藤原北S
正治元	一一九九	睿諶	52				覚遍	25		権少僧都宗信（太政大臣藤原宗輔子）	藤原北K
正治二	一二〇〇	範豪	55				信忠	20		内大臣藤原忠親	藤原北R
建仁元	一二〇一	良忠	52				雅円	35		忠恵法印（太政大臣藤原忠雅子）	藤原北R
建仁二	一二〇二	覚章	55				兼信	19		左大臣藤原兼雅	藤原北R
建仁三	一二〇三	蔵憲	53				良雅	21		太政大臣藤原忠雅／忠恵法印（忠雅子）	藤原北R
元久元	一二〇四	晴有	49				憲雅	23		備中守光憲	

元久二	一二〇五	融弁	48			兼遍	24		権中納言藤原範光	藤原南B
建永元	一二〇六	眼操	46(47)			親縁	23		内大臣源通親	村上源氏
承元元	一二〇七	興尹	50			公縁	24		民部卿藤原実明	藤原北Q
承元二	一二〇八	興玄	48			良宗	23		忠恵法印(太政大臣藤原忠雅子)	藤原北R
承元三	一二〇九	英弘	50			良兼	29		権中納言藤原兼光	藤原北L
承元四	一二一〇	俊弁	53			憲宗	29(28)		権中納言藤原宗隆	藤原北C
建暦元	一二一一	興実	52			璋円	42(38)			
建暦二	一二一二	勝盛	54			経円	25		藤原伊経	藤原北G
建保元	一二一三	永真	50			尊良	24		権律師円範	藤原北F
建保二	一二一四	長印	50			賢信	29		修理大夫藤原景信	
建保三	一二一五	憲幸	51			実信	17		近衛基通	藤原北R
建保四	一二一六	長盛	52(53)			尊縁	16		後鳥羽天皇	王家
建保五	一二一七	幸寛	52(53)			尋乗	32(31)		顕尋(越中守藤原顕成子)	藤原北S
建保六	一二一八	頼恩	52			宗円	31(30)			
承久元	一二一九	弁豪	52(53)			行遍	28		守貞親王	王家
承久二	一二二〇	成覚	58			清信	29(39)		信家法印(権中納言藤原家通子)	藤原北K
承久三	一二二一	訓暁	55			良遍	38(26)		丹波入道藤原盛実	藤原北S
貞応元	一二二二	章俊	54			尊遍	29		丹波入道藤原盛実	藤原北S
貞応二	一二二三	玄良	51			公尊	31		晴円僧都	
天仁元	一二二四	栄盛	55			良成	28		従三位藤原盛経	藤原北L
嘉禄元	一二二五	学詮	59			実勝	21		太政大臣藤原公房	藤原北Q

嘉禄二	一二二六	円暁	56				実縁	21			左大臣藤原公継	藤原北Q
安貞元	一二二七	英玄	46				威信	28			権中納言藤原資実	藤原北L
安貞二	一二二八	奨芸	46				円実	15			摂政九条道家	藤原北R
寛喜元	一二二九	真詮	57				定宗	23			右少将源顕任	村上源氏
寛喜二	一二三〇	勝玄	55（57）				宗玄	43				
寛喜三	一二三一	覚算	50				重尊	25			重信大僧都（左衛門督藤原家通子）	藤原北K
貞永元	一二三二	頼玄	50				良範	27			法印玄信（権大納言藤原泰通子）	藤原北K
天福元	一二三三	重玄	49				円覚	26			兼遍僧都（権中納言藤原範光子）	藤原南B
文暦元	一二三四	順恩	50				清乗	20			権大納言藤原忠信	藤原北E
嘉禎元	一二三五	専英	49				尊信	23			信弘僧都（参議藤原親信子）	藤原北E
嘉禎二	一二三六	教尹	52				頼円	23			良兼特業（権中納言藤原兼光子）	藤原北L
嘉禎三	一二三七	尭信	54				実性	23			親縁法印（内大臣源通親子）	村上源氏
暦仁元	一二三八	明尋	51				乗遍	25			兼遍僧都（権中納言藤原範光子）	藤原南B
延応元	一二三九	実算	52				性誉	24			権僧正覚遍（太政大臣藤原宗輔孫）	藤原北K
仁治元	一二四〇	範乗	53				賢澄	27			法印基円（権中納言藤原実衡孫）	藤原北Q

仁治二	一二四一	実芸	52				縁性	24		良宗法眼／光恵僧都（権中納言藤原資実子）	未詳／藤原北L
仁治三	一二四二	重縁	52				縁信	23		前権僧正定玄（権大納言藤原定能子）	藤原北M
寛元元	一二四三	賢位	52				尊信	16（17）		摂政左大臣九条教実	藤原北R
寛元二	一二四四	長弘	51				静信	22		権大僧都兼信（左大臣藤原兼雅子）	藤原北R

〔凡例〕　①『維摩講師研学竪義次第』『三会定一記』『尊卑分脈』をもとに作成。法名は『次第』の記述を基準にする。
　年齢のカッコ内は『三会定一記』による。網掛けは良家僧または良家僧と推定される僧侶。
②藤原北家　A：時平流、B：鷲取流、C：高藤流、D：和基流、E：道隆流、F：為光流、G：伊尹流、H：師尹流
　I：良世流、J：実頼流、K：頼宗流、L：真夏流、M：道綱流、N：道兼流、O：長家流、P：兼通流
　Q：公季流、R：師実流、S：末茂流、T：長良流　（系譜関係は二〇四頁の図1を参照）
藤原南家　A：真作流、B：貞嗣流　／　桓武平棟：桓武平氏高棟流
③長寛元年（一一六三）寺騒動により竪義なし。この年の研学竪義二人（兼玄・永印）は翌年に遂業。
＊元永元年（一一一八）の慶真は維摩会前に死亡。大治五年（一一三〇）の範厳は長者の仰せにより辞退。

　ここで貴種・良家・修学僧各一人を竪者として選ぶ慣例があったとされる嘉応二年（一一七〇）の状況を確認したい。堀池は『三会定一記』嘉応二年条に触れたが、本章ではそれより詳しい情報を含む『次第』中巻、同年条を取り上げる。

【史料4】『次第』中巻、嘉応二年（一一七〇）条

　去年、尭詮・忠恵賜二研学竪義請一。而尭詮依二師頼算逝去一不レ遂レ之不レ遂レ業、大会以後死去。其替尋忠賜レ請。然間大衆、毎年良家子・修学者各一人可レ遂レ業之処、良家子二人賜レ請之条無二其謂一之由頻訴申。随可レ追二却其身一之由依レ令二議定一、尋忠辞退。仍今年改賜二済秀一遂レ之。

　嘉応二年の竪者はもともと尭詮と忠恵であったが、尭詮は師の頼算の逝去により遂げられなくなり、尋忠がそ

の代わりに選ばれた。しかし、これに対して大衆は、毎年良家子と修学者を一人ずつ研学竪義にすべきなのに、尋忠が請を賜って研学竪義が良家子二人になってしまったのを問題としている。つまり、興福寺大衆は研学竪義の定員が二人であることを前提に、良家子・修学者各一人の割り当てを要求したのである。したがって、この時に貴種・良家・修学僧という三つの区分があったわけではなく、研学竪義はあくまで良家子（良家）と修学者（凡人）で両分されていた。

ちなみに、『次第』『三会定一記』には「良家子」の語が使用されたが、古記録では上級貴族層出身の竪者が「良家」「良家分」とも記される。鎌倉時代の事例ではあるが、近衛家実の日記『猪隈関白記』承元二年（一二〇八）一〇月一五日条に「明年維摩研学竪義者今日仰二下之一。英弘凡人。・円寛良家。」とある。そこで、良家子と良家、修学者と凡人は同じ概念とみなし得る。こうした区分は遅くとも平安時代末期にはさかのぼることができよう。つまり、一二世紀における興福寺維摩会の研学竪義から把握できる僧侶の区分は、良家（良家子）と凡人（修学者）の二種類であった。

さて、嘉応二年（一一七〇）の竪者として指名された尋忠と忠恵は「良家子」として認識されていたが、両者の家柄を見てみると、尋忠は従三位藤原忠隆の子であり、北家道隆流（中関白家）に属する。一方、忠恵は太政大臣藤原忠雅の子であり、師実の玄孫、左大臣家忠の曽孫にあたる[31]。『次第』下巻、建保三年（一二一五）条を見ると、同年の「研学良家子分」であった公俊の辞退により実信が選ばれたと記されているが、実信は「近衛入道殿下御息」すなわち近衛基通の子であり、まさに摂関家の子弟となる。もっとも、道隆流は非貴種とみなされており[32]、研学竪義の「良家子」には、摂関家の子弟も含めて、貴種と非貴種が混在していることがわかる。良家と区別されるような貴種という別の身分は史料上に明示されていないのである。

以上により、平安時代後期における維摩会の研学竪義二人は良家・凡人各一人で構成されたことがわかる。また、鎌倉時代前期まで貴種と良家が区別された形跡はなく、むしろ両者が類似した概念として混用されていた可能性があると考えられる。したがって、室町時代の記録に基づいて平安時代後期における南都寺院社会の僧侶身分を貴種・良家・凡人の三つに区分するのは適切ではない。なお、維摩会の聴衆にも「良家分」と「凡人分」が存在し、東大寺の「凡人遂講」も見られる[33]など、興福寺だけでなく南都の寺院社会では、そうした良家の概念が広く認識されていたものと推測される。このように平安時代の寺院社会で「良家」と表現される貴族層出身の僧侶たちを、本章では「良家僧」と呼ぶことにする。

第二節　良家僧の出現とその範囲

良家僧が最上級の貴族にあたる摂関家出身の僧侶を含むことについては前述したが、その下限はどこまでなのか、「大臣・大将息」の上級貴族層出身者は良家僧とされるが、受領層出身の場合は良家僧の範囲内に入らないのか、といった疑問が残されている。ここでは、寺院社会における「良家」の語が「凡人」と対照をなす表現であることを念頭に置いて、維摩会の研学竪義を手がかりに、「良家」と「凡人」を区別する基準と良家僧の範囲を確認するとともに、良家僧が寺院社会の身分として出現する時期について考察したい。

前掲の元永二年（一一一九）長者宣（史料1）によれば、もともと一人であった研学竪義は「前大相国」すなわち藤原師実により二人に増やされたという。研学竪義が初めて置かれたのは仁和二年（八八六）のことで、当時は一人が選ばれた。ところが、天元五年（九八二）に現れる准研学を皮切りとして、永祚元年（九八九）には副研学なるものが登場し、ここで二人連宣の例が始まる。長徳元年（九九五）には「任㆓臈次㆒不㆑論㆓研副㆒、以㆓上臈㆒為㆓初日㆒」となって研学と副研学の区分がなくなり、同二年（九九六）は「研学竪義二人之始」と記されるに至ったのである（以上、『次第』による）。師実の氏長者在任期間が承保二年（一〇七五）～嘉保元年（一〇九四）[34]であったことを考えれば、約一世紀の差が生じる。

そこで実際の研学竪義の選抜様相を確認すると（一八五～一九八頁、表1参照）、「二人之始」とされる長徳二年（九九六）以後でも一人のみ選ばれた年と二人選ばれた年が半々くらいで、研学竪義二人体制はまだ定着していないように見られる。一方、延久四年（一〇七二）からは、一部の例外を除いて、ほぼ毎年二人ずつ選ばれており、師実が氏長者であった時期とも近い。師実の時代にあたる一〇七〇年代になって研学竪義二人の体制が整ったという状況が、「前大相国被レ置二二人一以降」と表現されたものと考えられる。

竹内理三は、一〇世紀中葉から上級貴族の出家が始まり、上級貴族出身の僧侶が僧綱への快速昇進の特権を享受したとし、「庶民僧侶の登竜門たる研学竪義すら、次第に貴種良家の子弟に独占されるに至った」と述べた[35]。一〇世紀における研学竪義の中で、延長三年（九二五）の寛湛（中納言橘公頼子、当時二七歳）、康保四年（九六七）の中算（大官丞藤原愛敬子、当時三三歳）、天禄二年（九七一）の江観（橘公頼子、当時五〇歳）、天元五年（九八二）の智印（因幡守源尭時子、当時四八歳）が貴族層出身の僧侶として挙げられる[36]。表1に見える良家僧と推定される貴族出身の僧侶が竪者になる平均年齢は二八・九七歳で、二〇～三〇代が多数を占めるが、一〇世紀には、江観・智印のような、貴族子弟で四〇代後半に研学竪義となるケースが確認される。一方、地方出身や非藤原氏の修学僧でも若い研学竪義が現れていた[37]。すなわち、一〇世紀には出家した貴族子弟が若年で遂業する傾向はあっても、いわゆる凡人との明確な区別はあまりなさそうである。

研学竪義二人が初めて見られる長徳元年（九九五）以後、父の人名と官職が特定できる貴族層出身竪者が増えていく。なかには右大臣・権中納言・参議など公卿の子も見られるが、その多くは受領の息子であった。一一世紀後半には受領層以上の貴族出身竪者の登場が顕著になり、承暦年間（一〇七七～一〇八〇）には四年にわたって研学竪義の二人とも貴族の子息で埋まるという事態となった。そこで、庶民出身の修学僧は竪義進出の断絶を危惧し、修学僧一人の分を求めたのではないか。その後、貴族出身の僧侶二人が竪者になる事例はまばらに出現し、嘉応元年（一一六九）からは修学僧一人の研学竪義が必ず確保された。師実の時代は、良家子・修学僧各一人を選ぶという原則も現れた時期なのである。

ところで、嘉応二年（一一七〇）を基準に、それ以前と以後の研学竪義良家分を区分してみると、両者の間に明確な差が見られる。まず、出身の家柄については、表2のように、一一七〇年以前には存在した宇多源氏・醍醐源氏・桓武平氏・橘氏・高階氏・菅原氏・中原氏出身の人が以後には見えなくなり、藤原氏でも北家の道隆流（E）・頼宗流（K）・真夏流（L）・師実流（R）・末茂流（S）などと、南家の貞嗣流に集中したことがわかる。また、受領層の子息は見えず、公卿の子弟が多くを占めるようになった。特に、良家僧の真弟の出現が目立つ。一二世紀後半には、系統としては王家・摂関家と藤原北家の一部、藤原南家貞嗣流、村上源氏といった、限られた家柄が「良家」と呼ばれ、院・摂関とその親族や近臣の家格的な性格を帯びるようになる。ここで良家僧は大臣・公卿の子孫という範囲に狭められた。

要するに、一〇世紀から寺院社会に登場した受領層以上の貴族出身の僧侶たちが、一一世紀後半には凡人の僧侶より有利な条件で竪義進出を果たし、彼らを指して「良家」「良家子」の語が使用され、良家僧として認識されるようになった。寺院社会の身分としての「良家」が出現したのは一一世紀後半のことと推定される。一二世紀になると「良家」と呼ばれる僧侶の中に受領層貴族の子弟は見られなくなり、良家僧の範囲は王家・摂関家をはじめとする上級貴族層の子弟に縮小されたといえる。

表2　研学竪義良家分の家柄構成

系統		延久2年(1070)～嘉応元年(1169)	嘉応2年(1170)～寛元2年(1244)
藤原北家	鷲取流　B	1(頼縁)	0
	高藤流　C	5(円憲・千覚・覚朝・玄顕・善寛)	1(憲宗)
	和基流　D	2(永縁・有禅)	1(円綱)
	道隆流　E	4(増真・俊覚・覚長・経弘)	6(尋忠・信宗・信弘・信顕・清乗・尊信)
	為光流　F	0	1(尊良)
	伊尹流　G	4(行賢・経尋・済円・尋伊)	1(経円)
	師尹流　H	1(覚尹)	0
	良世流　I	3(定深・林禅・陽信)	0
	実頼流　J	3(俊慶・延覚・公禅)	0
	頼宗流　K	9(長憲・禅覚・覚晴・玄修・光覚・覚珠・晴継・頼継・宗恵)	7(重円・信家・覚遍・清信・重尊・良範・性誉)
	真夏流　L	3(頼厳・信慶・覚海)	6(円兼・良兼・良成・威信・頼円・縁性)
	道綱流　M	3(行俊・定円・兼円)	3(覚乗・玄季・縁信)
	道兼流　N	1(覚俊)	0
	長家流　O	5(経覚・慧暁・忠覚・晴忠・覚弁)	0
	兼通流　P	1(覚誉)	0
	公季流　Q	5(済実・覚珍・覚懐・公継・公恵)	4(公縁・実勝・実縁・賢澄)
	師実流　R	8(覚信・玄覚・弘覚・覚継・教覚・玄利・範智・信円)	14(忠恵・縁慶・範慶・良円・実尊・信忠・雅円・兼信・良雅・良宗・実信・円実・尊信・静信)
	末茂流　S	1(長継)	6(顕範・慶隆・円玄・尋乗・良遍・尊遍)
	長良流　T	1(相玄)	1(玄俊)
藤原南家	真作流　A	2(慶憲・雅照)	0
	貞嗣流　B	3(定覚・覚憲・寛清)	6(信憲・貞慶・範信・兼遍・円覚・乗遍)
藤原式家		1(明暹)	0
藤原氏（未詳）		0	1(賢信)
王家		0	2(尊縁・行遍)
源氏	村上	6(深賢・実覚・清賢・隆覚・玄弘・隆兼)	4(玄隆・親縁・定宗・実性)
	宇多	2(頼慶・教縁)	0
	醍醐	1(実俊)	0
	未詳	1(定元)	0
桓武平氏 高棟流		1(義範)	0
橘氏		4(延真・経尊・静厳・長厳)	0
高階氏		1(玄縁)	0
菅原氏		1(俊源)	0
中原氏		1(頼実)	0
未詳		3(頼円・真照・厳誉)	2(憲雅・公尊)

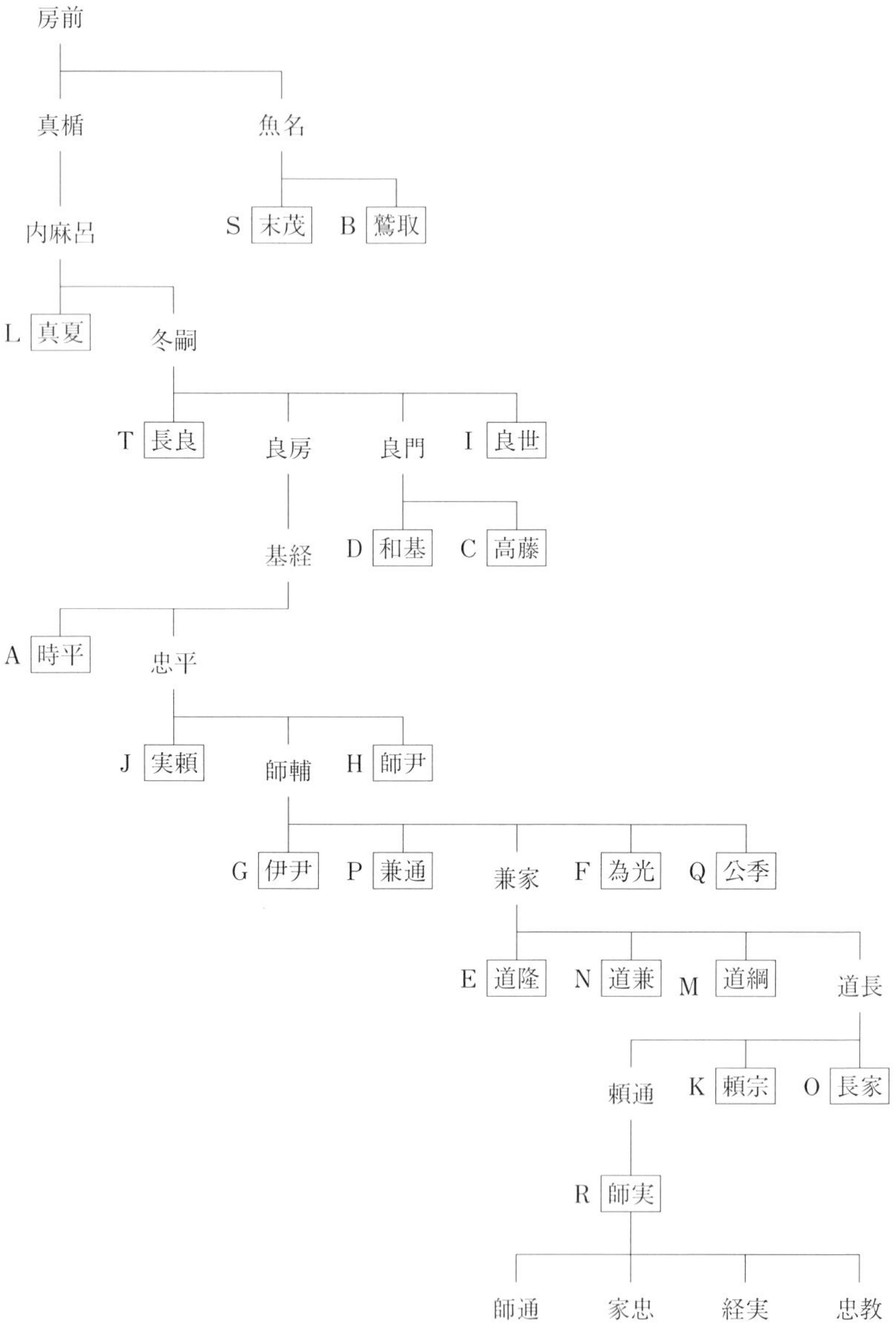
房前
真楯
魚名
内麻呂
S 末茂
B 鷲取
L 真夏
冬嗣
T 長良
良房
良門
I 良世
基経
D 和基
C 高藤
A 時平
忠平
J 実頼
師輔
H 師尹
G 伊尹
P 兼通
兼家
F 為光
Q 公季
E 道隆
N 道兼
M 道綱
道長
頼通
K 頼宗
O 長家
R 師実
師通
家忠
経実
忠教

図１　藤原北家略系図

第三節　貴族社会との関係

（1）日本古代の「良家」

前節では、維摩会の研学竪義に関連する史料を中心に、平安時代後期から確認される良家僧の身分について検討を行った。僧侶に対して使われた「良家」の語は、世俗における出自を表すものであり、貴族社会の身分秩序に関わる概念であった。それでは、当時の貴族社会では良家がどのように認識されていたのか。

実は、「良家」の語は平安時代より早い時期から史料上に見られる。まずは平安時代以前における良家が何を意味し、平安貴族社会の良家とはどのような関係であったかを考えていきたい。『日本書紀』大化二年（六四六）三月甲子条には、

【史料5】『日本書紀』大化二年（六四六）三月甲子条

詔二東国々司等一曰、集侍群卿大夫及臣・連・国造・伴造幷諸百姓等、咸可レ聴レ之。夫君二於天地之間一而宰万民者、不レ可二独制一、要二須臣翼一。由レ是、代々之我皇祖等、共二卿祖等一俱治。朕復思下欲蒙二神護力一、共二卿等一治上。故前以二良家大夫一使レ治二東方八道一。（後略）

とあり、大化元年（六四五）にあった東方八道（東国）への国司派遣[38]についての記述が見られる。孝徳天皇は「卿等」とともに統治しようと思い、その代表として「良家大夫」に東方八道を治めさせたというのである。関晃は、この「良家大夫」について、『藤氏家伝』巻上、鎌足伝に「以二良家子一、簡授二錦冠一」と記されたのを根拠に、良家を「朝廷に出仕すれば一定の高い地位を認められる家柄を指した語」とみた[39]。錦冠は大化三年（六四七）に制定された七色十三階のうち第四の冠であり、律令制の四位・五位に相当する[40]。橋本剛は「良家大夫」の「「大夫」という語句から令制下の五位以上のものが想起される」とし、『藤氏家伝』巻下、武智麻呂伝の「大宝元年（七

〇一）、選二良家子一、為二内舎人一」という文章を取り上げて、内舎人は五位以上の子孫から選ばれるという軍防令の規定からすれば、「良家」は令制の五位以上になると論じた。(41) つまり、七〜八世紀の「良家」は五位以上の官人に関わる概念なのである。

五位以上の官人は六位以下と区別され、位田や資人の支給、親族に対する恩典などの待遇に明確な差別が存在した。(42) 虎尾達哉は、史料上に「公卿」「大夫」と記され「マエツギミ」と総称される貴族集団は五位以上という一定の位階層であり、五位以上は個々の官職に任じられても「マエツギミ」の貴族層として一体視されるなど、六位以下の官人社会とは異なる秩序により規制されたと述べた。(43) このような特権層としての五位以上の官人たちの存在が「良家」という言葉で表現されたといえる。(44)

ただ、天長四年（八二七）六月一三日太政官符に引用された文章博士都腹赤牒には次のような文章が見られる。

【史料6】『本朝文粋』巻二、官符、天長四年（八二七）六月一三日太政官符

（前略）而省（式部省）去弘仁十一年（八二〇）十二月八日符偁、太政官去十一月十五日符偁、案二唐式一、照（昭）文・崇文両舘学生、取二三品已上子孫一、不レ選二凡流一。今須下文章生者取二良家子弟一、寮試若賦補レ之、選二生中稍進者一、省更覆試、号為二俊士一、取二俊士翘楚者一、為中秀才生上者。今謂二良家一、偏拠二符文一、似レ謂二三位已上一。縦果如二符文一、有レ妨二学道一。何者、大学尚レ才之処、養レ賢之地也。（中略）高才未二必貴種一、貴種未二必高才一。（後略）

都腹赤は、三品以上の子孫の中から昭文館・崇文館の学生を採るという唐の規定に則って、文章生は「良家子弟」を採りなさいという太政官符が出されたのに対し、「良家」とは符の文章からみて三位以上のことであると理解した。また、良家子弟を選抜する行為は学問の道を妨げるものとされ、「貴種」は必ずしも高い才能を持っていないという。これに関して筆者は、「貴種」が「良家子弟」すなわち三位以上の子弟を意味し、三位以上の「良家」というのは王臣家に該当するとみた（本書第二章）。

また、名例律7六議条には「六曰、議レ貴謂、三位以上。」とあり、「貴」は三位以上と規定されたが、『政事要略』巻八二、糺弾雑事、罪名幷贖銅八虐六議事には議貴に関して「以二三位一為二良家一之由、見二至要雑事一」という記述が見られる。おそらく『政事要略』至要雑事の学校事（現存せず）に大学寮文章生関連の文書として『本朝文粋』所収の天長四年官符が「良家」を三位以上とみる根拠として提示されたものと推定される。

このように、九世紀からは「良家」＝三位以上の認識も一部見られるが、七〜八世紀の「良家」が五位以上の官人に当てられたのと同じく、九世紀以後にも「良家」が位階制に基づく高位高官の貴族を対象とした概念であったことに変わりはない。実は、律令の規定では五位以上と六位以下の基準だけが設定されたわけではなく、唐制の三品以上を意識的に継承した「三位以上」の位階区分も存在した。(45) 三位以上は「貴」、五位以上は「通貴」とされ、貴と通貴との間にも職田・職封や家令などの有無、二等親の恩典の範囲の違いが見られた。(46) そこで、五位以上の官人の中でも比較的に高い三位以上の貴族層に対しては「良家」表現が使用されたのである。

（2）良家層の下限の変動

「良家」が五位以上または三位以上といった高位の官人層を指すことについては前述したが、その官人の家に生まれた人物は「良家子」「良家子弟」という表現で称された。たとえば、『続日本後紀』の良岑木連卒伝には次のような記述が見られる。

【史料7】『続日本後紀』嘉祥二年（八四九）六月庚戌条

庚戌、越前守従四位下良岑朝臣木連卒。故大納言贈従二位安世朝臣第一男也。容儀閑雅、声価有レ藹。（中略）承和三年（八三六）除二従五位上一、拝二陸奥守一。五年三月叙二正五位下一。八年正月除二左中弁一。十一年正月叙二従四位下一、任二越前守一。木連自恃二良家子一、而齢且少壮。欲レ立二功名一、好施二異治一。（後略）

木連は二位にまで昇った良岑安世の子であり、自ら「良家子」であることを当てにしており、まだ若くて元気があった。そこで、手柄を立てて名誉を得るために好んで異治を施したという。この記事から「良家子」は高位高官の子として誇りを持つ存在とされる。また、『類聚三代格』巻一四、出挙事、寛平六年（八九四）二月二三日太政官符には「或諸司官人・雑任幷良家子弟・内外散位以下及諸院諸宮王臣勢家人等、多接二内部一、領二作田地一。至三于班二挙正税一、偏恃二官位及本主一、対二捍国司一、曽無二承引一」とあり、「良家子弟」が諸司の官人・雑任や内外散位、院宮王臣家の人々同様、官位と本主を頼りに国司に手向かっていたことが記されている。貴族層の一員として権勢を誇る「良家子」は、やはり官位秩序に深く関わる存在であった。

一方、九世紀の寺院社会でも「良家子弟」なる表現が使用されていたことが確認される。承和三年（八三六）五月五日、空海の弟子であった実恵が唐・青龍寺の義明に送った書状を見てみよう。

【史料8】『弘法大師御伝』（『弘法大師伝全集』第一）巻下、雑部、承和三年（八三六）五月五日実恵書状

（前略）此間法匠、各為二矛楯一、不レ肯二服膺一、十余年間、無レ得二建立一。法水漸浸、人機吐レ芽。諸宗法侶・良家子弟、灌頂受法者、其数稍夥。厥後、密教之旨、相二尋上聞一、中使往還、詔問不レ絶。及二天長皇帝（淳和天皇）受レ譲践祚一、灑二掃禁闥一、建二立道場一。（後略）

空海は道場を開こうとしたが、当時の優れた僧侶たちが承伏せず、一〇余年間、建立されることはなかった。しかし、仏法が広まるにつれて、諸宗の僧侶や「良家子弟」のうちに灌頂され法を受ける人々がおびただしくなった。密教の教えはついに天皇の耳に及び、淳和天皇の践祚に至っては道場が建立されたのである。この書状では、天皇が密教に関心を持つ背景の一つとして「良家子弟」の灌頂・受法を取り上げており、この「良家子弟」は、当時の社会においてそれなりの影響力を持つような支配層の子弟を意味するといえる。ただし、これは当時の僧侶たちが貴族社会における「良家」の概念を共有していただけの話であって、寺院社会内に特権層としての良家の身分が設定されたわけではない。

「良家子」の語は一〇世紀以後にも貴族社会の中で使い続けられた。それを確認できる文献の資料が説話集である。たとえば、『今昔物語集』巻一七「依念地蔵菩薩遁主煞難語第四」には、備中国都宇郡の人である藤原文時が「先祖相伝ノ良家ノ子孫也。其ノ家大ニ富テ子孫繁昌也ケリ」と記されている。また、同書、巻一九「依小児破硯侍出家語第九」では、藤原忠平の子である「小一条ノ左大臣」師尹と「其ノ家ニ生良家子ノ年若キ」が登場する。(47)

ところで、九世紀までの「良家」は五位以上の官人層とされたが、前章で見たように、良家僧の中には六位に相当する中央官人や地方官の子息も多く含まれていた。寺院社会の良家僧が貴族社会の良家に連動するものであるとすれば、一〇世紀に入って、良家の概念が五位以上の官人層から若干はみ出したように思われる。吉川真司は、九～一〇世紀に叙位制度の再編が行われ、位階より官職が重要になり、五位以上の官人の特権や政治的な指導性は解体されて、五位以上は単なる身分表示に変わったと述べている。(48)こうした五位以上の性格の変化が上級貴族の社会集団に影響を与え、「良家」の表現にも反映されたのではなかろうか。

「良家」はもともと位階によって区分される官人層を表す言葉であったが、位階より官職が重視されるようになって、「良家」と呼ばれる人々の範囲も五位以上という明確な基準によるものではなくなった。

（3）　受領層の「良家子」

前述のように、一二世紀後半の良家僧は王家・摂関家とその権門をめぐる親族や近臣の家柄の出身者によって構成される。当初は公卿の子弟と同じく良家僧として扱われた受領層の子息たちが、もはや寺院社会内ではほとんど「良家」と呼ばれなくなったのである。これもまた、大臣・公卿へ到達できる昇進ルートが少数の家柄により独占される一方、四位・五位を極位とする諸大夫層の家々が固定化していくという、貴族社会の編成と秩序の変化が反映されたものといえる。

　ところが、「良家」表現の用例の面では、貴族社会と寺院社会がそれぞれ異なる様相を呈している。『職原抄』上、式部省、少丞に「但式部者、可レ然之諸大夫云二良家子一是也。任レ之」と記されたが、これによれば「良家子」は相当な地位の諸大夫を意味する。一二世紀後半に成立したとされる三巻本『色葉字類抄』巻上、利、人倫に「良家子リヤウケシ」、正治二年（一二〇〇）頃に成立した官職の解説書『官職秘抄』に「良家子」が見られるため、この語が一二世紀後半には官位秩序に関わる概念として使用されたのは確かである。問題は、後代の記録である『職原抄』の記述が一二世紀後半にも適用されるかどうかである。この問題については、かつて江戸時代の故実家たちの間で議論が行われた。以下、大塚嘉樹（蒼梧）が天明四年（一七八四）に書いた『良家諸大夫之説』(49)に基づいて、その議論をまとめてみよう。

　まず、藤原惺窩・植木悦・宇都宮遯庵は「良家」が高家の称号であると論じ、特に植木は「良家」の語が諸大夫に限定されないとみた。平田職俊の場合、「良家」とは「譜代シテ家系正シキ」ものであると主張した。それに対して、壺井義知は『本朝文粋』所収天長四年官符（史料6）の内容をもとに「良家」を三位以上と定義し、滋野井公麗も「良家」を名家三位以上と捉えた。羽倉（荷田）在満は「良家」と「良家子」を区別し、「良家」は摂家・清華、「良家子」は諸大夫を指すものと述べた。

　大塚は、以上の諸説に証拠がなく、壺井説は官符を提示しているだけで、その定義が『職原抄』にも適用されるとはいえないとし、『禁秘抄』『官職秘抄』と『職原抄』を対照して平田説に従っている。そして、「良家子」は譜代の家系で出自の正しい諸大夫であるが、その中には公卿の子孫も含まれるし、侍でも家系の正しいものは「良家子」に属すると結論づけた。「蔵人所雑色、公卿子孫又可レ然諸大夫多補レ之。近頃少々相交。但多良家子、不レ可レ説僧子并不レ知レ父者等補レ之。尤不レ可レ然事歟」という『禁秘抄』の記述について、大塚は、「公卿子孫と「良家子」の区別はなく、蔵人所雑色は「良家子補レ之」という『職原抄』の記事と同じものとし、また、『官職秘抄』に「良家子任レ之。如二諸家侍一不レ任レ之」（中務丞）「元蔵人・陪従・良家子等任レ之。近代諸家侍任レ之」（治部・刑部・大蔵・宮内丞）とある文章から、諸家の侍を任じないとあるのは然るべき侍を任じることを意味し、良家子は蔵人・陪従と同等にして諸家の侍より勝れるものなので、然るべき侍は良家子といえる、とみた。大塚によれば、『官職秘抄』に「良家子」とあるものを『職原抄』に対応させれば、いずれも六位の諸大夫や六位の侍に該当するという。

しかし、『官職秘抄』の中務丞の記述には「近代此儀陵夷」という文章が付いているので、『職原抄』上、中務省、大少丞に「可レ然六位侍任レ之」とあるのは、諸家の侍も任じられるようになった実態を反映しているものと考えられる。そこで、『職原抄』に見える「六位諸大夫」「六位侍」をそのまま『官職秘抄』の「良家子」に当てるのは困難であり、『官職秘抄』に限って「良家子」の意味を考察したい。

まず、前掲の中務丞と治部・刑部・大蔵・宮内丞の条には、「良家子」を任じて「諸家侍」を任じないとある。大塚は「諸家侍」を然るべき侍以外の侍層と理解しているようであるが、これは身分としての侍ではなく、諸権門の家政機関に所属する侍を指すものと考えられる。弾正忠は「撰二重代侍一授レ之。良家子任レ之。必可レ転二民部丞一之故也」とあり、この「重代侍」も家政機関の譜代の侍とみてよい。ここで良家子を弾正忠に任じるのは必ず民部丞に転じるべきであるから、という記述が見られる。民部丞は「弾正忠・勘解由判官・少内記等為二重代一輩・勧学院有官別当任レ之」とされ、勘解由判官も「良家子任レ之。文章生多応二其撰一」となっている。民部丞のうち巡爵によって五位に叙された場合には受領任官が可能になる。「良家子」が弾正忠や勘解由判官などを経て民部丞に転じるのは受領への進出のためであり、四位・五位に到達する受領層の子弟が「良家子」と呼ばれていたと推測できる。これは『職原抄』に見える「可ㇾ然諸大夫」とも通じるもので、一二世紀後半の段階では「良家子」の語が受領層の貴族に対して使用されたことになる。

遅くとも一二世紀後半には、貴族社会では四位・五位に止まる諸大夫の受領層を「良家子」と称した。それまで「良家」「良家子」の語は五位以上または受領層以上の貴族やその子孫に対する通称とされたが、代々大臣・公卿を出し続けてきた家柄が「貴種」の家と称された（本書第二章参照）のに対して、「良家子」は受領が輩出する諸大夫層の家柄の出身者を指す名称に変化したのである。一方、寺院社会では多くの諸大夫層出身僧侶が「良家」と表現されるグループから分離され、「良家」「良家子」の語は大臣・公卿が輩出する家柄に限定された。それは僧職への早い昇進の対象が、権門とその周辺、すなわち大臣・公卿の家柄に限られ、受領層には及ばなかったことによる。

寺院社会における良家僧の登場は貴族社会の身分秩序に起因する。一二世紀になって、貴族の階層が分化し、家格が形成される状況は、寺院社会にも影響を与えた。しかし、家格の名称の面では、貴族社会と寺院社会は異なる様相を呈した。それは両社会においてそれぞれの貴族層に置かれた重点が異なっていたことを反映するものといえる。

おわりに

以上、平安時代の寺院社会における僧侶の身分としての「良家」について、当時の貴族社会との関係を通して考察してみた。良家といえば「良い家」という意味を持つため、史料上に見える「良家」「良家子」の語に対しても漠然と理解される傾向があるように思われるが、良家はもともと位階の秩序に基づく概念であり、五位以上または三位以上の官人の子弟が「良家子」「良家子弟」と称された。一〇世紀に入って、五位以上の性格の変化により、位階で規定されていた「良家」は、大臣・公卿の家柄から受領層までの範囲の貴族集団を対象とするようになった。「良家」出身の僧侶たちが諸寺院に出現し、世俗の地位を維持しつつ貴族社会の身分を持ち込んできたことで、寺院社会でもそうした僧侶たちの身分を表す「良家」「良家子」の語が使用された。ところが、一二世紀には、王家・摂関家などの権門とその親族・近臣を中心とした大臣・公卿の家柄と、受領となり四位・五位に到達する諸大夫層の家柄がほぼ確定し、貴族社会では前者を「貴種」、後者を「良家子」と呼んだ。一方、寺院社会では、前者出身の僧侶を中心とした権門寺院の形成と閑道の昇進の確立により、後者を除いた前者のグループが「良家」「良家子」と称された。

古代から中世への社会変動に伴って、当時の貴族社会の身分や階層の秩序を反映する形で「良家」「良家子」の意味が変化し、その言葉が家格としての性格を持つに至った。個々の貴族とその子孫の地位が位階に関わる形で表現された古代とは異なり、中世においては、権門を中心として家ごとに地位や官途が設定されるという中世的身分が成立した。「良家」はその成立の一面を見せる要素であり、良家の概念が変化した画期は一一世紀後半から一二世紀にわたる時期といえるのである。

それではその後の良家僧はどうなるのか。室町時代の興福寺では両門跡の「貴種」と区別される「大臣・大将息」の「良家」が出現したことは前述したが、この時期にはすでに良家僧の中から「貴種」の僧侶が分離されていたようにみられる。鎌倉時代以後の寺院社会では、嘉禄二年（一二二六）の寺辺新制[50]には「東西金堂修正修二月造花過差事」について「除二貴所御荘厳一之外、不レ論二良家・凡人一、一年中不レ可レ兼二勤両堂一」とあり、「貴所」（院・女院・摂関など）を除いて「良家」と「凡人」の区分がなされている。やはり寺院社会の貴族化がさらに進み、権門寺院の門跡が寺院社会の頂点に立つことによって、良家僧の中でも権門に関わる最上層とそれ以下の僧侶を厳密に区分する必要が生じたのではなかろうか。

（1）竹内理三「平安後期の仏教」（同『竹内理三著作集　第五巻　貴族政治の展開』角川書店、一九九九年、初出一九三七年）二七三〜二七五頁。

（2）興福寺維摩会の成立過程と法会の性格については、上田晃円「興福寺の維摩会の成立とその展開」（『南都仏教』四五、一九八〇年）、土橋誠「維摩会に関する基礎的考察」（直木孝次郎先生古稀記念会編『古代史論集　下』塙書房、一九八八年）、上村正裕「平安時代の興福寺維摩会と藤原氏」（『国史学』二二三、二〇一七年）などを参照。

（3）『釈家官班記』下、顕宗名僧昇進次第に「承和元年　宣云、以二今年維摩会講師一為二明年御斎会講師一、加二薬師寺最勝会一、以二三会労一可レ被レ任二僧綱一云々」とある。

（4）高山有紀『中世興福寺維摩会の研究』（勉誠社、一九九七年）一三五〜一三六頁。

（5）『類聚三代格』巻二、経論并法会請僧事、延暦二一年（八〇二）正月一三日太政官符。

（6）『類聚三代格』巻二、経論并法会請僧事、貞観一八年（八七六）九月二三日太政官符。

（7）『類聚三代格』巻二、経論并法会請僧事、仁和元年（八八五）九月五日太政官符。

（8）『類聚三代格』巻二、経論并法会請僧事、貞観一八年（八七六）九月二三日太政官符。

（9）『類聚三代格』巻二、経論并法会請僧事、仁和元年（八八五）九月五日太政官符。

（10）『尋尊御記』「維摩会初夜第二夜竪義事」。高山注（4）前掲書、一三九頁。

（11）永島福太郎「公卿子弟の南都寺院進出とその管領」（同『奈良文化の伝流』中央公論社、一九四四年、目黒書店より一九五一年再刊、初出一九三九年）一五六頁。

（12）平岡定海「東大寺の寺院構造について」（同『日本寺院史の研究』吉川弘文館、一九八一年、初出一九五七年）三三八〜三三九頁、永村眞「「院家」の創設と発展」（同『中世東大寺の組織と経営』塙書房、一九八九年）一九一〜一九四頁、同「寺院と天皇」（永原慶二等編『講座・前近代の天皇3　天皇と社会諸集団』青木書店、一九九三年）一九七頁、同「「門跡」と門跡」（大隅和雄編『中世の仏教と社会』吉川弘文館、二〇〇〇年）注一など。

(13)　堀池春峰「維摩会と閑道の昇進」（同『南都仏教史の研究　遺芳篇』法藏館、二〇〇四年、初出一九八八年）五三二～五三七頁。

(14)　泉谷康夫『興福寺』（吉川弘文館、一九九七年）一九～二二・五七～六〇頁、高山有紀「中世南都寺院における維摩会講師の修学活動——伝受と加行についての一考察」（『日本の教育史学』三六、一九九三年）八頁。

(15)　高山京子「門跡の組織」（同『中世興福寺の門跡』勉誠出版、二〇一〇年）一八〇～一八三頁、同「中世興福寺における「良家」の相承と門跡」（『古文書研究』七九、二〇一五年）七一頁。

(16)　このような区分は『尋尊御記』「昇進次第」に見える南都関連記述（「南都儀」）の「貴種者」「青花者」）に基づいているとみられる。

(17)　竹内注(1)前掲論文、二七四頁。

(18)　大山喬平「近衛家と南都一乗院」（同『ゆるやかなカースト社会・中世日本』校倉書房、二〇〇三年、初出一九八五年）一一一頁。

(19)　岡野浩二「「僧綱—有職制」「法親王—威儀師・従威儀師」の成立」（同『平安時代の国家と寺院』塙書房、二〇〇九年、初出一九九八年）三二五～三六〇頁。

(20)　上島享「中世王権と仏教」（同『日本中世社会の形成と王権』名古屋大学出版会、二〇一〇年、初出一九九二年）四四八頁、横内裕人「仁和寺御室考」（同『日本中世の仏教と東アジア』塙書房、二〇〇八年、初出一九九六年）四二頁。

(21)　寺院の別当については、牛山佳幸「諸寺別当制の展開と解由制度」（同『古代中世寺院組織の研究』吉川弘文館、一九九〇年、初出一九八二年）を参照。

(22)　堀池注(13)前掲論文、五三三～五三六頁。

(23)　高山京子によれば、西座は一三世紀から登場する名称で、もともと座席の位置を表す言葉であるが、そこに座る人をも指すようになった。「君達」の僧がまずは西座に座るか、それとも小中座に座るかが問題になったとの記録をもとに、高山は西座に座る僧を「君達」に近い身分と推定した（高山注(15)前掲論文「門跡の組織」一九〇～一九五頁）。高山のいう「君達」とは公卿の子孫のことである。貴族社会の君達（公達）の概念については、本書第四章を参照。

(24)　高山注(15)前掲論文「門跡の組織」一八一・一八三頁。

(25) 上巻・中巻は宮内庁書陵部所蔵、下巻は京都大学所蔵。一九七三年に宮内庁書陵部より上巻・中巻の複製と下巻の翻刻が出版された。上巻・中巻は建久八年（一一九七）の時点で、下巻は鎌倉後期を下らない時期に成立したとされる。「「維摩講師研学竪義次第」解題　附　下巻釈文」（宮内庁書陵部編『維摩講師研学竪義次第』宮内庁書陵部、一九七三年）を参照。

(26) 『次第』中巻、保安元年（一一二〇）条。

(27) お茶の水図書館成簣堂文庫所蔵大乗院文書所収。『大乗院寺社雑事記』応仁元年（一四六七）四月一四日条によれば全二一巻であったが、現存するものは二〇巻（第五・第二一欠。第一九が本・末二巻に分かれる）、鎌倉末期の写本。他に近世の写本五冊がある。この史料については、荻野三七彦編著『お茶の水図書館蔵成簣堂文庫「大乗院文書」の解題的研究と目録』（お茶の水図書館、一九八五年）三九五～四〇六頁、川瀬一馬編著『お茶の水図書館蔵新修成簣堂文庫善本書目』（お茶の水図書館、一九九二年）一三四～一三五頁、松薗斉「『大乗院寺社雑事記』に見える記録の構造」（中尾堯編『鎌倉仏教の思想と文化』吉川弘文館、二〇〇二年）一四七～一五一頁、横内裕人「『類聚世要抄』に見える鎌倉期興福寺再建――運慶・陳和卿の新史料」（『佛教藝術』二九一、二〇〇七年）一三頁を参照。なお、本章での翻刻には東京大学史料編纂所所蔵レクチグラフを参照した。

(28) 『中右記』保安元年（一一二〇）一一月一二日条。『公卿補任』保安二年（一一二一）関白従一位藤忠実。『興福寺略年代記』保安二年（一一二一）条。

(29) 彰考館本『僧綱補任』保安二年（一一二一）裏書。『僧綱補任抄出』下、保安二年（一一二一）、大僧正覚信。

(30) 『次第』中巻、保安三年（一一二二）条。

(31) 『尊卑分脈』道隆公孫、尋忠、同、師実公孫、忠恵。『次第』中巻、嘉応二年（一一七〇）条。

(32) 本書第二章第三節を参照。

(33) 『猪隈関白記』建永元年（一二〇六）一〇月一二日条。『次第』下巻、承元四年（一二一〇）条。

(34) 『水左記』承保二年（一〇七五）一〇月三日条。『中右記』寛治八年（一〇九四）三月一一日条。

(35) 竹内注(1)前掲論文、二七三～二七五頁。

(36) 各僧侶の父の情報は『次第』上巻の天暦一〇年（九五六）講師寛湛、康保四年（九六七）研学中算、正暦二年（九九

一）講師江観、寛弘元年（一〇〇四）講師智印による。ただ、中算の父とされる藤原愛敬については不明。中算（仲算）は『元亨釈書』巻四、慧解、興福寺仲算には「不レ知二何許人一」となっており、一六三六年以後成立とされる『松尾社家系図』（『続群書類従』巻一八一）には卜部姓伊岐氏の松世（外従五位下・東宮宮主）の子とある。

(37) たとえば、康保元年（九六四）の真喜（平氏、伊勢国人、三四歳）、永観元年（九八三）の定好（大和国平群郡人、三一歳）、永観二年（九八四）の清範（大和氏、播磨国人、二三歳）らの例が挙げられる。

(38)『日本書紀』大化元年（六四五）八月庚子条。

(39) 関晃「大化前後の大夫について」（『山梨大学学芸学部研究報告』一〇、一九五九年）四一～四二頁。

(40) 坂本太郎・家永三郎・井上光貞・大野晋校注『日本書紀　下』（岩波書店、一九九三年、新装版、初刊一九六五年）六二二頁、沖森卓也・佐藤信・矢嶋泉『藤氏家伝　鎌足・貞慧・武智麻呂伝　注釈と研究』（吉川弘文館、一九九九年）一三五頁。

(41) 橋本剛「律令制下の地方行政監察使」（『歴史学研究』九八三、二〇一九年）一〇頁。

(42) 竹内理三「律令官位制に於ける階級性」（同『竹内理三著作集　第四巻　律令制と貴族』角川書店、二〇〇〇年、初出一九五〇年）二〇二～二〇三頁。

(43) 虎尾達哉「律令官人社会における二つの秩序」（同『律令官人社会の研究』塙書房、二〇〇六年、初出一九八四年）四～七・一八頁。

(44)「良家」「良家子」の語は、漢代以来の中国の文献に多く見られる。漢唐間における中国の「良家」には、①賤民に対して、さしたる欠陥のない「良人」の家、②高位高官の名門貴族や地方の有力豪族といった「良い」家、の二つの用例があった。新羅・高麗の史料からも二つの「良家」「良家子」が確認される。それに対して、日本古代の史料に見える「良家」「良家子」はすべて②に該当し、貴族層を指す「良家」表現が取り入れられたものと考えられる。中国・韓国における「良家」の用例と日本における受容の問題については別稿を用意している。

(45) 虎尾注(43)前掲論文、一一～一三頁。

(46) 竹内注(42)前掲論文、二〇二～二〇四頁。

(47)「生良家子」とは「若くて未熟な良家の子弟、あるいは少々良い家柄の子弟」（加須屋誠・山本聡美編『病草紙』（中央公論美術出版、二〇一七年〉二八～二九頁）を意味する表現とされる。『病草紙』の「居眠りの男」にも「なま良家子」なる人物が登場する。また、『宇治拾遺物語』上一四「小藤太、聟ニオドサレタル事」には、源定房のもとにいた小藤太という侍の娘に「生良家子の通ひけるありけり」とある。

（48）吉川真司「律令官人制の再編過程」（同『律令官僚制の研究』塙書房、一九九八年、初出一九八九年）三六八～三六九・三七五～三七六頁。

（49）天明四年（一七八四）四月二八日に大塚嘉樹が撰し、五月六日に水谷敬典が移したものである。徳島県立図書館阿波国文庫所蔵本（阿二一〇・リヨ、不忍文庫旧蔵）と宮内庁書陵部所蔵本（外題・内題は『良家子之説』、函架番号一七一―一七三、「蜂須賀茂韶本」〈阿波国文庫本か〉をもって明治一九年〈一八八六〉写）がある。

（50）『福智院家古文書』二二、嘉禄二年（一二二六）正月「南都新制条々事書」。『鎌倉遺文』五〇八七六号。

第六章　平安後期における武士の階層移動

――越後城氏の事例を中心に

はじめに

中世の武家政権は、地方武士の勢力を結集した武家の棟梁が軍事権門の首長として樹立したものと一般的に考えられる。武家の棟梁になり得たのは中央の軍事貴族として活動した源平両氏であり、彼らは在地に土着した武士とは区別され、貴族的側面を持っていたとされる（1）。かつて石母田正は、武士＝領主として認識し、武士をその規模や支配構造などによって田堵領主層・地頭領主層・豪族的領主層という三つの類型に分類した。そして、領主階級の政治的利害の代表者であり、領主階層から相対的に独立した存在である棟梁が登場するとみた（2）。安田元久は、一一世紀から一二世紀にかけて豪族的武士団が中小武士団を支配・統合し、さらに豪族的武士をも支配して大武士団を構成する棟梁が出現したとし、彼らを「貴族的武士」と呼んだ（3）。

一方、元木泰雄は、院政期において権門に奉仕する在京武力の京武者が諸国から動員された地方武士を統率するようになり、両者の連動と組織化が京武者を武家の棟梁へと脱皮させたと述べた（4）。野口実は、安田元久のいう貴族的武士は、地方武士と結合した京武者の源平両氏が地方留住したものであるといい、豪族的武士間の紛争調停者として武家の棟梁に脱皮する方向性を示す存在を「京武者系豪族的武士」、在来の地方豪族勢力の方を「在地系豪族的武士」に区分した(5)。

以上の先行研究を踏まえると、中小規模の武士は在地の豪族的武士に統合され、京武者はその豪族的武士たちを組織して武家の棟梁として成長したと理解されよう。武士社会は武家の棟梁を頂点として各階層が上の階層を支えるピラミッド状に構成されたようにみられる。入間田宣夫は、武士の政権は実力者の地方豪族のみでは成り立たず、天皇家の子女や源平の貴公子といった「貴種」を擁立せねばならなかったという(6)。この見解も豪族的武士たちの上に立つ限定された棟梁級武士の有様を前提としたものと考えられる。

野口実は、武士の各階層を平安中期以降の貴族社会の身分と照合して、「貴種」・棟梁＝公達へ到る可能性を有する諸大夫上層、「良家」・京武者系豪族的武士＝諸大夫層〜侍上層、「高家」・在地系豪族的武士＝侍下層という構図を示している(7)。ところが、この構図には「流動的な部分を含み相互の間にグレーゾーンが存在する」のが前提となっている。武家政権の樹立に至る一連の過程を見ると、一二世紀には豪族的武士の面々がすでに決められ、武家の棟梁になる資格を有する源平の京武者も少数に限られたような印象を受けるが、はたしてそうであろうか。特に一二世紀後半は、政治変動や内乱に伴って武士の諸勢力の浮き沈みも激しく、武士社会内の階層移動や身分上昇の動きも十分に想定される。

そこで本章では越後城氏を例にとって、豪族的武士に成長し上の階層へ移動する、平安後期の在地武士の実態を探る。越後城氏に関する研究を見てみると、一九六〇年代の研究では、城氏が越後国奥山荘の在地領主として発展し、平安末期には北越の雄族、越後の地方的棟梁にまで成長した勢力として論じられた(8)。このような認識は一九八〇年代に出された自治体史や学術書にも受け継がれた(9)。ところが、城氏の一員である助永が在京武者として検非違使に補任されたという浅香年木の指摘以来、城氏の在京活動と権門との関係、京武者である嫡流の越後平氏との関係が注目されるようになった[10]。また、城氏の勢力は越後に限定されず、会津や出羽・北信濃など一国を超えた広範な地域に達し、河川や潟湖の交通体系に依拠するものとされた[11]。こうして城氏は、「良家子」を自称し京武者としての血統意識を持つ、京武者系に準じる豪族的武士団として位置付けられ、さらには地方豪族でありながら平氏の血統を引く「貴種」、すなわち幕府を樹立する可能性を持つ存在とされた[12]。そうなれば、城氏は在地武士に止まらず、武家の棟梁にまで成長していったことになり、武士社会内の階層移動の把握には格好の研究材料といえる[13]。

ただ、城助永の在京活動について、それを認めないという反論がすでに提起されている[14]。これは城氏の所属階層とその勢力の性格を論じるうえにおいて重要な問題となる。そのため、まずは城氏の京武者的側面と越後平氏の嫡流との関係について検討を行い、その実態を明らかにしたうえで論を進めることにしたい。

第一節　越後城氏の成長

(1)　越後定着の過程

越後城氏は桓武平氏の一流である越後平氏[15]の庶流にあたる。越後平氏の祖とされる余五将軍平維茂については、平維良との同一人物説が提起され、彼の一〇世紀末～一一世紀初における活動様相も詳しく論じられてきた[16]。ここでは越後との関係にのみ簡単に触れておく。伝承によれば、維茂は越後国小川荘岩谷村に平等寺を建立し、死後その寺に葬られた[17]。また、維茂の長男繁貞は「越後国事」により勘当され、越後国司が繁貞の郎等の追捕を命じられた[18]。よって、維茂・繁貞父子が越後に一定の本拠地を置いていたと推測される。その維茂の子にあたる繁成は秋田城介に任じられ、官職名に因んで子の貞成より「城」の号を称したものとされる[19]（図1参照）。ただし、

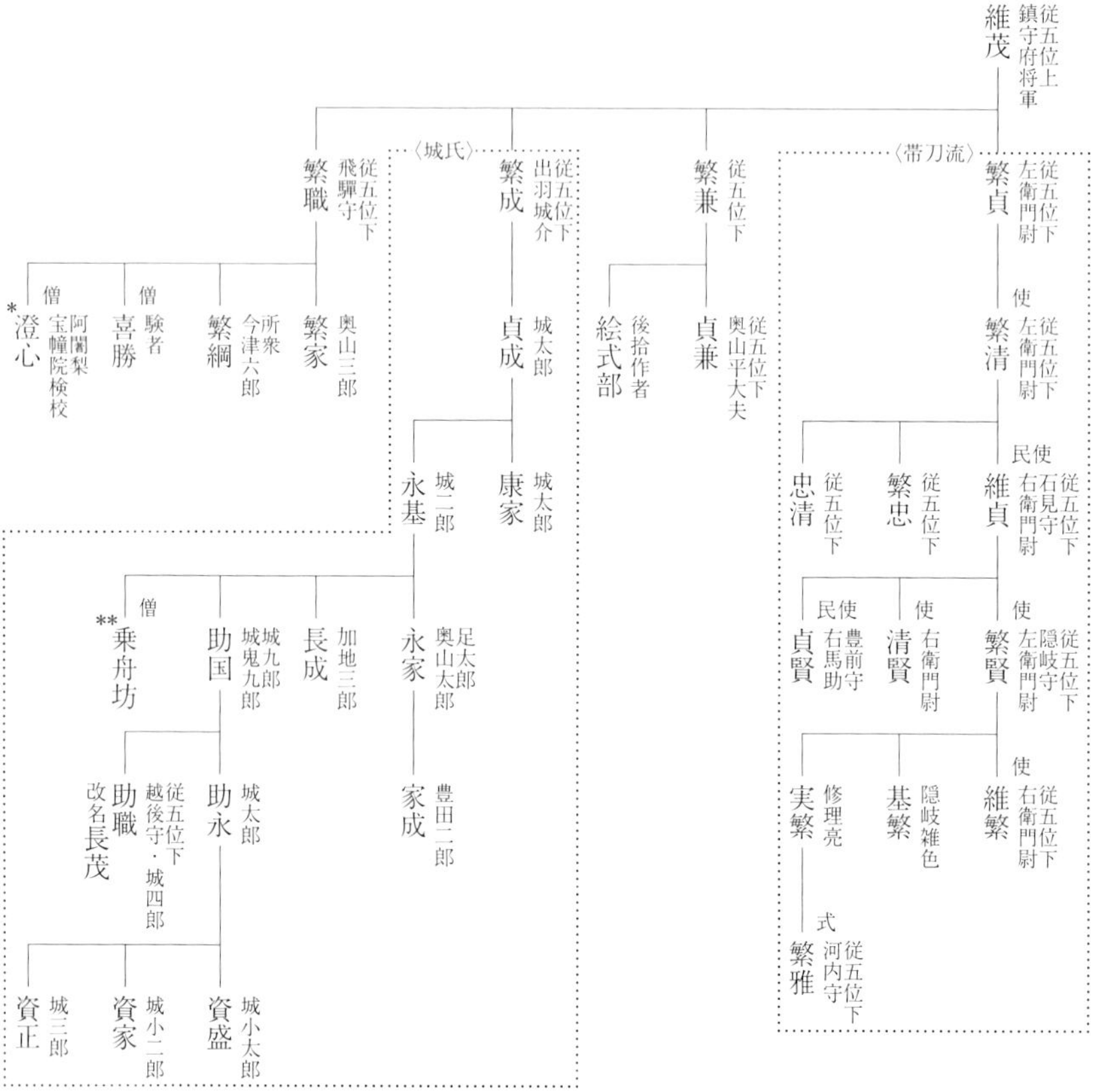

図1 越後平氏系図
(『尊卑分脈』『尊卑分脈脱漏』と「桓武平氏諸流系図」をもとに作成)
*『僧官補任』宝幢院検校次第 / **『異本塔寺長帳』

繁成・貞成の越後移住の経緯は不明とせざるを得ない[20]。

城氏の越後定着を明確に示す史料として最も早い時期に属するのは永久五年（一一一七）のものであり、そこには貞成の子永基が「越後国住人」と称されている[21]。そして、永基の子永家は奥山太郎と号され[22]、奥山荘に拠点を持っていたことがわかる。「殿下御領」の奥山荘はもともと高陽院（藤原泰子、忠実女）領であった。高陽院は四条宮（藤原寛子、頼通女）跡領を父の忠実より譲られたので、奥山荘は頼通の時代にはすでに成立していたとされる[23]。ここで越後平氏と摂関家の関係が注目される。かつて維良（維茂）とその父兼忠は藤原道長に馬を贈り、繁貞も馬四疋を道長に献じた[24]。繁貞は「前帯刀」と記されたが、帯刀舎人は道長のような有力貴族により推挙され、家人のように推挙人に保護される関係にあったことを考えれば[25]、繁貞と道長の密接な関係も推測できる。『尊卑分脈』によれば、維茂は「帯刀・奥山・城・鬼等流」の祖であり、帯刀流は帯刀の経歴を持つ繁貞の子孫、すなわち越後平氏の嫡流を指す。また、道長の子頼通は越後国の事により勘当された繁貞の赦免を命じている[26]。つまり、越後平氏の嫡流は数代にわたって摂関家との関係を結んでいた。奥山荘は、そうした摂関家とのつながりを表す在地拠点の可能性が高い。繁貞の甥にあたる奥山平大夫貞兼と奥山三郎繁家が用いた「奥山」の名字も[27]、越後平氏の一族による奥山荘の支配をうかがわせる。帯刀流と同族関係にあった城氏が奥山荘の支配に関わるようになったのも容易に見当がつく。

その後、城氏の一族は奥山荘より南の方へ進出していったと考えられる。永家の弟に加地三郎長成、永家の子に豊田二郎家成の名前が見えるが[28]、各名字は奥山荘の南側に位置した加地荘・豊田荘に当てはまる（二一五頁、図2参照）。加地荘は一二世紀中葉、豊田荘は長承二年（一一三三）に立荘されたという[29]。長成・家成も系図の系譜関係からみて一二世紀中葉に活動した人物と推定されるので[30]、一二世紀中葉にはこれらの荘園に城氏の勢力が及んでいたとみてよかろう。

ところで、城氏の首長にあたる人物は「城太郎」貞成や「城二郎」永基のように「城」の名字を称していたと考えられるが、永基の長男永家は奥山太郎と称したのに対して、助国という人が「城」を名乗った。永家と助国の親族関係については情報が錯綜しており、助国を永家の子とする史料と、二人を兄弟とする史料が存在する。水澤幸一は旧稿において、『延慶本平家物語』では資国（助国）が永家の子となっており、もし永家と助国を兄弟と仮定すれば「桓武平氏諸流系図」に見える永家の弟浜次郎繁頼（図3参照）と助国の兄豊田二郎家成が同世代になって次郎（二郎）が二人になるので、永家・助国を親子とみた方が整合すると述べた。ただし、水澤も、家督を継いだ代数と世代数が混同された可能性を指摘し、新著の方では助国を永家の弟と捉えている[31]。永家が早世したため弟の助国が跡を継ぎ、系図上永家の子になったものと推測されるが、だからといって家成まで永家・助国の兄弟とみる必要はない。永家・助国を親子と想定すれば世代の間がかなり詰まってしまうので、やはり兄弟関係とみた方がふさわしい。

助国は『尊卑分脈脱漏』と「桓武平氏諸流系図」には「城鬼九郎」、『尊卑分脈脱漏』「東記曰」には「城鬼太郎」と記されている。維茂の子孫である「帯刀・奥山・城・鬼等流」のうち「鬼」流は、おそらく城「鬼」九郎助国の一族を指すものであろう。永基と永家・長成が「永（長）」を通字としたのに対して、助国一族の通字は「助（資）」であることからも、新たな門流の形成が垣間見える。

助国の時代には北越後の荘園も新しい展開を迎えた。藤原忠実は長承二年（一一三三）に娘の泰子を鳥羽院に入内させ、保延五年（一一三九）の院号宣下に際して摂関家領の保全を図って高陽院領を成立させた[32]。前述のように、奥山荘はこの高陽院領に含まれたのである。また、助国の子助職は「白川御館」「白河四郎」と呼ばれ、白河荘を領知していた[33]。白河荘は豊田荘の南に位置し、藤原忠通により皇嘉門院領として立荘された[34]。さらに、藤原忠実に相続された京極殿領の蜷河荘は会津に位置しており、一二世紀後半には城氏の影響下にあったとされる。[35]一二世紀後半の城氏（鬼流）は摂関家領荘園の成立とその支配に関与しており、城氏の北越後・会津への勢力拡大には摂関家との関係が大きく作用したのであろう。

（2）「助永」の活動の実態

ここまでは、越後平氏から分岐した庶流の城氏が越後北部に定着し、奥山荘の南側に勢力を広げる様相について述べた。ところで、城氏の勢力は北側にも進出の動きを見せた。長寛三年（一一六五）正月「越後国司庁宣案」[36]によれば、当時小泉荘や瀬波河周辺で城太郎助永が濫行に及んだという。小泉荘は奥山荘より北の方に位置していた（図2参照）。

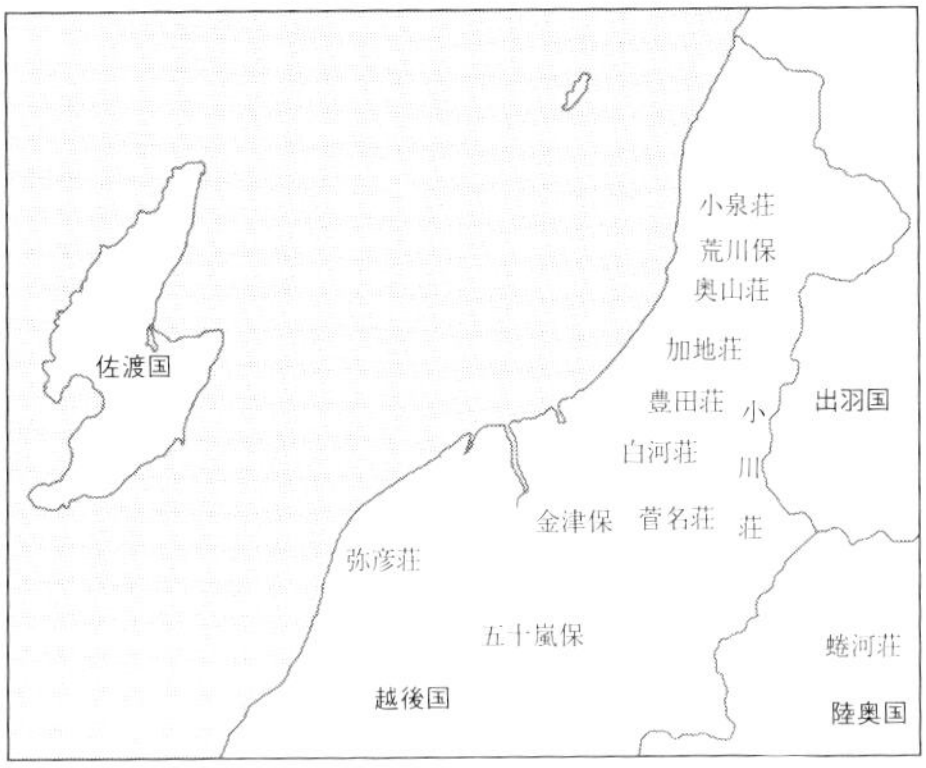

図2　越後平氏・城氏関連地名

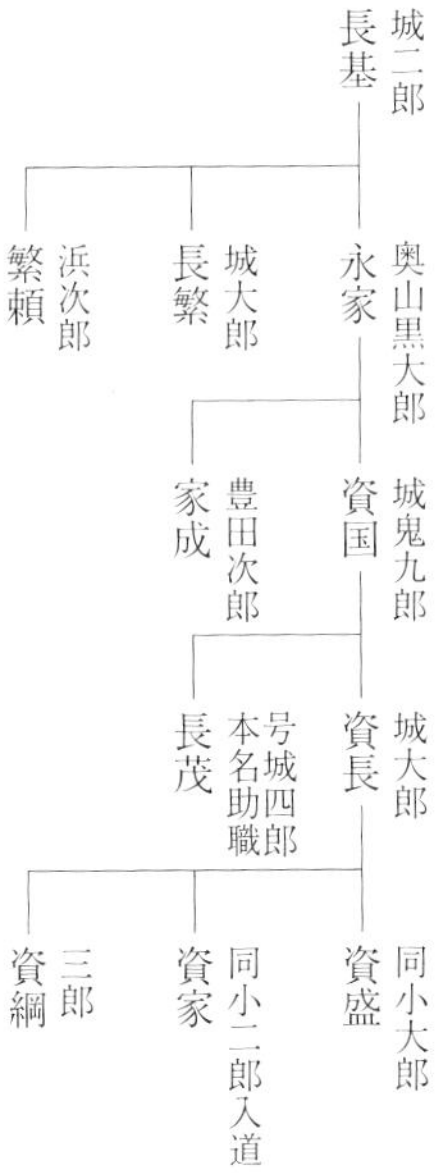

図3　「桓武平氏諸流系図」（一部）

城太郎助永は助国の長男にあたる。「越後国司庁宣案」は助永の名が初めて登場する史料となり、それ以前の助永の活動は不明とされた。ところが、浅香年木は、『山槐記』仁平三年（一一五三）正月二二日条に見える「使宣旨平助永」を城助永とみて、助永が在京武者として権門の暴力機構の一翼を担ったと主張した(37)。それに対して荻野正博は、城氏関連の諸系譜には助永に対する「使」の注記が見えないため、検非違使平助永を城助永とするのは難しいと反論したが(38)、松井茂は、越後平氏の清賢・維繁の例を挙げて、検非違使の経歴を持つ人物でも系図に「使」の記載が見えないことがあるとし、助永も検非違使ではなかったとは断定できないとみた(39)。そこで、史料から「助永」の名を掘り起こしてその行跡を捉える作業が進められた。そうして把握された「助永」の活動をまとめたのが次の表1である。

fによれば、仁平元年（一一五一）、左衛門尉助永は内大臣藤原実能の大饗において役を奉仕した。仁平三年（一一五三）の検非違使助永（g）も左衛門尉なので、fとgは同じ人物とみられる。一方、大治四年（一一二九）には右馬允平助永が越中守藤原公能の命により越中へ下向している（a・b）が、藤原公能は実能の子であり、徳大寺家の実能・公能との関係から左衛門尉助永と同一人物とされる。また、c　dからは右馬允助永が鳥羽院の北面衆であったことがわかる。以上により、「助永」は徳大寺家に仕え、鳥羽院の北面衆、検非違使になるなど、院や貴族権門と関係を結び在京活動を行う存在として評価されるようになった(40)。丸山仁は、越後の在地勢力城氏が王家領荘園の形成に中心的な役割を果たすうえで鳥羽院庁をめぐる人間関係が重要であったと論じ、その根拠のひとつとして助永の鳥羽院北面衆としての活動に注目した(41)。このように「助永」の活動は、京と地方における武士の存在形態はもちろん、王家や摂関家の立荘に関わる中世荘園の様相を論じる手がかりとされてきた。

しかし、佐々木紀一は、城助永の在京活動を認めないという見解を示した。系図の記載に見える誤脱は助永の検非違使任官を認める積極的な根拠にはならず、通常官位に基づいた称号を記す文書上に助永が「城太郎」と称

表１　「助永」の活動

	年	月日	人名	事　項	典　拠
a	大治４(1129)	10月15日	右馬允 平助永	貢蘇使として越中へ下向	『医心方』紙背文書「越中国司庁宣」(『加能史料研究』4；『平安遺文』2144号)
b	大治５？(1130)	３月17日	馬允 平某	庁宣一通を越中目代に進上郷中沙汰を依頼	『医心方』紙背文書「馬允平某書状」(『加能史料研究』4)
c	大治５(1130)	11月22日	馬允 助永／資長	鳥羽院の熊野詣に北面下臈として供奉	『中右記』『長秋記』同日条
d	長承３(1134)	10月20日	右馬允 助永	鳥羽院の熊野詣に北面衆の一人として供奉	『長秋記』同日条
e	保延５(1139)	以前	左衛門尉 助永	宇佐宮領宇佐町南薗の預人	『宇佐宮神領大鏡』久安４年(1148)12月17日「大宰府政所下文写」(『平安遺文』2657号)
f	仁平元(1151)	正月26日	左衛門尉 助永	藤原実能主催の大饗で立作所人・饍として奉仕	『台記』同日条
g	仁平３(1153)	正月22日	平助永	検非違使に補任される	『山槐記』「除目部類」同日条
h		６月１日	平朝臣 助永	威儀師源勝の手の者を殺害	『兵範記』同年７月25日条、『本朝世紀』同年６月24日・７月25日条
i	永万元(1165)	正月	城太郎 助永	越後国小泉荘・瀬波河での濫行を訴えられる	「越後国司庁宣案」(南部文書；『平安遺文』3328号)
j	治承４(1180)	12月２日	助長	甲斐の武田信義を攻めるという伝聞あり	『山槐記』同日条
k		12月３日	越後 城太郎 助永	甲斐・信濃は他人を交えずに一人で攻め落とすと申請	『玉葉』同日条
l		12月12日	城太郎 助永	すでに信濃へ行ったという風聞あり	『玉葉』同日条
m	養和元(1181)	閏２月17日	越後 城太郎 助永	宣旨により甲斐・信濃に襲来したという風聞あり	『玉葉』同日条
n		３月17日	越後 城太郎 助永	病死の浮説あり	『玉葉』同日条
o		４月21日	助永	死亡が判明している	『玉葉』同日条

田村裕「平安後期の奥山荘周辺」の表１、および高橋一樹「城氏の権力構造と越後・南奥羽」の第１表をもとに、一部修正して作成。

されたのは無位無官であったことを端的に表すため、検非違使助永と城太郎助永は別人であるという。(42)もし一一六〇年代以前の「助永」の業績が城助永のものでないとすれば、その在京活動を通じてなされた城氏に関する議論は再考せざるを得ない。ただし、仮名《けみょう》の使用を根拠に検非違使経歴を否定する佐々木説は十分な反論にはならない。(43)そこで本節では、助永の年齢と血縁関係を通じて、検非違使助永と城助永の同一人物説を検証することにしたい。

もし助永が大治四年（一一二九）当時、右馬允に任じられていたとすれば、彼は遅くとも一一一〇年代初には生まれていなければならない。『帝王編年記』巻二三の建仁元年（一二〇一）正月二三日条によれば、助永の弟長茂（助職）は五〇歳で亡くなり、逆算すれば一一五二年生まれになる。兄弟間の年齢差は四〇年以上広がり、決して不可能ではないものの、多少不自然である。さらに、助永の長男資盛の存在が問題となる。養和元年（一一八一）、甲斐・信濃攻撃を準備していた助永が急死すると、助永の代わりに軍勢を統率し、跡を継いで先祖の繁成より受け継がれた刀を与えられたのは、子の資盛ではなく弟の長茂であった。文治五年（一一八九）の奥州合戦で動員された長茂が郎従二〇〇余人を集めた時にも資盛の姿は見えなかった。(44)資盛が史料上に初めて登場するのは建仁元年（一二〇一）のことであり、長茂が所持していた相伝の刀は資盛に渡された。(45)この時に、城氏の首長の地位が長茂から資盛に移っていたことが推測される。おそらく助永の死亡当時には資盛がまだ幼かったため、長茂がとりあえず助永の跡を継いで資盛の成長を待ったのであろう。一一七〇年代に資盛が生まれたとすれば、助永の生年は一一四〇年代以後、一一五二年以前になる。したがって、一一四〇年以前に活動した右馬允平助永（a～d）は城助永と同一人物とは考え難い。

右馬允助永と藤原実能・公能との関係については前述した。大治四年（一一二九）当時、一四歳の公能は鳥羽院判官代であり、院分受領として越中守に任じられていた。越中国を知行していた父の実能は鳥羽院別当であった[46]。右馬允助永は鳥羽院の北面衆でもあり（c・d）、左衛門尉助永は鳥羽院の院宣により宇佐宮領宇佐町南薗の預人になったり（e）、実能の大饗で奉仕（f）したりしたので、鳥羽院をめぐる人間関係がうかがわれる。というわけで、a～hの「助永」は同一人物であり、推定生年からみて、その活動は城太郎助永とは無関係である[47]。

仁平三年（一一五三）六月、威儀師源勝が典薬寮使らを連れて典薬寮領内に居住する従男を召喚しようとし、争いが発生して従男が殺される事態となった。検非違使助永はその濫行を制止するために郎従を派遣し、郎従たちは石清水八幡宮の宿院鳥居前で源勝の下手人と出会って殺害に及んだ。この殺人事件による穢気のため、石清水八幡宮への奉幣が行われた（h）。この事件以後「助永」の名が史料にしばらく見られず、事件に巻き込まれた助永は在京活動の幕を閉じ、一二年後に在地で再登場したともされる[48]。

しかし、事件に関して助永は「不レ知二子細一」といわれ[49]、実際には仁平三年（一一五三）以後も解官されなかった可能性が高い。『兵範記』仁平四年（一一五四）正月五日条には従五位下に叙された検非違使「平快永」の名が見えるが、米谷豊之祐はこの快永を平助永とみなした[50]。当時の俗人の名前に「快」の字はあまり見られず、おそらく「快」は「扶」の誤写と考えられる。京都大学所蔵古写本の「快」の字（図4）と同じ古写本に見える「扶」の字（『兵範記』長承元年（一一三二）一一月二〇日条、図5）を比較すれば、必ずしも同一筆跡とは断言でき

図4　『兵範記』仁平四年（一一五四）正月五日条（京都大学所蔵本）

図5　『兵範記』長承元年（一一三二）一一月二〇日条（京都大学所蔵本）

ないものの、両者の字形が酷似していることがわかる。[51] よって、検非違使助永は仁平三年事件後も従五位下に昇進し、在京活動を続けたことになり、城太郎助永との接点は見当たらないのである。[52]

（3）勢力形成過程の再検討

以上、右馬允・左衛門尉・検非違使の経歴を持つ平助永と、越後の在地武士である城太郎助永とは別人であることを明らかにした。前者の助永の家系や出自は不明であるが、その一族と思しき人物が数人ほど把握される。一一世紀末〜一二世紀初に活動した平扶範は、武者所を経て右馬允・右衛門尉を歴任した。[53] 右馬允から衛門尉への昇進は平助永のそれに似ている。平扶行（扶之・資行・佐行）は馬允扶重の子で、近衛・後白河天皇の滝口を経て検非違使・左衛門尉に任じられたが、治承元年（一一七七）に鹿ケ谷の陰謀が発覚した時には「法皇近習之輩」の一人として捕らえられ解官された。[54] その後還任したものの、治承三年（一一七九）の政変で再び解官となった。[55]『山槐記』除目部類の養和元年（一一八一）一二月四日条には「使宣旨平資実去々年解官之還任。〔本〕大名扶行。」とあり、扶行が資実に改名し、検非違使に還任したことがわかる。父の名前が扶重であり、改名の時にもスケ（扶・資）の字を変えなかったので、扶行は「扶」を通字としていたであろう。扶行の官歴も平助永に類似しているが、二人とも院との関係を結んでいるのも目を引く。憶測に過ぎないかもしれないが、活動年代からみて扶範―扶永（助永）・扶重―扶行といった三世代の一族関係が推定される。[56] ともかく、平助永は越後平氏とは別の京武者であり、その在京活動は城氏とはあまり関係のないものであった。

高橋一樹は、『元亨釈書』巻一一、感進・最福寺延朗伝に見える越後の平資永（城助永）が延朗を訪ねたという話を取り上げて、助永の在京活動は疑いないと述べた。[57] ところが、延朗が松尾山南の最福寺に移ったのは安元二年（一一七六）のことである。城助永が安元二年以後在京していたのは認められるが、それ以前の在京活動を裏付ける証拠にはならない。一一二〇〜五〇年代の「助永」の活動が城助永のそれではないとすれば、徳大寺家・鳥羽院とのつながりは城氏とは無関係のものになり、越後の荘園成立を背景に理解されてきた城氏の勢力圏についても考え直さなければならない。

高橋一樹は、城助永が徳大寺家への奉仕関係をもとに、一二世紀前半に越後国弥彦荘の領家である徳大寺家より浜郷を給与されたとし、「桓武平氏諸流系図」に見える永家の弟浜次郎繁頼の名字「浜」を弥彦荘浜郷に比定し、その地を城氏の所領と捉えた。越後国内の城氏の所領は北越後に限られず、城氏は浜郷から潟湖河川交通で信濃へとつながる権力配置を見せたという[58]。

確かに、弥彦荘は徳大寺家の所領にあたるものと考えられる[59]。しかし、城氏と弥彦荘の関係は一二世紀前半における「助永」の活動を前提に推定されたものであり、城助永の徳大寺家への奉仕関係が認められない以上、「浜」の名字を浜郷に関連付けてその地を城氏の所領とする主張には無理がある。検証が必要な史料ではあるが、『異本塔寺長帳』安元二年（一一七六）条に「越後国五十嵐ノ城ヲ城九郎祐国築」という記事が見られる。同史料の養和元年（一一八一）六月一五日条に「越後守祐国」が落馬して死んだと記されたことから「祐国」は助永の誤りかもしれない。五十嵐は白河荘の南、小川荘の南西側に位置し、一二世紀には国衙領の五十嵐保が成立したとされる[60]。城氏が一一七〇年代になって五十嵐に進出できたとすれば、一二世紀前半における弥彦荘への進出は想定し難く、弥彦荘は城氏の勢力圏に含まれていなかった可能性が高い。

要するに、奥山荘周辺に拠点を持つ城氏は、一二世紀前半には加地荘・豊田荘などを支配し、一二世紀中葉には、さらに白河荘・小泉荘や会津の方へ勢力を伸ばすようになった。ただし、越後中南部への勢力拡大は一一七〇年代にもまだ充分ではなく、さらなる勢力の拡大にはもうひとつの画期が必要であった。

第二節　階層移動の契機

前節では、検非違使助永と城助永が同一人物ではなく、城氏が摂関家を除く諸権門との関わりを持っていなかったことについて述べた。すなわち、一二世紀中葉における城助永の任官と在京活動は実際には行われなかった。これまで越後城氏は、在地武士として展開しつつ、京武者である嫡流の帯刀流と一体視されていたとされ、「助永」の任官経歴がその根拠として挙げられていた。そこで、城氏と帯刀流の関係についても再検討せねばならないように思われる。

(1) 帯刀流との関係

まず繁貞以後の帯刀流の活動様相を見てみると、繁貞の子繁清は父に続いて左衛門尉に任じられた。繁清の子息たちはいずれも従五位下に達し、なかでも維貞は、右衛門尉・石見守・検非違使に任官したとされる[61]。維貞の子たちも類似した経歴を有している。繁賢は右兵衛尉・検非違使・隠岐守を歴任し、清賢は検非違使・右衛門尉、貞賢は右馬助・豊前守になった[62]。繁賢の子維繁も右衛門尉・検非違使に任じられ、従五位下にまで昇った[63]。つまり、帯刀流の人々は、衛府の官人や検非違使となって在京活動を行い、受領に任官されるような京武者の家系を継承していた。さらに、貞賢が白河院の北面下﨟であり、繁賢が白河院の葬儀に非蔵人として参加していたこと[64]から、帯刀流は白河院との関係を有していたと考えられる。

一方、城氏の場合には、院との関係が希薄であったように思われる。天仁元年（一一〇八）に追討された源義親は、あまりにも迅速に討ち取られたせいか、その首の真偽が疑われ、義親を名乗る者が各地で出没するようになった[65]。平（城）永基のところにも義親と号する浮浪法師が現れたので、永基にその浮浪法師を捕らえるよう国司を通じて命令が下されたが、追捕は行われなかった。そこで、検非違使庁より永基に対して逮捕の指令が直接出され、この案件が院宣より出たもので延怠してはいけないと注意された(66)。当時、越後は白河院分国であったが、永基が白河院の代理者である国守の沙汰権の枠外にあり、国司や院の命令に必ずしも従順しない独立性をそれなりに確保していたことがわかる(67)。同時期に白河院に奉仕していた帯刀流とは立場を異にしていたのである。

田村裕は、治承・寿永の内乱期に帯刀流が城氏とは別に行動しており、のちに鎌倉幕府より信濃の所領や菅名荘預所の地位を安堵されたことから、帯刀流と城氏は別個の途を歩んだとみた(68)。それに対して小嶋教寛は、維繁が預所職にあった菅名荘が城氏の本拠のひとつである白河荘に隣接する点、木曽義仲と戦った城氏軍にいた「橋田太郎」の橋田が菅名荘と関係するという指摘、菅名荘内に城氏関連伝承が残されている点などから、菅名荘を媒介とする両者の協力関係を想定している(69)。確かに『吾妻鏡』文治二年（一一八六）三月一二日条の「関東御知行国々内乃貢未済庄々注文」によれば、越後国菅名荘は「六条院領　預所隠岐判官代惟繁」とあり、帯刀流の「越後における活動の一端を示すもの」と理解される(70)。ところが、文治二年の注文に見える他の荘園の預所を見てみると、小泉荘は「中御門大納言」藤原宗家、佐味荘は「大宮大納言入道」藤原隆季の家、紙屋荘は播磨局など、中級以上の貴族の領家を指して「預所」と称している(71)。おそらく維繁の預所職は、必ずしも在地の開発領主的性格を帯びるものとはいえないのであろう。

また、菅名荘内の城氏伝承は、明治一六年（一八八三）に提出が命じられた「新潟県神社寺院仏堂明細帳」に記された中蒲原郡川東村大字柄沢と大字大蔵の稲荷社二所の由緒に見られる。それには「鳥羽帝ノ御宇国守城氏ノ臣某当地在城ノ節城門外ニ創立」「往古国守城氏ノ旗下某当地在城ノ節、城内に創立(72)」とあり、越後守城助職の存在が想定されている。むしろこの伝承は、一二世紀末に入って城氏の勢力が菅名荘一帯に及んだことを語るものではなかろうか。

（2）「維繁等之党」について

問題は城助職が「維繁等之党」と貴族に認識されていた点である。養和元年（一一八一）、急死した兄助永の遺志を継いで信濃に攻め入った助職は、甲斐・信濃の源氏勢力の反撃を受けて大敗してしまった。ところが、平宗盛は、身命を惜しまず忠節を尽くした助職に恩賞として越後を賜るべきであると主張した。後白河院は、越後を賜れば後で功を立てた時にはどうするか、今敵に追い返されたのに熟国を預けるのは不当である、しかるべき京官に任じたらどうか、という意見を述べて、頭弁吉田経房を通じて右大臣九条兼実に計奏するように命じた。兼実は助職の越後守任官が相応しくないとし、もし京官に任じるべきであれば衛門尉はどうか、と提案している。それに対して経房は「良家子之由自称、維繁等之党云々。存二凡卑之由一歟」と指摘し、兼実は「源氏・平氏之習、雖二諸大夫一皆任二衛府一。至二于助元〔職〕一不レ可レ嫌事歟」と答えて、経房は納得したという[73]。

助職は「良家子」と自称し、維繁らの党といわれるため、衛門尉任官は凡卑だと思われるのではないか、というのが経房の意見であった。松井茂は、「維繁等之党」が「良家子」すなわち諸大夫の家と認識され、助職も「維繁等之党」としてその家柄を誇示していたとみる[74]。しかし、これまで検討してきたように、城氏は貞成から助永まで数代にわたって無位無官の状態が続いており、諸大夫の地位は認められない。助職は実際には「良家子」の地位を有していなかったからこそ「良家子」を自称していた。

「維繁等之党」という表現については、城氏の助職が帯刀流の維繁と同族であることを強調する意見もある。もちろん、武士の一族間において、京で活動する人物と在地で活動する人物の協力的関係は十分想定され得る。たとえば重宗流源氏は、検非違使・衛門尉・受領を歴任した重時と、主に美濃を中心に在地で活動した重実以下の兄弟たちの間に、利害をともにする一族関係がうかがわれる。そして、実子のなかった重時の在京活動は重実の子重成に受け継がれる[75]。だが、在地に定着して数代に及ぶ庶流の人が在京活動を任される例はほとんどなく、越後平氏の場合には、帯刀流の子孫が検非違使・衛門尉などになり、京武者としての活動を継続していた。帯刀流の存在にもかかわらず「良家子」を名乗る城氏の態度より一族の協力関係は読み取れない。そもそも「義光幷平重幹等党」「武田之党」「キソ党」「サコ党」[76]の用例からみて、「党」は必ずしも血縁関係で結ばれた親族を意味しない。助職が「維繁等之党」といわれたのは、京武者である越後平氏の武士団に助職が属するという貴族社会の認識を示したものかもしれない。

むしろ京武者帯刀流との同族関係は「良家子」であることを主張するための手段ともみられる。地方での勢力拡大に伴って、城氏は地位向上を狙うようになり、帯刀流と同列に並ぼうとしたものと推測される。前述のように、城氏の首長は繁成より受け継がれた刀を伝領し、繁成が城氏一族の先祖として位置づけられたことがわかる。ところが、助永は「将軍維茂之胤」として代々武に長けた家であることを自負したといい[77]、『吾妻鏡』などにも、その系譜は越後平氏の祖である維茂にまでさかのぼって記される。助職が長茂に改名したのも、「長」の字は兄の助永または永基・永家らの永（長）から、「茂」の字はやはり維茂から、取ったものと推定される。つまり、城氏は遅くとも助永兄弟の時代には維茂を祖とする越後平氏の流れを汲むことを意識していた。それは諸大夫層へと身分を上昇させるなかで芽生えた系譜意識であったと考えられる。

（3）清盛の「同心」

以上、城氏が一二世紀後半には帯刀流とは別個の歴史を歩み、治承・寿永の内乱期には帯刀流を差し置いて「良家子」への格上げを目論んでいたことについて述べた。それでは、城氏に意識の変化をもたらしたのは何か。一一七〇年代前後の時期に城氏の勢力変動が起きていることを念頭に置くと、当時の実力者である平家との関係も考慮しなければならない。助永は、治承・寿永の内乱の時に甲斐・信濃の反乱軍の討伐を自ら申請し、清盛の

「同心」と呼ばれていた（二三七頁、表1のk・o）。助永の長男資盛の名に「盛」の字が使われたのは「清盛か、その後継者宗盛からの偏諱」ともいわれる[78]。そのため、城氏は平家の与党として評価されてきた。ただし、何時いかなる経緯で平家の与党になったかについてはあまり論じられていなかったと思われる。

ここで注目したいのは、城氏の発展に重要な役割を果たした摂関家領荘園の状況である。平家は保元の乱後における「摂関家の家産制機構の武力的支柱」となり、摂関家領の支配に関わっていた[79]。越後における摂関家領荘園もおそらく同様の状況であり、平家は摂関家領荘園の現地支配に当たっていた城氏との結合関係を形成したと考えられる。仁安元年（一一六六）藤原基実の死後、その遺領を基実の正室平盛子に伝領させる形で平家による摂関家領支配の実権掌握が行われた。この時期には平家と城氏との結び付きが始まっていたとみてよかろう。

一一七〇年代には両者のより密接な関係が築かれていたと推測される。越後国は、仁安元年（一一六六）～嘉応元年（一一六九）には建春門院（平滋子）の院分国であったが、嘉応二年（一一七〇）～治承元年（一一七七）には後白河院の側近である藤原成親、その後は藤原光隆が知行国主になっていた[80]。一一七〇年代に入って越後は平家の知行国でもなく、国衙を通しての越後支配も難しかった。そこで、平家は城氏を頼って越後の掌握を試みたのではなかろうか。前述のように、城助永は安元二年（一一七六）以後の在京経験を持つが、三浦義澄・千葉胤頼が「日来依二番役一所二在京一」[81]であったように、助永も大番役のために在京していたものと考えられる。ただ、ここでいう在京活動が衛府官人や検非違使の補任による行為ではないことだけは指摘しておく。

一方、城氏の場合、平家に接近することにより、越後における影響力を高めて勢力を拡大することが期待された。横田河原の戦いで敗れた城助職が越後に逃げてくると、越後の在庁官人は「宿意」のために助職を凌礫しようとした[82]。在庁の「宿意」とは平家を後ろ盾にして勢力を伸ばしていた城氏との葛藤に起因したものであろう。五十嵐保への進出については前述したが、ほかにも金津保（白河荘の南西）内の新津にも進出したことがわかり[83]、城氏が国衙領に勢力を扶植していく様子がうかがわれる。

こうして清盛の「同心」という立場をとっていた城氏は、しだいにそのプライドを高め、越後での勢力拡大に相応する実質的な地位の上昇も意識するようになった。『元亨釈書』によれば、助永は延朗を訪問した際、自分の手に負えないほどの大弓と長矢を僕に持たせていた。その行為は、助職による「良家子」の自称とともに、城氏の自信の現れと思われる。助職は「白川御館」と呼ばれたので、城氏は奥州藤原氏と同じく国守に対する尊称の「御館」を号するほどの国守並みの勢力を持っていたと把握される[84]。助永・助職兄弟の行動もあながち単なる虚栄とはいえまい。しかし、だからといって当時の城氏が諸大夫の家格や国守の地位を手に入れたわけではない。助永が反乱軍の鎮圧に積極的であったのは、越後を中心とする軍勢の動員を機に周辺地域を掌握し、討伐の功績により身分や階層を上昇させることができると見込んでいたからではなかろうか。

要するに、城氏は摂関家領荘園を介して平家と関係を持ち、清盛の「同心」になることにより勢力拡大の機会を与えられた。それは城氏にとって、嫡流の帯刀流を差し置いて身分上昇や階層移動を企図する契機となった。そして、治承・寿永の内乱では平家の味方として反平家勢力に立ち向かい、敗戦はしたものの、目標には近づいたのである。

第三節　内乱をめぐる状況

（1）受領任官の事情

養和元年（一一八一）八月一四日、城助職はついに従五位下越後守になった。当時の貴族たちはこの任官を「天下之恥」とみなし、悲しみ嘆いたという[85]。同日、藤原秀衡も陸奥守に任じられたが、彼は嘉応二年（一一七〇）従五位下鎮守府将軍に任命されたのもあり、[86]陸奥は「素大略虜掠」とされたため、彼の陸奥守任官はさほど問題にはならなかった。[87]それまで無位無官で諸大夫の家に属するとはいえない助職の越後守任官は、やはり物議を醸す事態であった。それでも任官が強行されたのは、惣官職に補任された平宗盛により申請されたからであろう。これは戦時の軍事支配を整えるうえで「武勇之国宰」を任命して源頼朝ら反乱勢力を防ぐために取られた措置であったとされる。[88]

ほかにも内乱期において受領に任じられた事例はいくつか確認できる。寿永元年（一一八二）一二月、佐竹隆義は勲功の賞により常陸介に任じられ、助職・秀衡とともに「土人任二其国守一例」とされた。[89]九州では、治承四年（一一八〇）九月に大宮司宇佐公通が豊前守を兼ね、養和元年（一一八一）四月には原田種直が大宰権少弐に任じられた。[90]安芸では、佐伯景弘が国守になった。公通と種直の任官はいずれも清盛や宗盛の申請によるもので、種直・景弘は清盛の家人として平家と密接な関係を持っていた。これは家人をもって国衙を掌握し、反平家勢力に対抗するという政策の一環とされる。[91]阿波民部大夫成良が四国の勢力を靡かせ、九州から追われた平家を讃岐で迎えたことにより阿波守になったという話も、[92]反平家勢力に対抗する勢力に権威をつけたり代償を与えたりする手段として受領任官が活用された、当時の傾向を反映するものといえる。国守級の任官ではないが、平家とのつながりを持つ藤原（浅羽）宗信が養和元年三月に遠江介となったのも、国衙の奪回のために任じた例として注目される。[93]

内乱期に任命された平家の与党の受領には、すでに六位以上の位階やそれに相当する官職に就いた人物がいた。藤原秀衡については前述したが、たとえば宇佐公通は安元二年（一一七六）正月に対馬守となり、佐伯景弘も仁安二年（一一六七）民部大丞になり従五位下に叙された。[94]一方、城助職や浅羽宗信は在地の有力者ではあるが、無位無官の状態で俄かに受領となった例にあたる。原田種直の権少弐任官も府官出身としては異例のことであっ

動きが見られる。このように内乱に際して戦時体制を構築するなかで、侍層から諸大夫・豪族的武士へと身分や階層を変えた(95)。

ところが、この時期に受領任官の資格を持っていても、内乱以前には相応の身分や階層に達していなかった人も存在した。たとえば、「奥州夷狄」藤原秀衡の鎮守府将軍任官は「乱世之基」と評価された(96)。奥州藤原氏は清衡以来「押領使」を継承し、藤原基成一族と結んで陸奥守・鎮守府将軍の立場を代行して奥羽を実質的に支配したとされるが(97)、三代にわたって奥羽に土着した秀衡が直接鎮守府将軍になるのは別の問題であった。宇佐公通も仁安元年（一一六六）府官から少弐になったが、前述の原田種直に関連して一異例として挙げられている(98)。異例として問題視された形跡はあまりないが、佐竹氏の場合、常陸に土着した昌義は無官のまま佐竹冠者と称し(99)、子の隆義も任官当時は常陸国住人であった。もう一人の子である義宗が「雅楽助大夫」になったのは承安四年（一一七四）前後のことと推定されるので(100)、昌義の一族は当初から京に地歩を占める諸大夫の家ではなく、隆義も在地の「土人」として急に受領となったのではないか。

つまり、平家が影響力を拡大し実権を握り始めた一一六〇年代より、それまで固定化していった階層や家格を脱する在地中心の諸勢力が出現した。当時、各地の支配や武士団の統制などのために平家に与する勢力が抜擢・育成された。清盛が仁安元年（一一六六）に内大臣に任じられて以後、平家の一族は大国受領系院近臣の家格を脱皮し、公卿への昇進ルートを確立していった(101)。自分たちの地位を昇格させたこともあって、平家は味方勢力の身分や地位を揚げることにさほど抵抗を感じなかったかもしれない。既存の昇進ルートと極官を超越する異例の任官は、一部の侍層武士に諸大夫層への昇格の可能性をもたらした。越後城氏をはじめ、在地において成長を遂げた諸勢力は、官位獲得と階層の上昇移動によりその実力を公認されたのである。

（2）　幕府の可能性について

横田河原の戦いの後にも城氏は滅びずに存続していたが、[102] 寿永二年（一一八三）に木曽義仲が入京すると、助職は越後守を解かれた。[103] 義仲が没落した後、北陸道では源頼朝の派遣した勧農使が占領政策を遂行し、助職（長茂）は元暦元年（一一八四）頃、頼朝側に囚われの身となったと考えられる。[104] 梶原景時に預けられた長茂は、師檀関係にあった僧定任の周旋により赦免されて御家人になる機会を得た。文治四年（一一八八）九月、定任が御所に参り、頼朝のいる簾中に召し入れられ、御家人たちは侍所に二行で着座していた。ところが、この場に現れた長茂は御家人たちの着座している中を通り、簾中の頼朝に背を向けて横敷に着席した。景時にそこは頼朝の御座間であると言われても、長茂は「不レ存知一」と応えて座を起って、すぐ退出した。以後、定任が長茂の赦免を要請することはなかったという。[105] この逸話は頼朝の権威に屈しない長茂のプライドを語るものとして知られる。さらに、頼朝を無視してその前に座る行為は、自分が御家人を率いる幕府の棟梁になれるという長茂の意識を表したものといえる。城氏が自ら政権の看板となって幕府を樹立する可能性を指摘した入間田宣夫の見解も、この逸話に基づくところがある。

しかし、平家の与党として活動し、諸大夫層への進入を目指していた自称「良家子」の長茂が、内乱期に独自の軍事政権を樹立しようとしていたとは考えられない。むしろ平家の没落により越後の支配と身分上昇を認められるという望みが絶たれた時点で、長茂の自意識の高揚が見られたといえる。武家の棟梁が清盛・宗盛から頼朝に交代した事態は、官位を実質的に授与する権威としての平家を取り除いただけではなく、平家以外の勢力の人物が武家の棟梁になる可能性を開いた。そこで、既存の武士の身分秩序に束縛されず自分を頼朝と対等の立場に置く考え方も可能になったと考えられる。ただし、長茂の行動は、当時の人々の目には時代錯誤と傲慢さにしか見られなかったはずである。

鎌倉殿の頼朝を頂点として武士社会の再編は急速に進み、武士の身分秩序は再び固定化したものに整備され始めた。奥州藤原氏の秀衡が文治三年（一一八七）に源義経を「主君」「大将軍」として推戴するよう子の泰衡らに遺言を残したのは、奥州藤原氏自ら政権の首長になるより、左衛門少尉・検非違使に補任されるなど在京武官の経歴を持ち、頼朝と同じ京武者出身の義経を武家の棟梁に推戴する道を選んだことになる。文治五年（一一八九）の奥州合戦は、内乱期の敵方との主従関係を清算し、鎌倉殿のもとに主従制を再編成する意義を持つ戦争とされる。長茂は、梶原景時の推薦により奥州合戦に参戦する機会を得て、ようやく御家人となった。内乱初期に最盛期を迎えた城氏は身分上昇の夢を膨らませたが、それとは裏腹に衰退の一途をたどった。身分階層の構成は鎌倉幕府の成立に伴って整備され、城氏のような身分の変動を期待することは難しくなったのである。

（106）（107）（108）（109）

おわりに

本章では、同族の帯刀流と協力関係にあり、京武者的性格を帯びる豪族的武士とされた、越後城氏について再検討を行い、城氏が一一六〇年代以前には在地の武士団で在京活動も確認できないが、平家との関わりを持ち勢力を拡大してから、諸大夫層への身分上昇を目指し、越後守に任じられるに至ったことを明らかにした。そして、城氏と似たような事例はいくつか存在し、平家の与党勢力が自分の身分・階層により規定される極位極官を超えて五位・六位クラスの受領という官位を獲得したことを確認した。

平安後期の武士の社会では、在地の小中規模武士・地方豪族・京武者といった階層秩序が形成され、各階層の構成員は侍層・諸大夫層のような貴族社会の身分を有していた。武士の各個人や一族はその社会秩序の中に位置づけられて、決まった階層と身分が固定されたかのように見られた。しかし、まだ身分や階層に変動の余地があり、武士社会の秩序は流動的な側面をも持っていた。内乱期に顕在化した階層移動・身分上昇の様相はそれを表している。

中小規模の武士が豪族的武士として自立し、既存の京武者に依存せず自ら京武者的存在になろうとする事例は、武家の棟梁の登場と武家政権の樹立における様々な可能性を考えさせる。平家の没落により権力の空白が生じるなか、伊勢平氏や河内源氏のような武門に属しない城氏の長茂が、武家の棟梁を意識するようになった。建仁元年（一二〇一）に将軍源頼家の追討を企図して長茂が起こした反乱(110)は、たとえ失敗に終わったとはいえ、頼朝をはじめとする河内源氏の血統が武家の棟梁の必須条件であるとは限らないという内乱前後の武士たちの認識を、少なからず反映していたと考えられる。幕府成立後に続いた将軍位をめぐる政変の様相は、源氏将軍観の形成に至る過程が決して順調ではなかったことを語るものといえる。

本章は一二世紀後半における階層移動や身分上昇に注目したため、武士社会の階層そのものの形成過程にはあまり触れられなかった。また、武士の階層と貴族社会の身分との相関関係については、侍層と諸大夫層の格差が重要であるとは考えられるが、五位相当の官位に就く者と諸大夫の家格に属する者を明確に区別しなければならない。特に、助職が自称した「良家子」の語も分析を必要とする。残された課題については改めて論じることにしたい。

〔追記〕

初出論文の発表後、髙橋昌明『都鄙大乱――「源平合戦」の真実』（岩波書店、二〇二一年）より、城氏の「衛府の官人や検非違使などの在京活動は認められず、北越を拠点とする在地での活動に終始していた」ことに関して、「もし城氏を在地にへばりついた存在とだけ考えてしまうと、阿賀北地方に工家や摂関家などの大荘園が次々に成立していった背後の事情を、うまく説明できない」との指摘を受けた（八六〜八七頁）。筆者は、「王家や摂関家などの大荘園」の成立については、在京活動を行っていた帯刀流がそれに関与していたと考える。城氏の場合は、最初は帯刀流との同族関係によってそれらの荘園との関わりを持つようになり、帯刀流から独立していくとともに、しだいに荘園を掌握するようになったのではないだろうか。

（1）上横手雅敬「鎌倉幕府と公家政権」（同『鎌倉時代政治史研究』吉川弘文館、一九九一年、初出一九七五年）五頁、安田元久「武士団の統合」（同『武士団』塙書房、一九六四年、初出一九六二年）一一二頁。

（2）石母田正「古代末期の政治過程および政治形態」（同『石母田正著作集　第六巻　古代末期の政治過程および政治形態』岩波書店、一九八九年、初出一九五〇年）七一〜七三・一〇八〜一一〇頁。

（3）安田注（1）前掲論文。

（4）元木泰雄『武士の成立』（吉川弘文館、一九九四年）一七五〜一七六・一八〇〜一八二頁。

（5）野口実「豪族的武士団の成立」（元木泰雄編『日本の時代史7　院政の展開と内乱』吉川弘文館、二〇〇二年）〇八〜一〇九頁。

（6）入間田宣夫「義経と秀衡――いくつもの幕府の可能性をめぐって」（同『平泉の政治と仏教』高志書院、二〇一三年、初出二〇〇六年）一四三〜一四四・一四七〜一四九頁。

（7）野口実「「坂東の平和」と源氏庶流の展開」（同『武門源氏の血脈――為義から義経まで』中央公論新社、二〇一二年、初出二〇〇二年）七二〜七三頁。

（8）井上鋭夫「奥山庄の復元」（同『山の民・川の民――日本中世の生活と信仰』筑摩書房、二〇〇七年、初出一九六七年）一六五〜一六七頁、羽下徳彦『惣領制』（至文堂、一九六六年）一六二〜一六三頁。橋本芳雄「木曽義仲の上洛作戦と北陸道」（上越郷土研究会編『越後地方史の研究』国書刊行会、一九八一年、初出一九七五年）には、城助永・助職兄弟が平家より信頼された「越後の大豪族」（一八頁）と表現されている。

（9）桑原正史「城氏の支配」（『新発田市史』上巻、新発田市、一九八〇年）八七〜九二頁、荻野正博「荘園と国衙領」

〈『新潟県史』通史編一　原始・古代、新潟県、一九八六年〉六一〇頁、角田文衞『平家後抄――落日後の平家』上〈講談社、二〇〇〇年、初出一九八一年〉二七四～二七六頁。

(10) 浅香年木『治承・寿永の内乱論序説』〈法政大学出版局、一九八一年〉四二頁、松井茂「越後平氏と城助永」〈羽下徳彦編『中世の地域社会と交流』吉川弘文館、一九九四年〉八一～八二頁、田村裕「平安後期の奥山荘周辺」〈『中条町史』通史編、中条町、二〇〇四年〉二〇〇頁、高橋一樹「城氏の権力構造と越後・南奥羽」〈柳原敏昭・飯村均編『御館の時代――十二世紀の越後・会津・奥羽』高志書院、二〇〇七年〉一一頁。

(11) 高橋注(10)前掲論文、同「「御館」城氏の軍団編成」〈入間田宣夫編『兵たちの時代Ⅰ　兵たちの登場』高志書院、二〇一〇年〉。

(12) 野口注(5)前掲論文、一二六頁。同注(7)前掲論文、七二頁。入間田宣夫「地域から中世を読む――越後白河幕府の可能性をめぐって」〈『地理歴史・公民研究』三六、一九九八年〉二八～二九頁、同注(6)前掲論文、一四五～一四七頁。

(13) ほかにも城氏に関しては、水澤幸一「越後城家にみる「兵」の家系とその展開」〈『おくやまのしょう』二六、二〇〇一年〉、同『奥山荘城館遺跡――中世越後の荘園と館群』〈同成社、二〇〇六年〉、中村五郎「「藍津之城」考――蜷河荘と城氏」〈『福島史学研究』七一、二〇〇〇年〉、樋口真己「白河荘の成立と城氏の展開」〈『笹神村史』通史編、笹神村〈新潟県〉、笹神村、二〇〇四年〉など、考古学や地域の観点からみた研究が見られる。最近では、高橋一樹「城助永と助職〈長茂〉――北越の「御館」武士」〈野口実編『治承～文治の内乱と鎌倉幕府の成立』中世の人物　京・鎌倉の時代編第二巻、清文堂、二〇一四年〉が発表され、小嶋教寛「城氏一族の支配構造と熊野信仰」〈『蓮花寺佛教研究所紀要』一〇、二〇一七年〉には城氏に関する研究が網羅されている。小嶋論文については、田村亨氏のご教示を受けた。

(14) 荻野注(9)前掲論文、六一六頁。佐々木紀一「城資長と『平家物語』「嗄声」」〈『山形県立米沢女子短期大学紀要』三六、二〇〇一年〉一五三～一五四頁。

(15) 松井茂は越後との深い関わりを持つ維茂の嫡流の存在を「越後平氏」と捉えた〈松井注(10)前掲論文、六八～六九頁〉。本章では維茂の子孫諸流を総称して越後平氏と呼ぶことにする。

(16) 野口実「平維茂と平維良」〈同『増補改訂　中世東国武士団の研究』戎光祥出版、二〇二一年、初出一九七八年〉、川尻秋生「平維良の乱」〈同『古代東国史の基礎的研究』塙書房、二〇〇三年、初出一九九二年〉、森公章「余五将軍平維茂の軌跡」（『東洋大学大学院紀要』五四、二〇一七年）。

(17)『会津風土記』仏事・平等寺、同、墳墓・余五将軍墓。『会津旧事雑考』巻二、長徳元年（九九五）条。『新編会津風土記』巻一〇四、蒲原郡之六・下条組、岩谷村。

(18)『春記』長暦二年（一〇三八）一二月一〇日・同月一四日条。松井茂「越後の城氏と小泉荘」（『国際研究論集：八千代国際大学紀要』五―二、一九九二年）三二～三三頁では、藤原道長により越後守候補として強く推された「惟能」（『小右記』長和三年〈一〇一四〉六月一七日条）を平維良とみたが、この「惟能」は紀伊守を歴任した（『小右記』長和二年〈一〇一三〉正月二四日条）源惟能（のちに経相に改名）のことである。

(19)松井注(18)前掲論文、二八頁。

(20)繁成・貞成の越後移住の経緯については諸説ある。遠藤巌は「特別受領」秋田城介のいる秋田城在庁の城氏が成立し、北越に勢力を扶植して越後城氏になったという出羽からの南進説を提唱した（遠藤巌「秋田城介の復活」〈高橋富雄編『東北古代史の研究』吉川弘文館、一九八六年〉五四～五七頁）が、秋田城介は受領官ではなく国府の被官であり、独自の賦課や管郡は存在しなかった（渕原智幸「平安前期東北史研究の再検討――「鎮守府・秋田城体制」説批判」〈同『平安期東北支配の研究』塙書房、二〇一三年、初出二〇〇二年〉一一八～一二一頁）ため、秋田城の「在庁」秋田城氏の存在は推測の域を出ない。松井茂は城氏が沼垂郡の南部に始まり、前九年の役を画期として北部の奥山に進出したという北進説を採った（松井注(18)前掲論文、三六頁）が、秋田城介を解任された繁成が一族・郎党とともに出羽国内陸を通って現在の新潟県岩船郡関川村小和田に到着し居館を置いたという伝承があり、この小和田から奥山の開発が行われて奥山荘に発展したという説もある（高橋重右ェ門「開けゆく郷土」〈『関川村史』通史編、関川村、一九九二年〉一三四～一三五頁。水澤注(13)前掲書、三八～三九頁）。本章では、城氏の越後移住を「進出」とみる意見は認めない。

(21)『朝野群載』巻一一、廷尉、永久五年（一一一七）五月五日検非違使庁下文。

(22)『尊卑分脈脱漏』平氏、永家。『源平盛衰記』巻二七、信濃横田川原軍事。「桓武平氏諸流系図」（山形大学附属図書館所蔵『中条家文書』目録番号二〇四。『奥山庄史料集』〈新潟県教育委員会、一九六五年〉と『中条町史』資料編　第一巻〈中条町〈新潟県〉、中条町、一九八二年〉に収録）には「奥山黒太郎」とある。

(23)『吾妻鏡』文治二年（一一八六）三月一二日。建長五年（一二五三）一〇月二一日「近衛家所領目録」（近衛家文書、

『鎌倉遺文』七六三一号)。荻野注(9)前掲論文、五八〇頁を参照。

(24)『御堂関白記』寛弘九年(一〇一二)閏一〇月一六日・寛仁二年(一〇一八)一一月二三日条。

(25)笹山晴生「春宮坊帯刀舎人の研究」(同『日本古代衛府制度の研究』東京大学出版会、一九八五年、初出一九七二年)三四〇～三四一頁。

(26)『春記』長暦二年(一〇三八)一二月一四日・同月一五日条。

(27)『尊卑分脈』桓武平氏、貞兼・繁家。

(28)『尊卑分脈』桓武平氏、長成。「桓武平氏諸流系図」家成。

(29)高橋一樹「知行国支配と中世荘園の立荘」(同『中世荘園制と鎌倉幕府』塙書房、二〇〇四年、初出一九九九・二〇〇二年)六三～六四頁。

(30)桑原注(9)前掲論文、九二頁。

(31)水澤注(13)前掲論文、二五頁、同注(13)前掲書、二六～二七頁。

(32)川端新「摂関家領荘園群の形成と伝領」(同『荘園制成立史の研究』思文閣出版、二〇〇〇年、初出一九九四年)二五二～二五三頁。

(33)『玉葉』治承五年(一一八一)七月一日条。『一代要記』安徳天皇、養和元年(一一八一)六月条。建久八年(一一九七)五月「白河荘年々作田注文案」(『図書寮叢刊　九条家文書　五』一四四九号、『鎌倉遺文』八〇〇一号)。

(34)高橋一樹「中世荘園の立荘と王家・摂関家」(元木泰雄編『日本の時代史7　院政の展開と内乱』吉川弘文館、二〇〇二年)二〇五頁。

(35)中村注(13)前掲論文、六・一四～一五頁。『異本塔寺長帳』(国立公文書館所蔵。内閣文庫、請求記号一九二―〇四二四。『新潟県史』資料編一　原始・古代に収録)承安二年(一一七二)条によれば、城長茂(助職)が小川荘の七五ヶ村を会津恵日寺住僧乗丹坊に寄附したが、乗丹坊は長茂の伯父であった。この乗丹坊は横田河原の戦いに城氏側として参加したとされる(『延慶本平家物語』第三本、城四郎与木曽合戦事)。ただ、『異本塔寺長帳』はまだ充分な史料批判が行われておらず、記事の信憑性については検討の余地がある。小川荘と乗丹坊の「伝承」については、坂内三彦「会津における城氏伝承の世界(一)――近世の諸記録の中で」(『福島史学研究』九八、二〇二〇年)も参照。

(36) 南部文書、『平安遺文』三三二八号。
(37) 浅香注(10)前掲書、四二頁。
(38) 荻野注(9)前掲論文、六一六頁。
(39) 松井注(10)前掲論文、八一頁。
(40) 高橋注(10)前掲論文、一一頁。
(41) 丸山仁「越後国における王家領荘園の形成」(同『院政期の王家と御願寺――造営事業と社会変動』高志書院、二〇〇六年、初出二〇〇〇年)一三〇～一三二頁。
(42) 佐々木注(14)前掲論文、一五四頁。
(43) 城助職(助永の弟)は越後守に任じられたが、その後「城四郎」長茂と称されている。佐々木紀一は、これを前の官職を表記しない「特殊な事例に属する」とみた。
(44) 『玉葉』治承五年(一一八一)四月二一日・同年七月一日条。『吾妻鏡』文治四年(一一八八)九月一四日・同五年(一一八九)七月二八日条。
(45) 『吾妻鏡』建仁元年(一二〇一)四月二日・同年五月一四日条。
(46) 『公卿補任』保延四年(一一三八)参議正四位下藤公能尻付。『中右記』大治二年(一一二七)一一月一五日条。大治四年(一一二九)一一月三日「鳥羽院庁牒案」(『根来要書』下、『平安遺文』二一四五号)。
(47) 以前、拙稿「越後城氏の成長と挫折――中世初期武士団の形成過程と貴種意識」(ソウル大学校大学院東洋史学科碩士学位論文、二〇一二年、韓国語)では、右馬允助永のみ別人とし、左衛門尉・検非違使の平助永の場合は城助永と同じ人物とみなした。本章ではその見解を撤回・修正する。
(48) 樋口注(13)前掲論文、一三五頁。
(49) 『兵範記』仁平三年(一一五三)七月二五日条。
(50) 米谷豊之祐「院政期検非違使歴名表及び附考」(同『院政期軍事・警察史拾遺』近代文芸社、一九九三年、初出一九八九年)。ただし、米谷は平助永を追捕尉のうち「平正盛～清盛・頼盛らの家人」に分類した。これは検非違使助永を平家の与党にあたる城助永と同一視したことによるので従えない。

(51) 京都大学所蔵『兵範記』古写本の画像は、京都大学文学部国史研究室編『兵範記』（京都大学史料叢書一〜三、思文閣出版、一九八八〜一九九〇年）による。古写本の体裁と筆跡については、上横手雅敬「解説」（陽明文庫編『陽明叢書　記録文書篇　第五輯　人車記』四、思文閣出版、一九八七年）四六九〜四七一頁を参照。

(52) なお、松井茂は、助永が仁平三年（一一五三）の事件以後貴族の日記から姿を消し、永万元年（一一六五）に再登場して資成に改名したと主張した。『兵範記』仁安元年（一一六六）一〇月二一日条に見える従五位下平資成を助永と同一人物にしたのである。この資成が『吉記』治承四年（一一八〇）一一月七日条には追討使として登場し、『玉葉』養和元年（一一八一）八月六日条には「越後国住人平助成」にあたるという（松井注(10)前掲論文、八二〜八五頁）。しかし、佐々木紀一が反論したように、仁安元年の「平資成」は平資盛のことであり、『吉記』の「資成」は安倍資成で、追討宣旨を取り次ぐ役割を担っただけである。『玉葉』の「平助成」も助職の誤伝とされるので、助永が資成に改名したという説は成り立たない。佐々木注(14)前掲論文、一五三〜一五四頁を参照。

(53) 『中右記』嘉保三年（一〇九六）正月二三日条裏書（ただし、内容は二四日条のそれにあたる）、永久六年（一一一八）正月一九日条。

(54) 『山槐記』久寿二年（一一五五）一〇月一日条。『兵範記』嘉応二年（一一七〇）四月一九日条。『玉葉』安元三年（一一七七）六月四日条。『愚昧記』同日条。

(55) 『玉葉』治承三年（一一七九）一一月一七日条。『清獬眼抄』松殿配流事所引『後清録記』同日条。

(56) 平兼季—盛季—信兼や平貞弘—正弘—家弘など、代々検非違使尉に任じられた家系の例も参考になろう。それぞれ二〇〜三〇年の間隔を置いて登場している。米谷注(50)前掲論文を参照。

(57) 高橋注(10)前掲論文、一〇〜一一頁。

(58) 高橋注(10)前掲論文、一五〜二一頁。

(59) 苅米一志・佐伯智広「「筑後鷹尾文書」年月日未詳後鳥羽院庁下文について——筑後国瀬高下庄と徳大寺家」（『鎌倉遺文研究』一八、二〇〇六年）六〜八頁。

(60) 荻野注(9)前掲論文、六一〜九頁。田村裕「荘・保と武士の世」（『新津市史』通史編　上巻、新津市、一九九三年）一三七〜一三八頁。

(61)『康平記』康平二年（一〇五九）一〇月一二日条。『尊卑分脈』桓武平氏、繁清・維貞・繁忠・忠清。
(62) 繁賢は『中右記』康和五年（一一〇三）四月八日・嘉承二年（一一〇七）正月二六日条、『本朝世紀』久安三年（一一四七）七月一八日条など、清賢は『中右記』大治四年（一一二九）四月二五日条、『兵範記』保元三年（一一五八）一二月二日条など、貞賢は『本朝世紀』久安三年（一一四七）七月一八日条、『兵範記』仁平三年（一一五三）三月一日条に見える。
(63)『兵範記』仁平三年（一一五三）一一月二六日・閏一二月二三日・保元二年（一一五七）正月二四日条など。
(64)『中右記』元永二年（一一一九）九月二一日・大治四年（一一二九）七月一五日条。
(65) 髙橋昌明『増補改訂　清盛以前――伊勢平氏の興隆』（平凡社、二〇一一年、初出一九八四年）一〇〇～一〇二・一〇三頁。
(66)『朝野群載』巻一一、廷尉、永久五年（一一一七）五月五日検非違使庁下文。
(67) 浅香注(10)前掲書、一〇二頁。桑原注(9)前掲論文、八八～八九頁。
(68) 田村注(10)前掲論文、一九七頁。
(69) 小嶋注(13)前掲論文、三四六～三四七頁。
(70) 松井注(10)前掲論文、七二頁。
(71) 吉川本『吾妻鏡』では「預所」を「領所」に作る箇所がいくつか見られるので、参考になる。
(72)『五泉市史』資料編一、原始・古代・中世（五泉市、一九九四年）三〇五～三〇七頁。
(73)『玉葉』養和元年（一一八一）八月六日条。
(74) 松井注(10)前掲論文、七九頁。
(75) 伊藤瑠美「一一～一二世紀における武士の存在形態（上）――清和源氏重宗流を題材に」（『古代文化』五六―八、二〇〇四年）四五～四六頁。
(76)『永昌記』嘉承元年（一一〇六）六月一〇日条。『玉葉』治承四年（一一八〇）一二月一二日・同五年（一一八一）七月一日条。
(77)『元亨釈書』巻一二、感進、最福寺延朗。

(78)　高橋注(11)前掲論文、一二八頁。
(79)　田中文英「平氏政権と摂関家」(同『平氏政権の研究』思文閣出版、一九九四年、初出一九六八年) 八八頁。
(80)　荻野正博「治承・寿永の内乱と越後城氏」(『新潟県史』通史編一、原始・古代、新潟県、一九八六年) 六三一～六三三頁。
(81)　『吾妻鏡』治承四年(一一八〇) 六月二七日条。
(82)　『玉葉』治承五年(一一八一) 七月一日条。
(83)　田村注(60)前掲論文、一四五～一四六頁。
(84)　柳原敏昭・飯村均「はじめに」(同編『御館の時代――十二世紀の越後・会津・奥羽』高志書院、二〇〇七年) i～ii頁、入間田宣夫「亘理権大夫経清から平泉御館清衡へ」(同『平泉の政治と仏教』高志書院、二〇一三年、初出二〇一〇年) 五九～六〇・六四～六五頁。
(85)　『玉葉』養和元年(一一八一) 八月一五日条。『吉記』同日条。
(86)　『兵範記』嘉応二年(一一七〇) 五月二五日条。
(87)　『玉葉』養和元年(一一八一) 八月六日条。
(88)　前田英之「治承・寿永内乱期の戦時体制と平宗盛」(同『平家政権と荘園制』吉川弘文館、二〇一七年、初出二〇一四年) 一九八頁。
(89)　陽明文庫所蔵『勘例』(『青森県史』資料編、古代一、文献史料、青森県、二〇〇一年、六〇四頁、二〇三九 i)。ちなみに、奥州藤原氏・越後城氏・佐竹氏を、藤原実宗・藤原基頼の鎮守府将軍在任期に新興領主層として育成され、一一世紀末～一二世紀初に北方支配再編の一環として院政政権により登用された勢力とみる見解もある。遠藤巌「米代川流域の中世社会」(『秋田県埋蔵文化財センター研究紀要』九、一九九四年) 八三～八四頁。斉藤利男「軍事貴族・武家と辺境社会」(『日本史研究』四二七、一九九八年) 四七～五二頁。
(90)　『山槐記』治承四年(一一八〇) 九月一六日条。『吉記』治承五年(一一八一) 四月一〇日条。寿永元年(一一八二) 三月「安芸守佐伯景弘譲状」(厳島神社文書、『平安遺文』四〇二六号。ただ、文書の日付は改元前で未来年号となっている)。『百錬抄』文治三年(一一八七) 七月二〇日条。

(91)　上横手雅敬「厳島社領と平氏の地頭制」（同『日本中世政治史研究』塙書房、一九七〇年、初出一九六三・一九六四年）二八三～二八四頁。工藤敬一「内乱期の大宮司宇佐公通」（同『荘園公領制の成立と内乱』思文閣出版、一九九二年、初出一九七二年）二五二頁。

(92)　『延慶本平家物語』第四、平家九国ヨリ讃岐国へ落給事。野口実「十二世紀末における阿波国の武士団の存在形態――いわゆる「田口成良」の実像を中心に」（京都女子大学宗教・文化研究所『研究紀要』二七、二〇一四年）七一頁を参照。ただし、当該記事には原田種直が筑前守、菊池隆直が肥後守になっていたとあり、補任の真偽は疑われる。

(93)　『吉記』治承五年（一一八一）三月二六日条。勅使河原拓也「治承・寿永内乱後の東海地域における鎌倉幕府の支配体制形成――頼朝上洛に着目して」（『年報中世史研究』四二、二〇一七年）四～五頁を参照。

(94)　『玉葉』安元二年（一一七六）正月三〇日条。『兵範記』仁安二年（一一六七）正月三〇日・閏七月一二日条。ちなみに、佐伯景弘は仁安二年当時平姓であった。

(95)　『吉記』治承五年（一一八一）四月一〇日条。

(96)　『玉葉』嘉応二年（一一七〇）五月二七日条。

(97)　岡田清一「奥州藤原氏の奥羽支配」（同『鎌倉幕府と東国』続群書類従完成会、二〇〇六年、初出一九九五・二〇〇四年）二一～二九頁。

(98)　『吉記』治承五年（一一八一）四月一〇日条。

(99)　『吉記』承安四年（一一七四）三月一四日条。

(100)　父の昌義は一二世紀前半生まれと推定され、甥の秀義は治承四年（一一八〇）に成人したため、義宗は一二世紀中葉生まれとなる。義宗は久安五年（一一四九）左兵衛少尉になり鳥羽院に近い関係の人物とされてきたが、雅楽助義宗と兵衛尉義宗は別人と考えられる。佐々木紀一「『平家物語』の中の佐竹氏記事について」（『山形県立米沢女子短期大学紀要』四四、二〇〇八年）五～七頁を参照。

(101)　白根靖大「王朝社会秩序の中の武家の棟梁」（同『中世の王朝社会と院政』吉川弘文館、二〇〇〇年、初出一九九八年）一八二～一八三頁。

(102)　『玉葉』養和元年（一一八一）七月二一日条。

(103) 同年八月に義仲が越後守を兼任した（『玉葉』寿永二年〈一一八三〉八月一一日条）ことから、助職の解任が推定される。
(104) 田村注(10)前掲論文、二〇九～二一〇頁。
(105) 『吾妻鏡』文治四年（一一八八）九月一四日条。
(106) 『玉葉』文治四年（一一八八）正月九日条。『吾妻鏡』文治三年（一一八七）一〇月二六日条。
(107) 『山槐記』元暦元年（一一八四）八月六日条。『吾妻鏡』同月一七日条。
(108) 川合康「奥州合戦ノート」（同『鎌倉幕府成立史の研究』校倉書房、二〇〇四年、初出一九八九年）二〇〇～二〇一頁。
(109) 『吾妻鏡』文治五年（一一八九）七月一九日・同月二八日・建久三年（一一九二）六月一三日条。
(110) 『柳原記録』九一所収『玉葉』（多賀宗隼編著『玉葉索引――藤原兼実の研究』吉川弘文館、一九七四年に収録）正治三年（一二〇一）正月二三日・同月二四日条。『百錬抄』建仁元年（一二〇一）正月二三日条。『吾妻鏡』同年二月三日条。

終章

本書では、「貴種」「公達」「良家」など、史料上に現れた貴族の出自や身分に関わる言葉に着目して、平安時代の貴族社会における身分秩序の固定化と家格の形成について考察した。その内容を踏まえて、本書で明らかにした点を総体的にまとめることにしたい。

①古代的な官人秩序から中世的な身分秩序へ

古代の律令国家において、天皇を頂点とする支配層の構成員であった官人たちは、天皇との親疎を端的に表す位階とそれに連動する官職を地位の象徴として与えられた。こうした有位者集団の中で、三位以上の「貴」、五位以上の「通貴」は特権を取得し、貴・通貴の子孫も蔭位制によってその地位を継承しやすい環境に置かれた。そこで、高位高官の子孫は「貴種」と称されて出自による特権性を示された。ただ、貴種の身分は父祖が官人個人として取得した地位に起因するものである。一〇世紀における、高官（摂関・大臣・公卿）の父親を持つ人々に対する「公達（君達）」の名称も、同じく貴族官人としての父の地位を反映したものといえる。

また、古代の官人たちは、祖先が天皇に奉仕した職能を意識し、氏族の職掌を家柄や出自の象徴とした。九世紀には、藤原氏が特殊な状況により他氏族に対してしだいに優越した地位を占めるとともに、高位高官を占めて議政官として国政に携わる氏族も限られるようになった。また、武将や儒者は自分の家系から代々その職掌を受け継いだ人々が輩出したことを意識的に主張した。「貴種」「将種」のような「種」表現はそのような氏族や家の職掌に関わるものであり、関連官職に就いて職掌を担当するという現状が重視された。

それに対して、一一世紀後半からは貴族の身分や地位を判断する基準に変化が見えてきた。まず、大臣・公卿への昇進が続いた家柄の出身者と閑職にとどまる中下級官人の家柄の人々との間に差が生じ、官人たちは貴種・凡種といった身分の尊卑で区別されるようになった。重要なのは、その尊卑を決定する尺度が二代か三代前までに祖先が到達した地位となっており、父や祖父の取得した官位の高さが必ずしも当該家門を高貴なものとして規定する目安にはならないわけである。すなわち、ある時点で、氏族より小さい一家や門流を単位として、到達できる最終官位と昇進の傾向が形成され、それに基づいて家柄の格式がすでに決められるようになった。ある貴族が新たに高位高官への昇進の道を開いたとしても、過去の身分や家格を離れて新しい地位を獲得することは、当時の貴族社会においては認められなかった。

要するに、貴族個人の身分や地位がその出自によって決めつけられ、しだいに固定化していったのが、中世における貴族社会の身分秩序の性格であった。そして、中世的な身分秩序を表すための身分用語として、古代に使用されていた官人秩序に関わる表現が持ち込まれた。ただ、そのような身分用語は、内容と性質の面では変化を見せており、その変化には身分認識の中世的な転換が反映されたといえる。

②家格の成立時期と中世への転換期の関係

氏族内の家門を単位として、昇進できる官職の上限を目安に家格が成立したことは前述したが、中世的な身分秩序を構成する要素のひとつである家格の成立時期は、序章で触れた中世への転換期を把握するうえで重要な示唆を与えるものと考える。そこで、本書において論じてきた各家格の成立時期に関わる内容をまとめてみたい。

まず、「貴種」の家と非「貴種」の家が区分され、家格としての「貴種」が確定されたのは一一世紀中葉のことである。そして、藤原忠平の子孫による摂関の継承と昇進ルートの固定化を背景として、一〇世紀後半には「貴種」の家の原型が作られるようになったと考えられる。

次に、家格としての公達は、「地下公達」という言葉の史料上の登場とも関わって、一一世紀後半に出現した。大臣・公卿の子息を指す公達という名称は、一〇世紀末～一一世紀初の時期には藤原北家と源氏に限って使用されるようになった。本来は大臣・公卿の家の子孫であるが、のちに公卿への昇進が難しくなった家系の人々が、公役や摂関家への奉仕に動員される集団として把握されたのが「公達」の家といえる。

「良家」については、一〇世紀後半から寺院社会の中には、大臣・公卿の子弟から受領層の人々までの範囲の貴族出身者が多く見られ、その集団は、一一世紀後半には「凡人」の僧侶と対比をなして「良家」「良家子」と呼ばれるようになった。

家格に関連する三つの表現は、いずれも一一世紀後半において史料上に登場した。こうした身分用語が登場した背景には、摂関家を中心とした貴族社会の秩序の再確認があった。摂関家の権勢が衰退への道を歩み出した藤原頼通の時代には、それまで貴族たちの間に暗黙のうちに受け入れられていた摂関家を軸とする上級貴族と中下級貴族の地位や関係性を、より明確に可視化する必要があったと考える。すなわち、家格の成立と身分用語の定着は、摂関家のような権門、そして権門と関係を結んだ家々によって構成される身分秩序の発露である。そして、一〇世紀後半は権門政治が展開し、藤原北家や源氏といった上級貴族の家柄が権門の上層部の地位を安定的に占めるようになった時期であるからこそ、権門を中心とした貴族の人的関係、ひいては貴族社会の身分秩序と中世の家格を準備する段階にあったといえる。

身分や家格という要素のみで古代から中世への転換を論じ切ることはとても難しいが、それでも、中世への転換の画期を一〇世紀初頭または一〇世紀後半に求めるという議論において、権門を中心とした身分構造が準備される時期、家格の原型が登場する時期として一〇世紀後半を捉えることで、中世化のひとつの指標とすることも可能であろう。

③社会全体に適用される貴族社会の身分用語

古代における個人の身分は、天皇と天皇に準じる存在（皇后、皇太子、太上天皇など）、位階や官職を与えられた官人集団、そして公民と賤民に分けられる。それは、天皇を頂点とした官位という単一の基準によって、日本という国における人民の地位が全体的に規定されたものであって、ある意味では、日本全体に適用される包括的な身分秩序ともいえる。

それでは中世の身分秩序はどうであろうか。中世社会については、「家」を社会単位として各種の集団・組織の内部で様々な身分が生み出されたが、それらの身分は権門とその家産機構によって総合された社会組織に位置づけられ、さらに中世国家の国家機構に規定された、包括的な全体社会のような大きな枠組みの中に組み込まれるという見解が提示された。そして、全体社会としての日本の次元で機能する身分の系列には、貴族社会における中世的な家格が取り上げられたが、家格は官職や位階に裏付けられたものとされる[2]。

このような見方に則して考えれば、官位秩序に基づいた古代の身分用語が、多少の変質を経て中世的な身分・家格を表す言葉として使用されたのも、自然な成り行きに見える。ただし、中世の身分秩序は、単に古代のそれを踏襲したものではなく、位階より官職の方に重点が置かれ、摂関家という権門とその周辺を中心に調整された。

中世の寺院社会では、摂関家を含む上級貴族層より出家した僧侶たちが権門寺院の上層部に据えられるようになり、貴族社会における権門中心の身分秩序も寺院社会に適用された。また、貴族社会の構成員でありながら、権門に奉仕する立場でもあった平安時代の武士も、貴族社会の身分秩序の中に位置づけられた。

一方、鎌倉時代に入る頃には、貴族社会における公家の権門に対して、寺家権門と武家権門がそれぞれ中世国家を構成する権力として定着するようになった。各権門が政治的・社会的権勢を持ち、互いに権力や役割を分担するにつれて、権門の内部において規定されていた身分秩序も変化し、貴族社会より持ち込まれた社会全体で包括的な身分名称も、しだいに相対化していったと考えられる。

本書での研究対象は主に上級貴族層を中心とした貴族社会である。貴族社会において、一一世紀中葉の時点での各門流の家系を単位として家格が規定された。そうした貴族社会の身分秩序は諸権門でも同様に適用されていた。ここで、上級貴族層だけではなく、中下級貴族層にも及ぶ貴族社会の身分・家格の問題に触れることにしたい。

摂関家に関する研究としては、中世の「家」の観点から、権門としての実態と構造を論じるものや、中世王権の構造の中で王家との相互補完的な関係を考察するものが出されている(3)。また、貴族社会の家格は、清華家・羽林家・名家などが主な対象として議論された。一方、地下官人の存在に関しては、官職の世襲と家業の論理という官司請負制の側面から説明されることが多かった。もちろん、諸大夫・侍を含めて中世的な身分・家格の人枠を論じる研究もあったが、中世貴族社会の身分秩序が上級貴族層の家格と地下官人層の家業で大きく二分されて、それぞれの議論が行われた傾向がある。しかし、諸権門の家産支配構造の中から諸大夫・侍のような中世的な身分が形成され、一一世紀末頃を画期に「侍品」という言葉が出現し、身分・家柄が固定されたことは、すでに指摘されている(4)。貴族社会の身分秩序が再編され、いくつかの家格として可視化された一連の現象を、権門を中心として包括的に把握する必要があるように考える。

平安時代に続く鎌倉時代にも、中世の貴族社会は依然として存在し、その身分秩序も維持されていく。ただ、平安末期における平家政権の出現、その後の鎌倉幕府の樹立に象徴されるように、武士の中でも中世国家の役割を分担する武家権門が登場した。武士社会の構成員は、諸大夫・侍のように、貴族社会における身分・家格によって規定された地位をそれぞれ有していたが、武家権門の上層部を頂点とする社会秩序も構築された。その結果、鎌倉時代には、公家法の身分規定に対して、武家法における侍と凡下の区別が生じ、同じ侍の身分でも二重の位置づけが行われた[5]。寺院社会において「良家」「良家子」と称される対象の集団が、貴族社会のそれとは変わっていったことは前述したが、実は武士にも「良家子」「良家子衛府」と呼ばれるような人々が史料に登場しており[6]、その名称が貴族社会の諸大夫層に対する「良家子」の名称といかに関連しているかについては議論の余地がある[7]。また、本書では源頼朝を「貴種」と称した三浦義明の発言が載せられた『吾妻鏡』の記事に少し触れたが、鎌倉時代後期に北条氏の一族である金沢氏が自分たちを「貴種」と称し、桓武天皇の後裔であることを「貴種の余胤」と表現していたことから[8]、「貴種」の概念もやはり、武家権門を頂点とする武士社会において変化を見せていたことがうかがわれる。このように、諸権門をめぐる情勢の変化による身分秩序の変動と身分名称の相対化が見られることを念頭に置いて、鎌倉時代の身分や家格についても検討する必要があろう。

本書で取り上げた家格の名称以外にも、中世の貴族社会の身分秩序を解明するうえで確認しておかなければならない言葉はまだいくつか残されている。たとえば、「華族（花族）」は古代において「貴種」と同じく三位以上ないし公卿に到達する家柄を意味する言葉であったが[9]、中世の古記録や文献にも、貴族社会はもちろん、寺院社会の階層として頻出している。ところで、『康富記』嘉吉二年（一四四二）九月一二日条に記された中原康富の見解によれば、清華・華族・公達はみな通用の号とされ、「華族」は清華家（大臣家）の異称と認識された[10]。本書の問題意識と分析方法は「華族」の語にも適用可能にみえる。もう一つは本書の第二章でも取り上げた「英雄」という言葉である。「英雄」は「華族」「公達」のような言葉とともに史料上に出てくることがあり、中世の家格に関わる表現といえるが、その意味を摂家や清華を合わせた家柄、または摂家・清華家に属して奉仕する人物とする見解も出されている。(11)これも権門とその家政機関への奉仕者との関係が家格に関わる名称に反映された一例と考えられる。

古代から中世への転換の中で、摂関家のような権門が国家支配の中枢として社会の上層部を占めるようになり、その権門を中心とする貴族社会の身分秩序が形成され、家格が成立した。そして、中世国家の権力を構成する諸権門の動向に従って、身分や階層、家格の構造も変化していった。平安時代から始まった家格の形成過程の中で現れた様々な身分名称とその変遷の分析を通して、日本の中世化の様相と中世社会の歴史像をより豊かなものにすることができよう。

(1)　長山泰孝「古代貴族の終焉」(同『古代国家と王権』吉川弘文館、一九九二年、初出一九八一年)。
(2)　髙橋昌明「中世の身分制」(同『中世史の理論と方法――日本封建社会・身分制・社会史』校倉書房、一九九七年、初出一九八四年)一一五～一一六、一二二～一二三頁。
(3)　佐藤健治『中世権門の成立と家政』(吉川弘文館、二〇〇〇年)、樋口健太郎『中世王権の形成と摂関家』(吉川弘文館、二〇一八年)。
(4)　中原俊章『中世公家と地下官人』(吉川弘文館、一九八七年)二一～二二・二七頁。
(5)　元木泰雄「諸大夫・侍・凡下」(今井林太郎先生喜寿記念論文集刊行会編『国史学論集』今井林太郎先生喜寿記念論文集刊行会、一九八八年)。
(6)　たとえば、『中右記』嘉承元年(一一〇六)一一月二二日条の「舞人良家子衛府等」、『兵範記』仁平二年(一一五二)

一一月二六日条の「舞人、左衛門尉源満清・右衛門尉平惟繁・同盛弘・左兵衛尉源義定・同重貞・藤定時・平叙時・同正時・時弘・平貞清以上良家子。下臈為レ先。」など。

（7） この問題については別稿を用意している。

（8） 正慶二年（一三三三）三月二六日「金沢盛時廻向文」（金沢文庫文書、『鎌倉遺文』三二〇六五号）、「為母四七日表白文」（『金沢文庫古文書』第八輯　仏事編、横浜、金沢文庫、一九五六年、六一六九号）。

（9） 『日本後紀』大同元年（八〇六）二月甲寅条「遂位昇二三品一、職参二八卿一。又東宮之傅、忝当二此選一、続二門華族一、聖恩難レ測」。

（10） 橋本義彦「せいがけ　清華家」（『国史大辞典』八、吉川弘文館、一九八七年）。

（11） 山本みなみ「「英雄」小考」（『紫苑』一一、二〇一三年）。

初出一覧

序　章　古代から中世への転換と家格の問題（新稿）

第一部「貴種」と種姓観念

第一章　古代の「種」観念とその変遷

「日本古代の「種」観念とその変遷」（『古代文化』七〇―三、二〇一八年）を加筆修正。

第二章　平安貴族社会と「貴種」

「平安貴族社会と「貴種」」（『史林』一〇〇―四、二〇一七年）を加筆修正。

補論一　「蔭子孫」から「貴種」へ

「음자손（蔭子孫）에서 귀종（貴種）으로――일본 고대 지배층 신분 명칭의 변화（蔭子孫から貴種へ――日本古代における支配層の身分名称の変化）」（『동서인문（東西人文）』二二、二〇二三年）を加筆修正。

第三章　藤原頼長の「凡種」観

「12세기 일본 귀족사회의 계층의식――후지와라노 요리나가의 범종（凡種）관（一二世紀の貴族社会における階層意識――藤原頼長の「凡種」観）」（『한림일본학（翰林日本学）』四一、二〇二二年）

第二部「公達」と「良家」

第四章　家格としての公達の成立（新稿）

ただし、「일본 헤이안시대 중후기 家格의 형성――긴다치와 제대부를 중심으로（平安時代中期・後期における家格の形成――公達と諸大夫を中心に）」（『동양사학연구（東洋史学研究）』一五八、二〇二二年）の第Ⅲ章「가격으로서의 긴다치（家格としての公達）」の内容を含む。

補論二　実務官僚系院近臣の登用は身分秩序の打破か

「원 근신（院近臣）과 귀족사회의 신분질서――실무관료계 근신을 중심으로（院近臣と貴族社会の身分秩序――実務官僚系近臣を中心に）」（『日本歴史研究』四六、二〇一七年）を加筆修正。

第五章　平安時代の南都寺院社会と「良家」――興福寺維摩会研学竪義を中心に

「헤이안시대 남도（南都）사원사회의 양가（良家）신분――고후쿠지（興福寺）유마회（維摩會）연학수의（研學竪義）를 소재로 하여（平安時代における南都寺院社会の良家身分――興福寺維摩会研学竪義を中心に）」（『일본역사연구（日本歴史研究）』五七、二〇二二年）

第六章　平安後期における武士の階層移動――越後城氏の事例を中心に

「平安後期における武士の階層移動――越後城氏の事例を中心に」（『日本史研究』六八二、二〇一九年）を加筆修正。

終　章（新稿）

あとがき

本書は、京都大学大学院文学研究科に提出し、二〇二一年三月に博士（文学）の学位を取得した論文『平安貴族社会の身分秩序と家格の形成過程』に基づくものである。本書の出版に際しては、令和六年度京都大学大学院文学研究科の「卓越した課程博士論文の出版助成制度」による助成を受けた。

幼い頃から歴史や遺跡が好きであった。小中学生の頃には、科学者、英語の先生や検事になる夢をみたこともあったが、中学生時代も後半になると、将来なりたい職業を聞かれて「歴史学教授」と答えるようになった。父・金潤植《キムユンシク》と母・金海景《キムヘギョン》は、その息子が持ち始めた歴史学者の夢に反対せず、ありがたいことにその夢を応援してくれた（その応援は今も続いている）。その一方、中学校で行われた放課後教育の一つである日本語会話教室に参加し、そこで崔殷準《チェウンジュン》先生に出会った。先生に日本語を教えていただき、日本語の勉強を本格的に始めた。

中学校を卒業し、明徳外国語高等学校の日本語科へ進学した。歴史への興味は依然として尽きなかったが、当時筆者が興味をもっていた「歴史」はまだ韓国史の方であった。それが日本史に変わるきっかけとなったのが、高校一年生から二年生になろうとした頃、歴史科目のチョン・ウォンバル先生との相談であった。大学に入学すれば韓国史学を専門にしたいという抱負を語った筆者に対して、先生はこう言った。韓国では、韓国の歴史を研究する人が大勢いて、研究もかなり蓄積されているが、日本史の場合は研究者の人数も少なく、その分研究されていないところも多いので、あなたの日本語能力を生かして日本史を専門にするのはどうか、と。もちろん、日本史の研究者や研究が少ないという状況は韓国国内に限られるわけで、日本の場合、韓国よりもはるかに多くの研究者が夥しい研究成果を蓄積してきたはずであるが、当時の筆者としてはそのことには考えが及ばず、いわゆるレアもの的な日本史研究者になることを決意したのである。韓国では日本史が東洋史に属するため、大学入試ではソウル大学の東洋史学科を目指した。二年生の時の担任の金泰勳《キムテフン》先生は、東洋史希望の奇特な生徒のために、ご所蔵の東洋史関係の本を譲ってくださり、色々とご指導やアドバイスをくださった。

さて、日本史を研究するなら、具体的にどの時代の研究をすればよいのか。それを考えていたら、せっかく研究者の少ない分野をやるのであれば、専門の時代も研究者の少ない時代をやってみたくなった。筆者は、韓国においては、日本中世史の研究者層が他の時代史のそれより比較的薄いと認識し、日本中世史を選んだ。今考えてみれば安直ではあるが、「中世史といえば幕府の歴史」と考えていたので、幕府に焦点が当てられ、ひいては将軍に興味を持つようになった。ところで、将軍は征夷大将軍の略称らしいが、征夷の「夷」は何か。古代には蝦夷《えみし》という集団があり、朝廷による征討の対象になったようだ。「エミシ」はのちには「エゾ」と呼ばれ、さらにアイヌにつながるそうだ。そのような連想を通じて、筆者はエミシ・エゾ・アイヌの歴史にのめり込むようになり、それに関連する書籍を読みあさっていった。

二〇〇三年、ソウル大学校人文大学に入学した筆者は、二〇〇五年には東洋史学科に入ることができた。大学時代にも蝦夷への関心が続き、ソウル大学校日本研究所の主催による大学生論文懸賞の公募に応募し、「アイヌ社会と日本の政策――通史と時代間比較を中心に」というタイトルの論文で最優秀賞を受賞した。卒業論文のテーマも、蝦夷の歴史の中から選び、一三～一四世紀におけるモンゴルによるサハリン攻撃とそれに伴うアイヌ民族の形成を論じることにした。それで「モンゴルの骨嵬《こつがい》《クイ》征伐とアイヌの形成過程」というタイトルの卒業論文を執筆・提出した。時代は日本中世史に当たるが、北方史に近い内容となっており、史料も『元史』『元文類』などモンゴル帝国に関わる文献がメインであった。大学院に進学する予定であった筆者は、学科の先生たちから

「文献史料が乏しいのが気になる」「あまりにも辺境の方に出過ぎたのではないか」「日本史をやるのなら、やはり朝廷や幕府のようなメインストリームに入った方がいい」というアドバイスをいただいた。

兵役を終えてから、二〇〇九年、ソウル大学校東洋史学科の碩士（修士）課程に復帰し、そのアドバイスを受け容れてアイヌの研究からいったん身を引いた。一時は後醍醐天皇に注目したこともあったが、結局は研究テーマにまで発展させることはできなかった。新しい研究テーマとの出会いはなかなか困難なことであった。そんな中、東洋史学科の朴秀哲《パクスチョル》先生の授業で王権論や将軍権力の研究に触れて、朴先生の主催による『吾妻鏡』輪読会に参加し、鎌倉幕府の成立の歴史に興味を持った。ある日、『吾妻鏡』から、城長茂が源頼朝の前で傲慢に振舞う場面と、城氏の先祖である繁成から受け継がれた刀のことが書かれた記事を読み、越後城氏の魅力にはまった。源平の血を引くことによって将軍になる可能性を持つ人物を貴種とし、越後城氏をその一例として取り上げる先行研究を目にしたので、筆者は、幕府の樹立過程における将軍権力の問題と関わって、地方の武士である越後城氏が貴種としての自己意識を形成する過程を論文にしたいと考えた。こうして朴先生のご指導のもと、韓国での修士論文「越後城氏の成長と挫折——中世初期の武士団の形成過程と貴種意識」を書くことになった。ちなみに、この論文をもとに、論旨と論証に修正を加えて執筆したのが本書第六章である。

ところで、修士論文の試問では、論文で取り扱った貴種の語について、先行研究による貴種の語の定義を鵜呑みにしていないか、史料から直接とらえられる「貴種」の意味は何か、という指摘や質問を受けた。確かに、研究用語としての貴種に目を奪われ、史料用語としての「貴種」を把握しようとはしなかったことに気が付いた。実際、史料に見える「貴種」の語は、『吾妻鏡』の一件の記事を除いて、武士を対象として使われておらず、貴族社会における上級貴族層への呼称として用いられたことが確認できた。平安時代における武士の社会的地位は、貴族を中心とする国家の総体的な身分秩序の中では、むしろ中下級貴族層に位置づけられているとも考えられる。

そこで筆者は、史料に基づいて貴種の用例を分析する作業の必要性を実感した。さらに、中世史たけでなく、古代史も視野に入れて研究を進める必要があると考えたのである。

二〇一二年、日本政府（文部科学省）奨学金留学生として日本に留学し、京都大学文学部の研究生になって、聴講しながら大学院入試の準備を進めた。慣れないことも多かったが、指導教員の吉川真司先生、同じ韓国人留学生である先輩の金賢祐氏、先輩チューターの黒羽亮太氏を含め、多くの人に助けていただいた。いわゆる「貴種論」の研究が本格的にスタートしたのもこの時期のことであった。翌年には京都大学大学院文学研究科歴史文化学専攻日本史学専修の修士課程に入ることができた。すでに韓国で修士課程を修了しているが、日本古代史も専門とするからには修士課程からやりなおして研究のトレーニングをやっておきたい、という気持ちもあった。

二〇一五年、自分の貴種論の総括としての意味を込めて、修士論文「日本古代・中世社会の諸集団と「貴種」」を提出し、修士（文学）の学位を取得した。この論文では、貴族社会に見える公卿層の「貴種」だけではなく、寺院社会において僧侶の出自を表す言葉として「貴種」が見られること、武士社会においては、最初は存在しなかったものの、一二世紀後半以後、武家の権門としての「貴種」身分が現れてくることを論じた。吉川先生は筆者に対し、今後の研究において「貴種」という言葉を大事にするように勧めるとともに、「貴種」の類語として高い地位を表す別の用語を探し出すように助言してくださった。同年、博士後期課程に進学した筆者は、先生の教えを肝に銘じて、その後の研究では「貴種」以外にも「公達」「良家」のような身分名称に目を向けてみた。そのような身分名称をキーワードとして、平安時代における貴族社会の階層秩序を解明し、中世的な身分が現れてくる瞬間、古代から中世への転換の画期を捕捉できる、と考えるに至った。博士学位請求論文の各章を構成する内容を研究会等で報告し、その報告を文章化した諸論文を学術雑誌に投稿した。それによって、博士論文を書く準備を少しずつ進めていった。

二〇一八年、博士後期課程も四年目に入り、文部科学省奨学金の支給が終わった。研究指導認定退学になれば「留学」の在留資格が得られないため、仕方なく留年して両親に一年分の学費をお願いした。翌年には、博士論文を提出するために必要な「査読付き論文三本」という条件はクリアしたものの、まだ博士論文の執筆・提出を考えられるような状況になかった。もう一年留年すべきか、それともいったん帰国すべきか、迷っていたその頃、筆者は幸いにも東京国立博物館のアソシエイトフェローとして働く機会を得て、東京で研究員生活を送りながら、博士論文を仕上げることにした。仕事と博士論文の執筆を両立させることはなかなか難しく、さらに二〇二〇年には新型コロナウイルス感染症の影響を大きく受けたが、それでもどうにかして博士論文を完成させ、提出することができた。博士論文は吉川真司先生、上島享先生、三宅正浩先生に審査していただいた。コロナ禍の影響により珍しくZoomで審査が行われたが、対面の審査よりもよほど緊張していたのを思い出す。

振り返ってみれば、筆者は行き当たりばったりで右往左往しながら、何とか博士論文のテーマまで漕ぎついたような気がする。執筆の途中で、投稿論文の査読の意見等に従って自分の考えを修正したり、論旨の方向転換を余儀なくされたこともあった。自分が最初に論じようとしていたことが何であったのか思い出せなくなり、迷子になったような気持ちになることさえあった。それでも、限られた期間内に時間との競争をしながら、何とか博士論文の形を整えることができてよかったと思う。

諸先輩方や研究で知り合った方々が博士論文をまとめた本を出版するのを見ていて、筆者自身もいつかはそうしたいという気持ちを持っていた。個々の論文で自分の主張を展開してもよいが、やはり自分の研究成果を一冊にまとめて、他の研究者の利用に供するべきではないか、とも考えた。しかも、博士論文には未公刊の論文や、韓国の雑誌に韓国語で発表した論文も含まれているため、著書としてまとめる必要は十分にあるだろう。したがって、博士学位を取得した直後、博士論文を本にしたいという気持ちはつのっていった。しかし、なかなか良い機会に恵まれることはなかった。むしろ時間が経つにつれて、自分の博士論文への自信がなくなり、出版するに値しないものと思い込んでしまった。東京国立博物館を退職し、二〇二一年八月に帰国してからは、博士論文の出版はほぼあきらめていた。

ところが、チャンスは意外なところから訪れた。二〇二〇年から参加していた読書会がきっかけで、二〇二一年から摂関院政期の研究史を読みなおす研究会に参加した。参加者は、自身の研究を踏まえたうえで、当該分野の研究の現在と展望を論じるように提案された。要するに、博士論文の序章で行われた研究史整理の部分を中心に文章を書くことを求められた。筆者の担当分野は「身分階層論」であり、その文章は、有富純也・佐藤雄基編『摂関・院政期研究を読みなおす』（思文閣出版、二〇二三年）に第一三章「中世的身分のはじまり――種姓観念と家格」として載せられた。『摂関・院政期研究を読みなおす』の発行直後、この本の出版企画を担当された思文閣出版の田中峰人氏より、博士論文出版の打診をいただいた。思いもよらないご提案を筆者は喜んで受け入れた。内容については、吉川先生とも相談し、博士号取得後に書いた論文二本（本書補論一・第三章）を追加することにした。二〇二四年、上島先生のご推薦をいただき、博士論文の出版助成が採択されて、著書の出版作業へと進んだ。

せっかく本を出すことになったので、より良い本にするために、可能であればできるだけ多くの修正や補完を加えておきたかったが、思うようにいかず、いたずらに時間を費やしてしまった。また、初校以降は、編集の中原みなみ氏のご尽力を賜った。校正の段階でもやはり筆者が時間をたくさん取ってしまった。ご迷惑をおかけしたことをお詫び申し上げる。

去年一二月、石母田正『中世的世界の形成』の韓国語訳を出版した。翻訳作業の終盤で「初版跋」を読みなおすと、次の文章が目に入ってきたが、今もずっと頭から離れない。

過去に発表した論文を修正して一書をなすことは、自分の研究が全体として或る高さに到達してはじめて自信をもって行いうることであるばかりでなく、当時の自分としては過去をふりかえるだけの心の余裕と落着きをもたなかったのである。（中略）修正を必要とする箇所が多く、友人の批判もあり、かつ修正のための十分の時間もあったが、原形のまま刊行することとした。本書は自分にとってあらゆる意味で戦争時代のものである。（中略）私も本書を過去の世界の記念としてそのまま世に出し、時代とともに新しい仕事にとりかからねばならぬ。

（岩波文庫、四一九〜四二〇頁）

もちろん、本書は『中世的世界の形成』とは比べ物にもならないし、今の筆者にはまだ「到達」も、「自信」も、「心の余裕と落着き」もなく、「修正のための十分の」能力もない。未練は残るが、今は自分にとって「留学時代のもの」である博士論文を著書として世に出しておく。そして、たくさん残された課題と「新しい仕事」にはこれからとりかかることにしたい。

最後に、本書に関わったすべての方に感謝を申し上げます。

二〇二五年二月二一日

金　玄耿

◎著者略歴◎

金 玄 耿（キム・ヒョンギョン）

1984年、韓国・ソウル生まれ。京都大学大学院博士後期課程研究指導認定退学。博士（文学）。東京国立博物館アソシエイトフェロー、ソウル大学校講師（非常勤）等を経て、2025年３月より韓国・明知大学校人文大学日語日文学専攻助教授。
主な論文「中世的身分のはじまり――種姓観念と家格」（有富純也・佐藤雄基編『摂関・院政期研究を読みなおす』思文閣出版、2023年）、「일본 고대사 연구의 '왕조' 개념（日本古代史研究における「王朝」概念）」（『한국고대사연구（韓国古代史研究）』110、2023年、韓国語）ほか。

30s

中世的身分秩序《ちゅうせいてきみぶんちつじょ》と家格《かかく》の形成《けいせい》

2025（令和７）年３月20日発行

著　者　金　玄耿

発行者　田中　大

発行所　株式会社　思文閣出版

〒605-0089　京都市東山区元町355

電話　075-533-6860（代表）

装　幀　菊地敦己

印　刷
製　本　中村印刷株式会社

　ISBN978-4-7842-2111-0　C3021

English Overview: *Formation of Medieval Social Status Order and Family Rank*

KIM Hyunkyung

This book examines the transformation of the nobility's social status order and the development of family rank in Japan during the Heian period (794-1185), which marked the transition from ancient to medieval Japan. While extensive research exists on both ancient and medieval Japanese history, these two fields often have conflicting historical interpretations, and a unified understanding is still lacking for the Heian period, which spans both domains. This creates problems, particularly when studying the social status hierarchy of the medieval period, as it developed largely upon the foundations of the Heian period nobility.

In the ancient *ritsuryō* 律令 bureaucratic society, social status was defined by the relationship between the emperor and officials. However, amongst Heian nobility, bloodline and family lineage—rather than the individual—served as units for defining status. Hierarchical structures were solidified based on human relationships centered around powerful families, and family ranks took shape amongst nobles based on court noble rank advancement pathways. Thus, medieval social statuses and classes were based on bloodlines that belonged to specific family ranks. Family rank was an element that reflected this medieval social status order.

The terminology employed to denote social status and family rank in the medieval period provides an effective analytical framework for examining the social statuses of the time. Many of these terms appeared in ancient texts and continued into medieval times. However, their meanings and referents evolved. In this book, three key terms—*kishu* 貴種, *kindachi* 公達 / 君達, and *ryōke* 良家—are examined to trace the evolution of concepts of social status and the formation of family rank.

First, chapters one through three address status terms containing the character *shu* 種, such as *kishu*. *Shu* refers to a person's origin, lineage, and the descendants of that lineage. *Shōshu* 将種 (general's lineage) and *kishu* appear in sources from ancient times. In medieval times, the idea that birth determined status came to be expressed as *shushō* 種姓. Chapter 1 examines how the expression *shu* found in ancient texts developed into the medieval concept of *shushō*. Chapter 2 focuses on historical examples of the term *kishu*. This term represented the highest rank in the basic social status structure of the medieval period. It has been a central concept in both ancient and medieval historical studies but has not been precisely analyzed as a term in historical sources. Prior studies have often referred to descendants of the imperial bloodline as *kishu*. However, the term in historical records designated the people from families of officials ranking highly in the *ritsuryō* order (those of third rank and above or court nobles), and this book follows that usage. From the mid-eleventh century onward it shifted to designate a family rank that continually produced government ministers and court nobles. Chapter 3 highlights the term *bonshu* 凡種, a concept rarely mentioned compared to *kishu*, despite its potential relevance to *shushō*. The term *bonshu* frequently appears in the diary of the high-ranking noble Fujiwara no Yorinaga 藤原頼長 (1120-56), from the regent Fujiwara clan. Through analysis, this chapter examines Yorinaga's perception of *bonshu* and his class consciousness.

Then, chapter 4 examines the term *kindachi*, which first appeared in records in contexts related to family rank as such-described families came into existence in the late tenth century. Through an analysis of examples in historical records, this chapter traces the evolution of the term, exploring the factors behind these changes and providing clues to the period when family rank came into existence. Initially, *kindachi* referred to the sons of high-ranking nobles, but by the mid-eleventh century, it came to refer to a family rank after it became short-hand for the new *jige no kindachi* 地下公達, referring to noble families whose lineage still held the designation of court minister but had limited prospects for advancement.

Lastly, chapters five and six cover the terms *ryōke* and *ryōkeshi* 良家子. The former means "good family" and was a social status term of the nobility, sometimes referring to families of higher than third, or sometimes fifth, rank. Chapter 5 discusses the concept of *ryōke* within the nobility and the existence of *ryōke* monastics of noble origin at temples. It examines how the noble social status hierarchy was integrated into the temple community and how status terms developed distinct meanings in this context. Chapter 6 explores the warrior-noble social status, the class structure of warrior society, and class mobility among warriors during the conflicts of the late twelfth century by focusing on the Echigo Jō 越後城 clan, a group of warriors who were located within the nobility as mid/upper-class noble officials and called themselves *ryōkeshi*, that is, sons of good families.

In conclusion, this book argues the following. Terms denoting social status in the medieval social order were adapted from expressions related to official ranks used since ancient times. As these terms were employed to represent changes in status consciousness, their meanings and nature evolved. The terms denoting family ranks—*kishu*, *kindachi*, and *ryōke*—first appeared in the latter half of the eleventh century. The social status order centered around the nobility at the time was comprehensively applied throughout society, encompassing monks and warriors as well.

(Translated by Dylan Toda)

索　引

【人　名】

さ　行

た　行

な　行

は　行

ま　行

や　行

ら　行

わ　行

【事　項】

あ　行

か　行

さ　行

た　行

な　行

は　行

ま　行

や　行

ら　行

わ 行

摂関・院政期研究を読みなおす

有富純也・佐藤雄基編

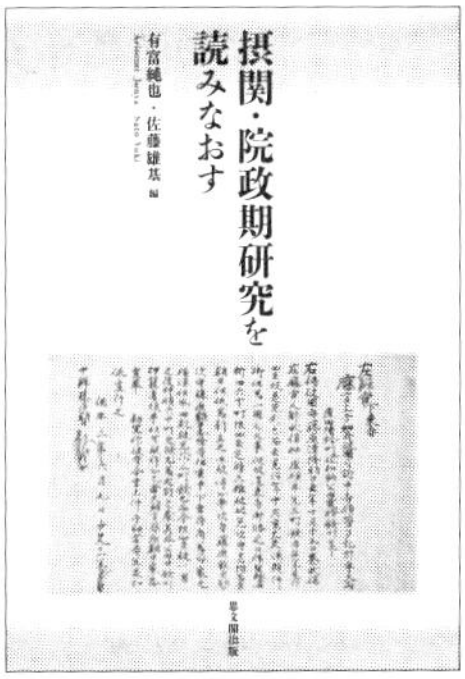

摂関・院政期研究の現在を知るには何を読んだらよいのだろう？　摂関・院政期は、戦後歴史学において古代から中世への移行期として注目され、双方の研究者が各自の立場から研究を蓄積してきた。しかし、近年は両者の対話が十分にできておらず、議論が深まっていないのではないか。それゆえ、何が最新の研究成果で、どこに議論の余地があるのか、外からは見えにくくなっている。

こうした問題意識のもと、古代・中世を専門とする中堅・若手の研究者が、それぞれの専門から研究史を振り返り、混沌とした研究状況を整理して、研究の最前線と展望を示す。

▶A5判並製・400頁／定価 5,060円（税込）　ISBN978-4-7842-2066-3

鎌倉幕府礼制史――儀礼論と組織論

桃崎有一郎著

〝大盤振舞〟の語源となった鎌倉幕府の共食儀礼「垸飯《おうばん》」を徹底的に分析し、法を補完する礼の役割を解明しつつ、全く新しい鎌倉幕府像を導き出す。

同僚＝傍輩の結束を根幹とする〝武士の組合〟としての鎌倉幕府、北条氏権力の本質を逸脱した北条泰時の執権政治、御家人を権力と説得で儀礼の場に引きずり出す執権時頼、将軍と得宗が「公」として並び立つ末期幕府、足利尊氏の登場を促した深刻な人材不足――。

鎌倉幕府の本質と実態の葛藤を追跡し、室町幕府成立の必然性に説き及びつつ、鎌倉幕府の成立宣言を発見して幕府成立年論争に終止符を打つなど、歴史学的儀礼論を再構築しながら通説を塗り替える鎌倉幕府論。

▶A5判上製・616頁／定価 9,350円（税込）　ISBN978-4-7842-2088-5

近世後期の大名家格と儀礼の政治史【30s】

篠﨑佑太著

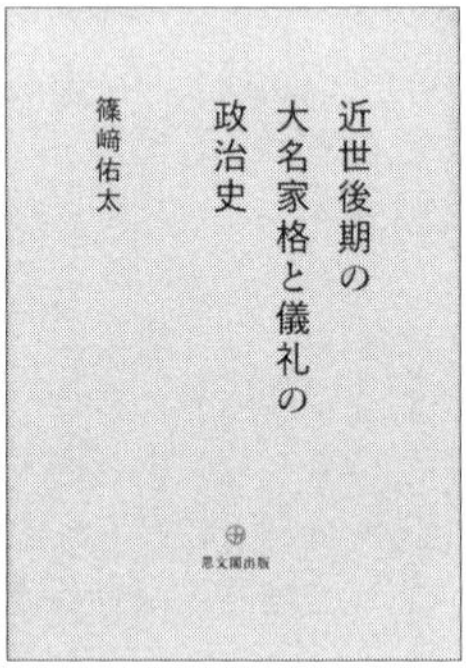

近世後期から幕末期にかけて、「内憂外患」の政治状況下で幕藩関係はいかなる変容を遂げたのか。

本書では、大名家格のひとつである殿席と、御目見などの殿中儀礼との関係を分析することで、その実態を追究する。とくに将軍家ゆかりの諸大名が控える大廊下下之部屋に着目し、同席をめぐって行われる幕府と大名たちとの政治的駆け引き、およびその影響を検討した。またペリー来航後、大廊下席の諸大名が政治的に急浮上していく過程や、幕府が諸大名をどのように遇したのかを、幕末期に将軍の拠点となる二条城・大坂城での殿中儀礼の具体的な様相とともに明らかにし、「衰微する御威光」の真相を探る。

▶A5判上製・368頁／定価 11,550円（税込）

ISBN978-4-7842-2073-1

近世大名家の婚姻と妻妾制【30s】

清水翔太郎著

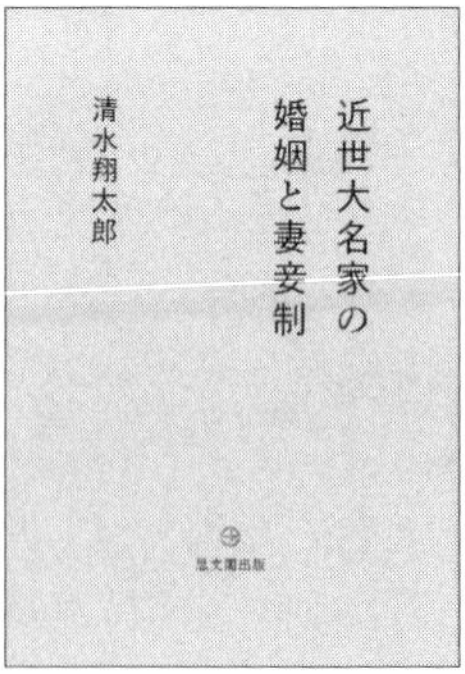

二六〇余年にわたって泰平の世が続いたとされる江戸時代において、藩祖以来直系で家を継承できた大名家の事例は皆無に等しい。大名の子の短命化により安定した継承が極めて難しくなるなか、婚姻の実現と世嗣の確保は表向と奥向双方にとって重要課題となった。

本書は、これまで大名・藩研究が明らかにしてきた表向の政治構造と、ジェンダー史研究が明らかにしてきた奥向の実態とを統合し、一七世紀から一九世紀までの史料を元に、大名家における婚姻と家族構成員の実態を明らかにする。

▶A5判上製・314頁／定価 9,900円（税込）

ISBN978-4-7842-2070-0